U0587370

# 族谱的墨迹

北岛题

中国人民保险公司成立初期创始人列传

高星·著

中国金融出版社

责任编辑：亓　霞　张清民
责任校对：潘　洁
责任印制：程　颖

**图书在版编目（CIP）数据**

族谱的墨迹：中国人民保险公司成立初期创始人列传 / 高星著 . —北京：中国金融出版社，2017.12

ISBN 978-7-5049-9296-3

Ⅰ．①族… Ⅱ．①高… Ⅲ．①中国人民保险公司—人物—列传 Ⅳ．① F825.34

中国版本图书馆 CIP 数据核字（2017）第 267812 号

出版发行　**中国金融出版社**

社址　　　北京市丰台区益泽路 2 号
市场开发部　　（010）66024766，63805472，63439533（传真）
网 上 书 店　　www.cfph.cn
　　　　　　　（010）66024766，63372837（传真）
读者服务部　　（010）66070833，62568380
邮编　　　100071
经销　　　新华书店
印刷　　　河北松源印刷有限公司
尺寸　　　130 毫米 × 185 毫米
印张　　　17.875
字数　　　442 千
版次　　　2017 年 12 月第 1 版
印次　　　2022 年 8 月第 2 次印刷
定价　　　85.00 元
ISBN 978-7-5049-9296-3
如出现印装错误本社负责调换　　联系电话（010）63263947

人民保险
源遠流長

為高星著《族譜的墨迹》題

秦道夫 二〇一七年八月三日

中国人民保险公司原董事长、总经理　秦道夫

# 不忘人民保险初心　牢记服务人民使命

中国人民保险集团公司董事长　缪建民

《族谱的墨迹——中国人民保险公司成立初期创始人列传》一书即将付梓，这是高星有关保险题材的第六本书，也是中国人民保险系统历史文化研究的新探索、新收获。

族谱，是一个家族的秘史，是一种精神，是一个民族的支柱。人无精神则不立，国无精神则不强。习近平总书记在《纪念红军长征胜利 80 周年大会上的讲话》中指出："伟大的长征精神，作为中国共产党人红色基因和精神族谱的重要组成部分，已经深深融入中华民族的血脉和灵魂，成为社会主义核心价值观的丰富滋养，成为鼓舞和激励中国人民不断攻坚克难、从胜利走向胜利的强大精神动力。"

中国人民保险公司作为新中国保险业的长子，与共和国同生共长，走过了 68 年的风雨历程，一代又一代保险人谱写出了可歌可泣的乐章。中国人民保险厚重的精神族谱，是新中国保险历史中浓墨重彩的部分。她负载着鲜活的红色基因和血脉，传承着独有的历史积淀，成为创造未来发展的强大动力。

《族谱的墨迹》是这个时代的缩影。回溯中国人民保险历史的本源，涌动着波澜壮阔的长河画面。高星以 1949 年中国人民保险公司成立为时间节点，以 26 位创始人为代表，点面交融，再现了构成历史丰碑的人物群像。作者以史家笔法，努力忠实、客观地勾勒出了中国人民保险在中国保险业发展史上中流砥柱的重要作用。

《族谱的墨迹》是一部"以人为本"的交响组曲。大凡"族谱"，总是由人物构成。在这本书里，一个个性格鲜明的人物，走出了时间的尘烟，凸显在色彩斑斓的历史画卷之中。这些前辈或来自硝烟弥漫的战场，或来自云谲波诡的敌区；有的出身于僻壤市井的寒门，有的出身于名门望族的大户，有的是传统的耕读文化的后代，有的是负笈海外的博学之士……英雄不问出处，千流终归大海。共和国的保险事业，把他们汇聚到了一艘破浪前行的巨轮上，创造和谱写了前无古人的宏大诗篇。

《族谱的墨迹》也是一部企业文化的"群英谱"。在中国人民保险"家族"百花争艳的园地里，他们个性鲜明，异彩纷呈，竞相开放，充满曲折动人和感人肺腑的故事。他们风雨兼程，砥砺奋进，走过跌宕起伏的人生旅程，汇集成中国人民保险独具特色的企业文化，成为充满生命活力、向心力、凝聚力的精神内涵。

1989 年，我加入中国人民保险公司。2017 年，我再次回到中国人民保险集团公司。我曾和书中的许多人物有过或多或少的交集，从他们的身上，我看到了一代保险人无私奉献、坚韧不拔的品格，汲取了丰富的专业知识和积极前行的力量。时至今日，有些老同志已先后去世，但他们遗留给后人的精神财富仍在引导中国人民保险发展壮大。

高星多年来致力于中国人民保险历史文化的研究，取得了令人赞赏的成绩。他深怀人保人代代相传的人文精神和情怀，收集文物，考证史料。他以记者的敏锐、工匠的勤奋和诗人的才情，钩沉往事，打捞记忆，著书立说，孜孜不倦地为人保的企业文化燎火传薪。

中国人民保险艰苦创业的伟大精神，已经成为中国人民保险企业文化的魂和根，是一代代人保人取之不尽、用之不竭的精神源泉。让我们书写好中国人民保险的精神族谱，让每一个成为中国人民保险大家庭一员的人感到无比的光荣和自豪！

序二

# 书写精神族谱　传承红色基因

中国人民保险集团公司监事长　林 帆

2016年5月17日，习近平在哲学社会科学工作座谈会上讲话："构建中国特色哲学社会科学，一是要体现继承性、民族性。要善于融通马克思主义的资源、中华优秀传统文化的资源、国外哲学社会科学的资源，坚持不忘本来、吸收外来、面向未来。坚定中国特色社会主义道路自信、理论自信、制度自信，说到底是要坚定文化自信，文化自信是更基本、更深沉、更持久的力量。"

保险历史研究工程就是加强文化自信的具体体现，也是保险行业保持发展得更基本、更深沉、更持久的力量。

其实了解中国人民保险历史的人都会说中国人民保险公司与共和国同生共长，与共产党血脉相连这两句话。也就是说，中国人民保险有着根红苗正的传承，有着天然的红色基因，这绝对是中国独有的保险历史特色。

2016年，高星出版了《时间的梳子》一书，我记得在《南北两条血脉的汇合——记中国人保红色基因的初始形成》一文中，作者首次提出了中国人民保险公司成立初期的创建者来自南北两条战线的概念。作者梳理中国人民保险的根系脉络，其红色基因原来是来自南北两条脉络，倒是引起了我的兴趣。

在中国人民保险公司成立初期，公司总部人员组成主要来自两条战线，是由南北两条红色血脉在北京的汇合。分别是来自北方延安等地革命根据地的金融干部及南方上海等地区地下党的保险专家，他们共同架构着中国人保负载着红色基因的光辉族谱。

2017年，高星又出版新著《族谱的墨迹》，这次高星以全景式的描述，对中国人民保险公司成立初期的26位创始人进行了全方位的记述，让我们更加清晰地感知了这些先驱者的风采。

作者以史学家的严谨和诗人的敏感，首次对中国人民保险的红色血脉进行了进一步的梳理，这在中国现有的各种保险史书中可算首次，体现了作者科学严谨的治学态度和大胆鲜明的历史观。而且，在编纂思想、编撰体例、文本语言等方面都开创了新的探索，是中国保险历史研究的创新之作。

高星在记述历史事件和老一辈保险人的经历时，不辞辛苦四处奔波，收集了许多珍贵的文字和口述史料，力求臻于完善。在对原始资料的拣选和整合中，高星并未简单的就事说事，而是博观约取，加入了结合时代背景的深刻分析，还原事件与人物的现场，以此得出结论和评价，继而以鲜活的语言付诸文字，细节丰满动人，历史感更为强烈。

我早年在人保广东分公司工作，后来先后在深圳分公司、中国太平保险集团工作，如今又回到人保大家庭，与人保结下了不解之缘。我不同的工作旅程，也可以说是对人保历史的一个深入熟悉的过程。

在《族谱的墨迹》出版之际，希望全系统有更多的同事加入人保文化的研究中来，把公司企业文化发扬光大，秉承"历史蕴含价值，光荣成就未来"的理念，为人保筑牢文化根基，共同推进公司的发展。

# 目录

## 383    赵同生

用歌声点燃山城的保险——记中国人民保险公司西南区公司业务股第一任股长

2009 年 8 月，我为征集人保文物，到访重庆人保公司。公司介绍，有一位老保险，叫赵同生，是重庆保险的活化石。这是我第一次听到这个名字。

## 399    钟贤道

英雄迟暮 抱得美人归——记中国人民保险公司华东区公司运输保险部理赔科科长

钟贤道是中国航运交通的早期创始人、中国人民保险航运保险专业的翘楚，时光遮蔽了他的光环，历史记载的或许只是他那风花雪月的传说，这是历史的必然，也是人性的必然。

## 419    魏润泉

清高只因学问高——记中国人民保险公司国外业务部第一任总经理

魏润泉应该算是中国人保承上启下的保险专家，在人保工作的时间跨越了近 50 个年头。在我刚进入公司的时候，就耳闻身为公司国外业务部总经理的魏润泉是一个专家学者型的领导，做派开明，气宇轩昂。那时公司里的人都要对国外业务部的人高看一眼，似乎那个部门的人气质都要洋气一些。

## 439    吴 越

他，人保历史无法跨越——记中国人民保险公司上海分公司副总经理

从民国时期保险公司的小职员，到上海保险界地下党的风云人物；从 1949 年上海保险界的红色接管大员，再到中国人民保险公司上海分公司副经理这样的经历，在上海保险界无人能出其右。吴越因其掌握的大量精确的保险史料，而被人称为研究中国保险史的"活字典"。

中國人民保險公司第一次全國會

1949年9月25日至10月6日，为筹建中国人民保险公司，中国人民银行在北京主持召开了第一次全国保险工作会议。参加会议的有参与筹建的总部人员、人民银行总行各处代表，还有华东、华中、东北、西北、西南、京、津等保险分公司人员。会议是在北京西交民巷37号司法部街内的二层小楼会议室里召开的，会议合影在此院内胡景澐家的院子里。10月20日，中国人民保险公司成立庆典也是在这个院子里举行，标志着中国人民保险公司正式成立。

## 会议合影目前考证：

一排：谢寿天(左四)、胡景澐(女儿胡豫明)(左五)、关学文(左六)、孙继武(左七)阎达寅(左八)、林震峰(左九)、郭雨东(左十)、于智(左十一)等；

二排：薛志章(左四)、蔡致通(左八)、陶声汉(左十一)、周志诚(左十二)、赵济年(左十三)、陆权谋(左十四)等；

三排：库图佐夫(苏联专家)(左二)等；

四排：俞彪文(左一)、刘公远(左十二)等。

参加会议的还有姚吉忱、姚乃廉、王关生、程人杰、张普等。

| 部別 | 設計室 | 〃 | 財產室 | 人身室 | 秘書室 | 設計室 | 檢查室 | 會計室 | 身室 | 營叶部 | 設計室 | 〃 | 事室 | 秘書室 | 會計室 | 身室 | 財保室 | 財保室 | 〃 |
|---|---|---|---|---|---|---|---|---|---|---|---|---|---|---|---|---|---|---|---|
| 職別 | 副理 | 主任 | 設計委 | 主任 | 主任 | 設計委員 | 主任 | 主任 | | 主任 | 科長 | 研究員 | 付主任 | 秘書 | 科長 | 科長 | 科長 | 科長 | 付科長 |
| 姓名 | 孫繼武 | 郭雨東 | 蔡致通 | 薛志章 | 陶聲漢 | 李進之 | 鄭仁傑 | 李時齋 | 李振芳 | 鄭博萊 | 陶笑航 | 潘文治 | 曲楠 | 趙濟年 | 凌摩增 | 陶億 | 王閣生 | 朱汝福 | 周志誠 |
| 薪本金 | 860 | 760 | 750 | 760 | 750 | 700 | 640 | 640 | 620 | 620 | 600 | 600 | 540 | 510 | 510 | 510 | 510 | 510 | 510 |

中国人民银行档案室保存的中国人民保险公司人事室 1950 年 3 月 14 日制作的《中国人民保险总公司三月份名册表》，记载了当时人保公司总部全体员工的薪酬状况。

| 部门/室 | 职位 | 姓名 | 数 |
|---|---|---|---|
| " | 付科長 | 孫輔基 | 480 |
| 舍計室 | 付科長 | 吳祥初 | 480 |
| " | " | 潘鍊桂 | 480 |
| 營业部 | 付主任 | 陳彦章 | 480 |
| " | " | 周慶麟 | 480 |
| 秘書室 | 科長 | 胡良英 | 470 |
| 營业部 | 股長 | 張毅 | 460 |
| " | " | 姚菊生 | 460 |
| 財保室 | 办事員 | 顧永德 | 460 |
| 秘書室 | 办事員 | 賈敦柏 | 450 |
| 營业部 | 股長 | 鄭瑞琳 | 450 |
| " | " | 潘吟孫 | 450 |
| 設計室 | 兼科長 | 陳志培 | 450 |
| " | 燒焗炉 | 趙靜瓊 | 200 |
| 乙級 | | 趙長美 | 200 |
| " | | 吳東啟 | 200 |
| " | | 孫宴仁 | 200 |
| " | | 陳志節 | 180 |
| 神師 | | 神良 | 180 |
| 厨師 | | 王瑞金 | 180 |
| 攝影 | | 張玉金 | 140 |
| 燒焗炉 | | 林茂福 | 140 |
| " | | 趙永华 | 140 |

# 南汉宸

毛泽东在延安时期曾说过：『革命胜利后，要为南汉宸立个碑。』可见在毛泽东眼里，南汉宸是一位财经战线的功臣。对于中国人民保险公司来说，南汉宸何尝不是一位创建新中国保险的功臣。

毛泽东在延安时期曾说过："革命胜利后，要为南汉宸立个碑。"可见在毛泽东眼里，南汉宸是一位财经战线的功臣。对于中国人民保险公司（以下简称中国人保、人保公司、人保）来说，南汉宸何尝不是一位创建新中国保险的功臣。尽管毛泽东说的那个碑一直没有见立起来。但在今天，至少应在中国人保人的心中矗立起这块丰碑，感恩这位中国人民保险的奠基人。

## 一、独苗也能长成大树

山西洪洞被称为"华人老家"，位于县城西的韩家庄村，是一处历史悠久的古村落。村中现存的明末清初的建筑玉皇楼，是典型的山西民居建筑。村民至今仍传承着柳编工艺，依稀可以想见过去的时光。

1895 年 12 月 14 日，南汉宸就诞生于此村。

南汉宸，幼年丧父，4 岁时即与祖母、母亲相依为命。南家三代单传，南汉宸作为南家的独苗，自然得到祖母的钟爱。

南汉宸从小刻苦读书，每天刚刚出现曙光时，就已行走在去学堂的路上。他不仅从小就表现出了出众的身高，也表现出了过人的坚强。

1990 年初，不满 15 岁的南汉宸结识了喜爱西学的教书先生狄龙田，并成为了他的得意门生。他们以兄弟相称，南汉宸在思想上得到了启蒙。

在狄龙田的引导下，南汉宸走出私塾，进入太原陆军小学，与傅作义等一些青年才俊成为同窗。随后，南汉宸加入同盟会，并考取太原师范学院。

辛亥革命的爆发，也带动了太原革命党人的起义成功。南汉宸和身边的同学积极响应，他负责在各地招收民军。南汉宸率队直接开拔娘子关，抵御清军南下。

1912年南北议和后，部队遭遣散，南汉宸考入太原高级工业学校。南汉宸在学校多次聚众闹学潮，被开除。

1914年，南汉宸考入北平中央政法学校。由于交不起昂贵的学费，他只读了一年，便退学回到家乡。

南汉宸在家乡种过地，教过书，也曾在当地教堂看过基督教教义，在广胜寺读过佛经。

1919年，南汉宸响应于右任的倒阎运动，后在兴县税务局避难。

在迷茫中，南汉宸对实业救国产生浓厚的兴趣，他集资办水利，搞纺织，经营轧花。

1920年，南汉宸和友人集资5000元，在家乡东山办起了"义集煤炭公司"，自任经理。由于无力与大企业竞争，公司两年后停办。尝试实业虽未成功，但南汉宸由此积累了一生受益的经营经验和理

南汉宸青年时。

洪洞县的大槐树。

财本领。

## 二、国民革命军里的里应外合

1923 年，南汉宸来到天津加入陕军第一师，汇入了波澜壮阔的反封建的革命洪流中。

1924 年，冯玉祥发动北京政变。南汉宸参加了其旗下的国民联军，并成为训练处长，在保定、包头一带与军阀混战。

1926 年 10 月，国民联军组织参观团访问苏联，南汉宸主动要求前往。启程前，他找到共产党人刘伯坚，正式加入了中国共产党。回国后，南汉宸发表了 16 万字的《游俄视察记》。

南汉宸一直隐藏身份在国民革命军中开展工作。1927 年冬，南汉宸由河南到皖北，准备暴动。

1928 年，在安徽太和，杨虎城素闻南汉宸训练干部有方，热情邀请南汉宸担任革命军事干部学校校长，并与他结下了兄弟般情谊。当时，杨虎城的夫人已去世两年，南汉宸将共产党员谢葆贞介绍给杨虎城。在婚礼现场，杨虎城将军点名要南汉宸坐在自己身边的主桌。

1928 年 2 月，南汉宸地下党身份暴露，转移到上海，在周恩来手下的中央军委特科工作。

1928 年 9 月，中共河南省委遭到破坏，南汉宸奉命回到河南开展地下工作，被省长韩复榘任命为信阳县县长。

1929 年，南汉宸被委任为河南省政府秘书、区长，训练所教育长。

1930 年 7 月，中原大战，冯玉祥、阎锡山在陇海线失败，杨虎城被蒋介石任命为陕西省政府主席。南汉宸被杨虎城委任为陕西省政府秘书长。其间，他多次解救共产党人。1931 年春，刘志丹被捕。南汉宸力劝杨虎城排除阻力放人，最后把刘志丹营救了出来。

1932 年夏，国民党行政院电告杨虎城，南汉宸是共产党员。不久，蒋介石又派胡逸民携函会见杨虎城、南汉宸。胡逸民把委任状和通缉令一起摆在南汉宸面前，脸色一沉说：你要么到南京当中央监察委员，要么就到南京下狱，任选一张。南汉宸说："我宁愿选择通缉令。"然而，杨虎城知道南京方面对他重用共产党不肯善罢甘休，建议南汉宸夫妇东渡日本避难。

1933 年，吉鸿昌在天津力邀南汉宸回国参加抗日同盟军。同盟军失败后，南汉宸在包头任孙殿英的高级顾问，开展统战工作。

1934 年，南汉宸返归天津。他到泰山会晤冯玉祥，共商抗日大计。随后，冯玉祥任反法西斯大同盟主任委员，南汉宸任秘书长。随后，南汉宸在上海、天津等地辗转，开展地下工作。

1938 年，第二战区战地总动员委员会新兵动员。

南汉宸与夫人王友兰合影。

1936 年 12 月 12 日，张学良、杨虎城发动西安事变，震惊中外。中共代表团到达西安后，周恩来征得杨虎城同意，决定调南汉宸协助代表团工作。南汉宸是国共双方的重要代表人物，一明一暗，能够处理好西安事变中的种种棘手问题，南汉宸的政治地位可见一斑。

## 三、传奇的婚姻

南汉宸早年在山西洪洞家乡有过妻室，夫人为同乡孔果女，生育一女两男。

1928 年，南汉宸在担任河南信阳县县长期间，结识了革命伴侣王友兰。

王友兰的父亲王复兴是共产党人，是杞县代理厅长。王复兴在发动"陈留暴动"后，以复兴自卫队农民军首领身份，与国民党县长朱建中谈判，争讨枪支弹药。其实王复兴中了敌人设局的奸计，遭遇埋伏，危急中，王复兴手持钢刀将朱建中首级一刀砍下，但在厮杀中寡不敌众，被俘打入死牢。

王复兴年仅 16 岁的女儿王友兰不得不逃离家乡，在开封栖身，她后来考入官费的卫生学校，并设法营救自己的父亲。

经人介绍，王复兴找到信阳县县长南汉宸。南汉宸非常同情她的身世，经多方努力，将王复兴的死罪改成无期，但刀劈县长案情过重，无法营救出狱，最终王复兴还是被敌人的一碗毒面害死在狱中。

王友兰在营救父亲时曾放话，对营救父亲的恩人，将以身相许。尽管南汉宸没有营救成功，但王友兰对南汉宸非常仰慕，尽管他们年龄相差 15 岁，但在南汉宸身上，王友兰找到了父爱一般的感情，并逐步产生了割舍不断的爱情。而王友兰直率刚烈的性格，单纯美丽的容貌，也深深地吸引了南汉宸。

1929 年，经党组织批准，他们终于结成夫妻。从此，王友兰成

南汉宸夫妇与母亲、子女合影。

南汉宸夫妇与子女合影。

为南汉宸开展地下活动的助手，他们在白色恐怖中，一同出生入死，结下了深深的情意。

1937年，经林伯渠介绍，王友兰加入中国共产党。

1939年，王友兰追随南汉宸来到延安，担任中央军委第二保育院院长、边区妇女合作社主任。

王友兰在合作社组织编制毛衣，为战士御寒。她的母亲王爱贞把家乡的纺线技能传授给大家，并种植南瓜、土豆，被评为边区劳动模范。

在延安时，王友兰又一次到西安，为中共中央机关俱乐部筹买设备。她找到友人杜斌丞，托他为延安采购了各类乐器。杜斌丞对王友兰说："只要你看我家什么东西有用的话，都可以带上走。"王友兰将杜家的汽灯、留声机、挂钟等都带回延安。王友兰在遇到毛泽东时曾讲：杜斌丞这个人根本就不像党外人士。毛泽东笑着说：我们把杜斌丞就没有当外人看待，和他共事，我们是放心的。

南汉宸婚后共生育了11个孩子。

1949年之后，王友兰历任财政部人事处副处长、中国人民银行机关生产委员会副主任、中国国际贸易促进委员会办公室副主任。

1981年5月31日，王友兰在北京病逝。

## 四、边区政府的红色理财家

1937年，七·七事变后，南汉宸见到了当时正准备由西安赴山西同阎锡山商谈抗日问题的周恩来等。一次会上，周恩来风趣地问大家："在座的谁是老醯儿（山西人）？"南汉宸等举起了手。周恩来看了看，说："好，是老醯儿的跟我回山西，找阎锡山去！"南汉宸来到太原，任战地总动员委员会组织部长。

1939年，根据中央指示，南汉宸返回延安，任中央统战部副部长。

1941 年，由于日寇的残酷"扫荡"，国民党顽固派的经济封锁，各抗日根据地的财政和经济遇到了极为严重的困难。一次，毛泽东在枣园召见南汉宸，风趣地说："我们不能跳崖，不能解散，我们要自己动手。中央决定由你任边区财政厅厅长，我就是要你做一个会做无米之炊的巧媳妇。"

南汉宸任陕甘宁边区财政厅厅长，他不负毛主席重托，一到财政厅，就把"钱"作为解决边区迫在眉睫问题的关键，紧抓不放，一抓到底。为了保证供给，解决财政与发展生产的资本，他提出禁止法币流通，由边区银行发行边币的建议。中央书记处书记任弼时代表中央明确表态，支持南汉宸的主张。

1941 年 1 月 28 日，边区政府委员会正式决议发行边币，并宣布禁止法币流通。为了搞好商品流通，南汉宸还很注意建立健全边区的税收政策。在调研的基础上，他主持草拟了各项税务政策和粮食征收章程，把原来商人采取的以厘股摊派负担的办法加以改进，吸收大、中、小规模的商人参加商会，结果方法虽然简便，收益却大增，粮食征收的具体措施也日臻完善。

1941 年，粮食问题的解决，使边区渡过了难关。随着大生产运动轰轰烈烈地开展，许多机关和部队所需的粮食和副食品能够自给或部分自给，农民收入不断增加，负担自然逐年减轻，很快达到了丰衣足食。

边区富裕了，但作为功臣的南汉宸一直保持着无私无畏、艰苦奋斗、吃苦在前、享受在后的做人精神。一次，毛主席看见南汉宸孩子的鞋还是破的，亲自嘱咐林伯渠要关心一下。这种感人的故事，成了不用言说的教育。

1942 年 10 月，中共中央西北局在延安召开陕甘宁边区高级干部会议。毛泽东在大会上作了《经济问题与财政问题》的长篇报告。报告中充分肯定了陕甘宁边区克服财政经济困难所作的努力。其间南汉宸做了大量的调查研究工作，付出了很多的心血，他撰写了粮草、税收、金融、贸易等资料，为毛泽东的报告提供了重要参考。

## 五、创建中国人民银行，发行第一套人民币

1945 年，南汉宸担任晋察冀边区政府财政处长，以后又任华北财经办事处副主任，协助主任董必武工作，继而担任华北银行总经理、华北人民政府委员，为解放区政府理财，使解放战争得以顺利进行。

1947 年秋，人民解放军从战略防御转入进攻，各解放区迅速连成一片，物资交流和经济往来恢复，但各解放区的货币不统一，比价不固定，给经济贸易带来很大的困难。董必武向党中央发电，建议成立中央银行，发行统一的货币。中央回电批示："目前建立统一的银行是否有点过早，进行准备工作是必要的，至于银行名称，可以用中国人民银行。" 董必武接电后，立即着手中国人民银行的筹备工作。

不久，在董必武、南汉宸领导下的中国人民银行筹备处宣告成立，并将在石家庄市联合办公的冀南银行和晋察冀银行正式合并，成立华北银行，此为中国人民银行的前身，总经理由南汉宸担任，原冀南银行行长胡景沄和原晋察冀边区银行行长关学文任副总经理。

1948 年 11 月 18 日，董必武主持召开了华北人民政府第二次政务会议，中心议题是成立中国人民银行，发行统一的货币。会上董必武再一次慎重地询问南汉宸："汉宸，眼下已是时不我待呀！你们的筹备工作做得怎么样了？可不可以明天就把人民银行的牌子挂出去呢？"南汉宸胸有成竹地回答："可以了！"董老高兴地说："好！马上对外宣布中国人民银行成立。"

1948 年 12 月 1 日，中国人民银行在石家庄正式宣告成立。南汉宸出任第一任总经理。人民银行组织金融接管工作组开赴北平、天津，

1948年8月，华北人民政府成立，中共中央财政经济委员会委员南汉宸（二排左五），胡景沄（二排左七）当选为政府委员，并任政府党组干事会成员。

1948年12月，中国人民银行在石家庄成立。图为中国人民银行行长南汉宸（后左六）与副行长胡景沄（后左二）等同志合影。

毛主席给南汉宸的信。

接管国民党政府的中央银行、中国银行、交通银行、中国农民银行、中央信托局、邮政储金汇业局、中央合作金库以及设在这些城市的河北省银行、天津市民银行、山西裕华银行、金融管理局及其印刷厂等官僚资本金融机构。

南汉宸思贤若渴，为人民银行延聘了一大批著名的经济学家，如千家驹、王学文、章乃器、沈志远、陶大镛、冀朝鼎等，使人民银行成为"人才篓子"。

南汉宸平素喜欢书法，他亲自到西柏坡请董必武书写了"中国人民银行"行名及人民币票额上的字样。在钞票上印刷人物肖像是各个国家的共同习惯，有利于钞票防伪。人民银行建议在票面上印毛主席像，毛主席不同意，说票子是政府发行的，不是党发行的，现在我是党的主席，而不是政府的主席，因此票子上不能印我的像，将来再说吧。董必武立即找南汉宸商议，改印解放区工农业生产图案。让人到设在阜平南峪的印刷局调换了票版图案。

1949 年 10 月，在发行第二套人民币的时候，毛泽东已任中央人民政府主席，但毛主席在中南海的一次会议上，又亲自对南汉宸表示不在钱币上印自己的头像。但人民银行已设计出新票版。票版二角券上是毛泽东号机车图案，车头上有毛主席像；一元券上是节日的天安门，毛主席像在天安门中央；五元券上是少数民族群众抬着毛主席像游行。新票版送中央审查，毛主席看后要求修改图案中自己的画像。南汉宸主张人民银行将车头上毛主席像修改为五角星，天安门上不挂毛主席像，少数民族群众抬着毛主席像改为旗帜。南汉宸获悉银行员工马文蔚隶书写得好，便大胆起用一个普通工作人员书写了"中国人民银行"及圆、角、分等几个字，这些字一直沿用至今。

1949 年 1 月 13 日，《人民日报》发表南汉宸关于新币和按比例收兑旧币问题的讲话，他郑重地宣布："不但对人民银行新币负责，

1952 年，中国人民银行行长南汉宸签发的任命书。

而且对一切解放区银行过去所发行的地方货币负责，将来我们收回地方货币的时候，一定按照规定的比价收兑，兑到最后一张为止。"

　　1949 年 2 月 2 日，人民银行由石家庄迁入北京西交民巷前中央银行旧址。当时行长和综合处室在前清户部银行旧址办公，各专业部门在北洋保商银行旧址办公。当时人民银行采取的措施是：边接管，边建行；先后布告社会民众，宣布人民币是唯一合法货币，严禁一切伪币、外国货币流通，所有公款一律存入人民银行，不得存入私营行庄，公私团体与个人可以保存银元，但不得私相买卖。致电中国银行伦敦、纽约、新加坡、东京、香港、加尔各答等行处，通知其总行已经接管，要求驻外分支行及其员工坚守岗位，遵守新民主

他书写了中国人民保险的开篇——记中国人民银行第一任行长

1949年10月，中国人民保险公司成立时的所在地北京西交民巷。

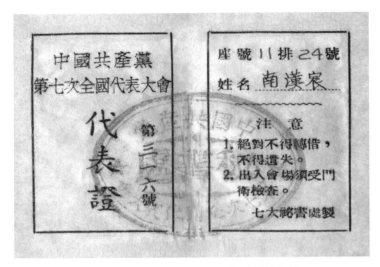

1945 年 4 月，南汉宸作为陕甘宁边区代表参加中共七大时的代表证。

主义经济金融政策，保护财产，拒绝向国民党借垫款项。

　　到 1951 年底，除西藏自治区和台湾省外，人民币在全国范围内流通，全面占领国内货币市场，成为我国唯一的合法货币，在新中国成立初期经济恢复时期发挥了重要作用。

　　南汉宸将主要精力投身于建立新中国金融体系的伟大事业中，主要进行了以下三方面的工作：一是把各根据地银行都统一为人民银行，六大区成立区行，各省市成立分行，地区设支行。另外还建立了各种专业银行，如农民银行、交通银行、建设银行，加上农村信用合作社，构成一个完整的体系。二是接收国民党官僚资本的金融事业。在军管会领导下接收国民党的各个省银行，对民族资本家的银行、钱庄则采用接管并加以改造的办法。三是保持原中国银行的编制和名称，先行改造。

南汉宸以金融家的胆识，运筹帷幄，带领人民银行严厉打击地下钱庄和投机资本的不法活动，平息了上海的银元风波。因此，南汉宸成为陈云、薄一波的得力助手，进入了中央财经委员会，对倡导成立保险公司，拥有了话语权。

## 六、创建中国人民保险公司

1949 年 8 月，由陈云同志主持，在上海召开了华东、华北、华中、东北、西北五个地区的财政、金融、贸易部门领导干部参加的财经会议。这是新中国成立前夕一次重要的经济工作会议，创建中国人民保险公司的建议就是在这次会议上提出来的。

参加会议的中国人民银行各区行负责同志在金融小组会上一致认为，对全国保险事业的集中领导和统一管理十分必要，筹设一个全国性的保险公司条件已经成熟。在小组会上，完成了对于建立中国人民保险公司的议案，同时提出，为了对国际贸易有关的外汇进行保险，以原中国产物保险公司为基础，专设中国保险公司。南汉宸以多年财政金融工作的经验，以银行家的韬略，深刻认识到成立保险公司的重要性。

1949 年 9 月 17 日，由南汉宸、胡景沄、关学文署名，向中央人民政府政务院财政经济委员会呈请核准设立中国人民保险公司的报告。

1949 年 10 月 1 日，中华人民共和国成立的当天，中央批准了人民银行关于成立保险公司的请示，毛泽东、朱德、周恩来、刘少奇、陈云、薄一波等都在报告上圈阅，可见中国人保成立的政治待遇不一般。

1949 年 10 月 2 日，薄一波亲笔函告南汉宸："中央同意搞保险公司。"南汉宸推荐自己的多年搭档，人民银行副行长胡景沄担任中国人民保险公司第一任总经理。南汉宸还倡导让上海的保险公司专业人员北上，参与中国人保的组建。

南汉宸参加全国人大第一次会议。

1947 年，华北财经办事处副主任兼中国人民银行储备处主任南汉宸（左二）与杨秀峰（左一）、戎子和（左三）、薛暮桥（左四）等同志合影。

1949 年 12 月 21 日，中央人民政府政务院财政经济委员会成立，中国人民银行行长南汉宸（二排左七）为委员之一。

南汉宸（右三）与胡景沄、关学文、陈希愈、陈穆、何松亭、曾凌、尚明等友人在一起。

1949 年 10 月 20 日，中国人民保险公司正式成立，在西交民巷举行了成立庆典。南汉宸到场致辞祝贺，《人民日报》在 21 日进行了报道。

1949 年 6 月 20 日，中国保险股份有限公司首先在上海复业，在南汉宸的统战工作决策下，很快恢复中国保险公司总管理处对海外分支公司的领导和海外员工的回归。随后，中国保险公司迁入北京。

1950 年，身为中国金融学会理事长的南汉宸，创办《中国金融》杂志的同时，也积极筹划了《人民保险》杂志的创刊，南汉宸在其

南汉宸给中国人民保险公司题词。

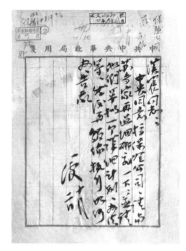

南
汉
宸

薄一波亲笔函告南汉宸同意中国人民
保险公司成立。

创刊号上发表了隶书体的题词："为保护人民财产，促进物资交流，恢复与发展生产而努力。"由于南汉宸对隶书情有独钟，加上中国人民银行的标准字也是隶书体，南汉宸提议中国人民保险公司标准字也采用隶书体，于是就请公司内部员工薛志章书写了标准字，中国人保的隶书体的标识组合字一直沿用至今。

1951年5月10日，人民银行总行在北京皇城根总行大礼堂召开全国第一次农村金融工作会议，会议自始至终由南汉宸行长亲自主持。南汉宸和胡景澐向毛主席汇报了中国人保的情况，并一同接受了毛主席等国家领导人的接见。

# 七、一颗金融之星的陨落

1952年，身为人民银行行长的南汉宸同志接受中央命令去突破美国等西方国家对新中国的"封锁禁运"，率团出席莫斯科国际经济会议，会后创建了中国国际贸易促进委员会，南汉宸出任首任主席，还兼任民主建国会和全国工商联副主委及党组书记。由于身体多病，南汉宸同志在1954年辞去中国人民银行行长职务，但还继续担任对外贸易促进会的领导工作。

在"文化大革命""夺权"浪潮中，南汉宸遭到造反派的迫害。

1967年1月27日，南汉宸被批斗了整整一天，回家后，他又听到罗瑞卿自杀的消息，身心受到打击。他给夫人王友兰写下留言：

友兰：

我已筋疲力尽，实在支持不住了。

我的第三次检查，筹委会一个多月不给安排时间。抄我的家也没有抄出一纸黑材料。又调来一批外贸学院学生，对我分别逼供。开斗争会、戴高帽子、挂牌子、游街等，我都可以接受，我的确是有很多错误，但毫无根据地逼我承认反党、反社会主义、反毛主席。我宁愿一死也不能承认。万不得已，只有出此行为。

我完全相信以毛主席为首的中央会把我的历史搞清楚，不使我含冤九泉。

你要率领儿女们坚决在最亲爱的领袖毛主席领导下革一辈子命！

毛主席万岁，万万岁！

伟大的中国共产党万岁！

请能呈周总理一阅。

南汉宸元月二十七日。

南汉宸放下笔，将抽屉里的安眠药全吃了……

1967 年 1 月 27 日，他给夫人王友兰写下遗言。

翌日清晨，在南汉宸宅院外墙上，多了一副标语："反革命修正主义分子南汉宸畏罪自杀，罪责难逃！"

1979 年 1 月 24 日，在胡耀邦的主导下，中共中央为南汉宸同志平反昭雪。邓小平亲自为南汉宸开追悼会并致悼词。在悼词中充分肯定了南汉宸"为我国人民的金融事业的发展奠定了基础"。

南汉宸作为红色银行家，在中国人民保险负载着红色基因的精神族谱上，当之无愧地排列在最前沿。南汉宸赤条条地离开了这个世界，但他默默奉献、不知索取的一生，得到了人民的爱戴。

# 遥望中国人民保险历史的尽头——记中国人民保险公司第一任总经理

## 胡景沄

时间像一把梳子，在漫漫的长河中不停地冲刷和荡涤着，梳理出被称为历史的字符。而那些有价值的记忆，就会在那里闪闪发光，并必将会一直在历史中长存。

作为中国人民保险公司的创始人和第一任总经理，胡景沄的名字将永远镌刻在中国人民保险精神族谱的首位，他充满血性的一生映照着中国人民保险红色基因的传承。

在中国人保集团 2015 年举行的司庆活动中，一张标志着中国人保成立的老照片被放大投影在会场背景板中，那是 1949 年 9 月为筹建中国人保而召开的第一次全国保险工作会议的参会代表合影。照片中中国人民保险公司第一任总经理胡景沄坐在中间，怀里抱着仅 4 岁的小女儿胡豫明。这位当年稚气未脱的小姑娘，如今已是年逾古稀的老人，她"走下"照片，现身司庆活动现场，为观众带来意外的惊喜。胡豫明老人说，当时会议是在位于西交民巷的她家院落召开的。她早已忘记了是怎么闯进了这个历史定格的画面中的，只记得父亲在那个阶段特别忙，很少有时间陪伴她玩。胡豫明老人的一席话，让在场的人唏嘘不已。

## 一、在票号中拨打着算盘珠子

山西省文水县的南胡家堡村位于汾河谷地，毓秀钟灵，因早年村中胡姓居多，故以胡村名。1909 年 10 月 13 日，胡景沄出生于此，日后他成为了村中名气最大的人。

胡景沄，曾用名胡福湘，都是温文尔雅的名字。但胡景沄的父亲胡理治，早年却是个舞刀弄枪的军人。胡家祖上是习武之家，胡理治还是武举人。胡理治任太原镖局镖长，和阎锡山是拜把兄弟。辛亥革命那年，胡理治参加抗袁新军，负责把守娘子关，抵抗清军，只惜晋燕联军功败垂成，娘子关失守，胡理治被阎锡山追责，竟遭斩首示众。胡景沄那时才 3 岁，可见在他心目中留下的阴影该有多大。但胡景沄还是坚持读完了小学，14 岁时，胡景沄再不愿为读书给家里增添负担，毅然去了太谷一家票号当学徒，从此走上了一生从事金融生涯的道路。

山西的票号极大地促进了中国银行业的发展，在晋商发源地的太古地区产生了大财阀孔祥熙。民国十一年（1922 年），太谷农工银行在县城内西大街成立。首任大掌柜也是位姓胡的世家子弟，叫胡世泽。银行中主要管理人员皆是票庄出身，胡景澐也混迹其中。太谷农工银行的票子可以在包括太原县的晋中平川各县流通，而且控制各县市场，可见其生意兴隆。胡景澐理财记账，甚至看家护院，样样是把好手，深得掌柜的爱戴。

我于 2017 年春天到吕梁碛口古镇游玩，住在一处面临黄河的窑

晋察冀边区银行。

胡景澐和他的战友们。

胡景澐（前排左二）与华北银行员工合影。

1948 年，中国人民银行成立，胡景沄在石家庄留影。

洞四合院的客栈，它在民国是一座叫"四和堂"的票号和商铺。昔日这里船筏在黄河里穿梭，驼铃在山谷间回荡，商贾云集，店铺林立，一街灯火。可以想象胡景澐所在的太古银行也是如此繁荣。

1928年，有了经济基础的胡景澐考上山西银行专科学校，重新深造银行业务知识。毕业后他在太原晋恒造纸厂等处从事会计、审计工作。所有这一切，都为他日后成为中国金融、财务专家打下了从业基础。

## 二、胡景澐娶了一个女汉子

其实，文水县著名的烈士刘胡兰和胡景澐的母亲还有着血缘关系。同样，胡景澐也是一位血气方刚的斗士。父亲的屈死是他的一个心结，他意识到，与阎锡山不可能是一路的，胡景澐心怀远大的志向。1937年8月，胡景澐终于放下了算盘，拿起了刀枪，投身八路军，走上了抗日的道路。同年他转任太行纵队司令部太行合作总社四科副科长、社长。1938年1月，他加入中国共产党。

胡景澐跑到太谷，凭着一身功夫，参加了抗日游击队。在地下党的活动中，结识了一个叫李如萍的姑娘。

其实，此前胡景澐有过家室。当年胡景澐无心于钱庄的职业生涯，一意孤行，潜心习武。母亲只好让他娶亲，以此来拴住他。

但胡景澐连媳妇的面都没看上一眼，就跑了，而且跑得更远了。就是这个所谓的媳妇，后来一直坚守传统的妇道，一直在胡家做"儿媳"，伺候婆婆，直到1963年病逝。当然，后来胡景澐通过大哥，经常背着北京的家，偷偷给老家寄钱，补偿这个苦命的女人。这是后话。

李如萍也是一位性格刚烈的姑娘，有着传奇的经历。李如萍出生在太谷一个殷实的农民家庭，父亲是乡公所的跑脚夫，整天沿街

1949 年 2 月，胡景沄前排左二率中国人民银行金融接管处赴天津，就有关银行保险的接管工作进行指导。

1952 年，中国人民保险公司总经理胡景沄与家人在天安门前留影。

敲锣，传递信息。

李如萍是家庭中第四个女孩，据说她一出生，家人见又是一个女孩，就想把她摁在水盆里淹死，但折腾半天，她还是哇哇大哭。接生婆说这孩子命硬，使不得，还是留下吧。可以说李如萍的命是捡来的。

李如萍一直不受家里待见。12 岁那年，早早做了童养媳。14 岁要圆房时，李如萍死活不干。她把结婚的金戒指给吞了，人虽救过来了，但也没人敢要她了，李如萍成了远近闻名的烈女。

15 岁时，李如萍只身一人跑到太原，在纺织厂做了女工。工人阶级是先锋队，刚烈的李如萍视死如归，1937 年就加入了共产党，比胡景澐早了整整一年。

李如萍敢恨敢爱，她看见胡景澐有文化，也有经济实力，便一口答应了这场婚姻。据说李如萍当时并不知道胡景澐在老家还有一房，其实，知道也无妨，照她的性格，这是横刀立马的事，是革命的需要。

1938 年，胡景澐的大儿子胡晋光出生，仅 1 个月时，由于斗争形势所迫，被放在老百姓家中代管抚养。1944 年，6 岁的胡晋光才被找回，在左权县第一次见到了父亲。

在胡晋光出生之后，李如萍又生了一个女孩。在一次日军扫荡时，李如萍带着孩子躲进火炕的地洞中，孩子哭闹，李如萍用手紧紧捂住孩子的嘴，等日军过去，孩子早断了气。

正因为李如萍正直不屈，做了冀南银行的库房管理，整天把银元绑在身上，没人敢惹。

胡景澐被俘入狱后，大胆的李如萍把地下党"不要抵抗，伺机逃脱"的指示抄在纸条上，放进大葱的葱段里，买通狱守，给胡景澐送饭。

1953 年，"三反"运动时，胡景澐被污成叛徒，李如萍为其以理抗争。

胡景澐被气得患了肝病，住进协和医院高干病房。李如萍听说丈夫的病房是当年孙中山患肝病医治无效的那间病房，死活要求丈夫出院，在天津找了个中医，给开了几副中药，还真治好了。

一次，李如萍偶然看见自己的档案，发现里面有几张别人写的诬告信，说自己的历史有问题。恼怒的她把信撕得粉碎，扔给了人事干部，最终受到严重处分。

直到 1977 年，李如萍临逝世前，在邓小平的特批下，她才得到了平反。

## 三、在冀南银行到瑞华银行之间带枪的穿行

抗日战争时期的 1939 年，在敌人军事与经济的双重封锁下，延安和晋察冀边区面临衣食不足、缺医少药、武器短缺的严峻形势，为了保证抗战的全面胜利，中共中央北方局决定，由八路军一二九师负责在山西黎城县组建冀南银行，以解决根据地融资及货币发行问题，这也是边区组建的最早的银行之一。冀南银行总行的首任行长为高捷成。胡景澐因其所学的金融银行方面的知识及多年从业经验，被调往冀南银行任总务部主任。

保险历史研究专家陈国庆在其所著的《拓荒者》一文中介绍：冀南银行的职工说是管钱的，但他们的生活和前方的战士是一样的待遇，实行供给制。每月发几元津贴作零用钱，吃的是小米、高粱和黑豆；穿的是一样的军服，分不出领导和普通职工。在最困难时，还要自己动手，开荒种地。胡景澐曾率领开荒队在圪垃铺村开荒种植马铃薯。胡景澐写的《一年来之冀南银行》一文介绍：当时，他们付出了巨大的体力，因此，再简单的饭菜都吃得很香。

1939 年 9 月中旬，冀南银行总行派胡景澐等一行 17 人，带着准

1948 年 5 月 21 日，晋察冀边区银行、冀南银行扩大行务会议在石家庄召开，策划成立中国人民银行，第二排中间黑衣者为中国人民保险公司第一任总经理胡景澐。

1949 年 10 月中国人民银行行长南汉宸（左二）与中国人民保险公司第一任总经理胡景澐（右二）等同志在北京西郊民巷合影。

备发行的冀南银行钞票从太行区黎城县南陌村起程，到冀南区抗日根据地去，准备开辟建立冀南银行路东行的工作，胡景沄担任冀南区路东行副经理。可以想象，胡景沄一行与驮运钱币的马队行走在乡间的小路上，是怎样一种惊险的旅程。

胡景沄1943年起任冀南银行部行副行长。冀南银行成立之初，由于专业人士少，不少员工对银行业务知之甚少，胡景沄积极承担了新员工的培训工作。后来，随着银行业务的扩大，人手的增加，1946年冀南银行总行成立建业会计学校，专门培养银行会计及业务职员，身为冀南银行总行副行长的胡景沄先生亲自兼任校长。

1942年，日本侵略者对太行山根据地发动"大扫荡"，由于叛徒的泄密，冀南银行所在地被包围。在战斗中，胡景沄和另一位同志被打散，与大部队失联。胡景沄将随身携带的重要文件埋藏好，但最终还是被日军俘虏，关押在山东德州监狱。胡景沄坚持咬定自己是一个棉花商人，后经过多方努力营救，终于获释出狱，辗转回到八路军总部左权县。

正是由于出生入死的经历，炼就了胡景沄的坚定信念，是过得硬的干部，因此，他没有被送到延安参加整风，接受教育。1944年，胡景沄任冀南银行行长、太行工商总局局长、晋冀鲁豫中央财经办事处金融处处长。

1946年，为了更好地适应形势发展及加强对敌斗争，中共晋冀鲁豫中央局指示胡景沄化名胡竹轩，筹建民营性质的瑞华银行。6月11日，瑞华银行在邯郸成立。

瑞华银行的经营以"开放存放款业务，发展汇兑，运用社会游资，扶助工农商业"为主。瑞华银行还经营金银买卖、工商业投资、有价证券买卖、外汇和开办仓库业务，利用仓库存储大量边区军民生产生活所需和支援解放军南下所需的物资，组织大批土特产，如太行山区的桃仁、花椒，冀南、冀鲁豫平原的棉花，以及土布等，卖到北平、天津等地，从敌占区换回大量的黄金和外汇。

瑞华银行培养了一大批银行人才，他们有的成为中国人保的创始人。除了行长胡景澐外，第二任行长孙继武，后来成为了中国人民保险公司首任副总经理；放贷处主任阎达寅（燕军）成为了中国人民保险公司办公室主任。

冀南银行和瑞华银行在中国红色金融史上的地位是非常重要的。冀南银行是八路军的银行，是抗日根据地的银行，是中国人民银行的前身，因此有人说它是中国金融的"祖庙"。瑞华银行是解放区的第一家民营银行，从其诞生到结束，虽然只有短短的 3 年时间，却在中国经济金融事业的初始阶段进行了探索和试验，在中国金融发展史上留下了精彩的一笔。

## 四、中国人民银行里的两位山西老醯儿

1948 年 7 月 22 日晋察冀边区银行与冀南银行在平山县城南关奉命合并，改称华北银行。南汉宸任总经理，原冀南银行经理胡景澐和晋察冀边区银行经理关学文分别任副经理。随后华北银行又与北海银行、晋西北农民银行、陕甘宁边区银行等合并成立中国人民银行。

在今天的河北省石家庄市中华北大街 55 号，有一幢建筑俗称"小灰楼"。1948 年 12 月 1 日，中国人民银行在此宣告成立，并发行了新中国第一套人民币，从而掀开了具有划时代意义的、中国货币史上的新篇章。南汉宸担任中国人民银行总经理，胡景澐和关学文任副总经理。二楼右手依次为 3 个人的办公室，因此当时流行一句话："到银行办事，必过南胡关。"

1949 年 1 月 15 日，天津解放。当时的天津解放北路有 49 家国内外银行，其中 12 家国内银行总部设在这里，有"旧中国华尔街"之称。为了搞好对天津的金融接管，胡景澐亲自率领中国人民银行

1949年，全国政协第一次会议确定中国人民保险公司成立。

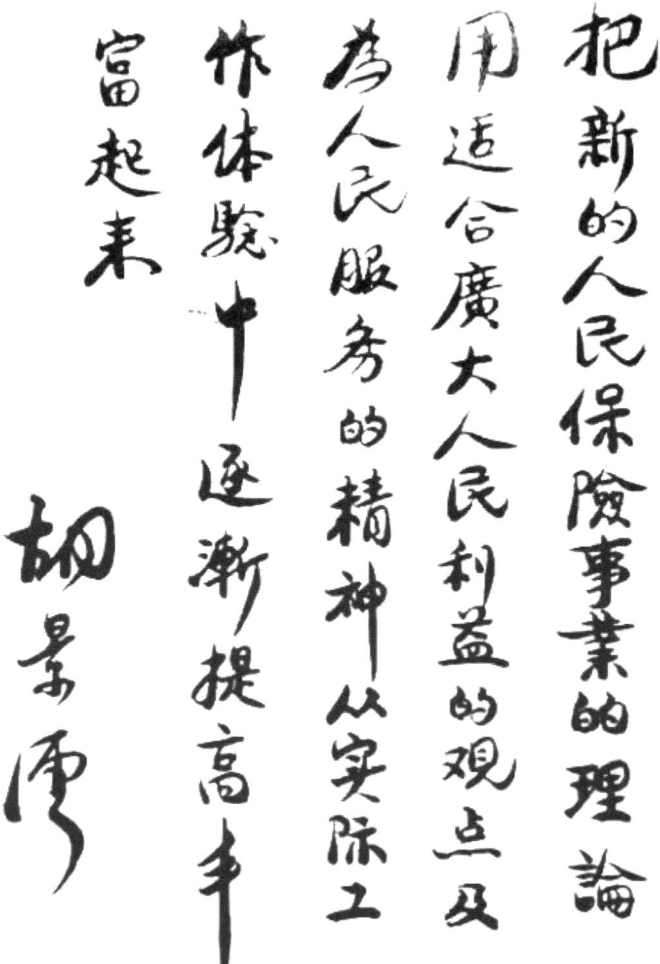

把新的人民保险事业的理论

用适合广大人民利益的观点及

为人民服务的精神从实际工

作体验中逐渐提高

富起来

胡景澐

胡景澐给中国人民保险公司的题词。

特别成立的金融接管处赴天津开展工作。

1949 年 2 月，中国人民银行总行已迁入北平。1949 年 10 月 19 日，中央人民政府正式任命南汉宸为中国人民银行行长，胡景澐、关学文为副行长。当时，人民银行的行长就在西交民巷西头的清朝户部银行旧址办公。如今，那座小洋楼成为工商银行分理处，我在西交民巷 22 号《中国保险》杂志工作时，经常到那里的一家叫户部的酒店吃饭。

或许是由于山西籍的薄一波提携，同是山西人的南汉宸、胡景澐成为了人民银行的行长、副行长。巧合的是：南汉宸、胡景澐都是从小丧父，上过银行学校，干过实业，胡父和南父共同在娘子关打过仗；他们共同组建过晋察冀边区银行，在出生入死的年代中，他们两人分别被冠以"一号首长""二号首长"的秘密代码。正是这些共同的经历，使得他们在战斗中和工作中结下了深厚的情谊，这种非同一般的友谊在当下是不多见的。

1952 年 9 月，南汉宸积劳成疾，晕倒在人民银行行长办公室的岗位上。作为南汉宸的亲密战友，胡景澐立即向国务院报告了这一情况："南汉宸同志 8 日上午感觉不适，头晕恶心，会后 12 时至宿舍猝然晕倒，即送北大医院急诊，经检查是疲劳过度、睡眠不足所致，血压尚高，需住院静养一星期，始能恢复工作。此次犯病原因主要由于连日会议较多，近因是昨天参加'和大'招待会较晚所致。"邓小平当日批复："即应停做工作，安心休息。"陈云也致信慰问。此事在当时传为佳话，这是发自内心的关爱。


# 五、打开中国人民保险公司的大门

自 1949 年下半年，人民政府相继在平、津、沪等地接管了国民党政府的官僚资本保险机构，将其改组进行复业试办。当时负责经济事务的政务院财经委员会主任陈云、副主任薄一波以及中国人民银行各区领导在了解到上述保险业的现状后，一致认为：为了更好地发挥保险在经济补偿、促进对外贸易、积累财政资金等方面的作用，对全国保险事业的集中领导和统一管理十分必要。

1949 年 8 月，在陈云主持的上海中央财经会议金融小组会上，通过了设立"中国人民保险公司"的议案。当时，全国的金融工作都是由中国人民银行总行领导和负责。上海财经会议结束后，人民银行总行领导南汉宸、胡景沄带领原有的储蓄处干部，以及上海调来的有一定保险经验的干部开始进行筹备工作。9 月 21 日，财委会主任陈云和副主任薄一波就成立中国人民保险公司一事报请中共中央，并获批准。

为筹建中国人保，南汉宸当年曾向周恩来总理要人，要求选派一名政务院参事的专业人员担任保险公司总经理。周总理说：你那人民银行的副行长胡景沄兼任不就行了。

其实，南汉宸还有点舍不得自己的得力助手胡景沄，但最终还是由人民银行总行副行长胡景沄兼任人保公司的首任总经理。这样，中国人保从一开始，便形成了副部级的格局。

胡景沄的儿子胡晋光讲到一个细节：在筹备人民保险的那段时间，父亲忙得顾不上回家，尽管家就与保险公司在同一条胡同内。胡景沄回到家，在客厅里骑自行车，一边给孩子表演技能，一边放松心情。

有时胡景沄和人谈话，顾不上在职工食堂吃晚饭。食堂管理员开始提意见，领导不走谁都下不了班。胡景沄听从大家的意见，吃完饭就回家，只是谈话地点挪到家里，从此到家串门的人特别多，保险队伍就是这样建立起来的。

1949 年 9 月 25 日的中国人保第一次经理会参会人员是在西交民巷 37 号胡景沄家的院里合影的。南汉宸住在胡家的楼上。10 月 20

日的成立庆典也是在那里的二层小楼会议室里召开的。当时，西交民巷东侧是银行和保险的办公区，西侧是行长办公区和住宅区，会议室和食堂在西区。

接收和组建是不可分开的工作。1950 年 1 月 21 日，中央人民政府政务院财政经济委员会主任陈云、副主任薄一波和马寅初，回复了人民银行行长南汉宸和副行长兼人保总经理胡景澐一封公文：关于处理中国保险公司事，所拟将中国产物保险公司改隶到中国人民保险公司内，以利用其开展海外保险业务。经研究，中国产物保险公司为中国银行所设立，且中国银行尚有私人股份，其领导关系的变更须经董事会决定，目前新的董事会尚待组成，故仍暂维现状。

1950 年 11 月 30 日，中国人民银行召开中央财经委系统各部会议。根据苏联实行强制保险的经验，胡景澐在会上作了《实行强制保险的重要意义》的报告。1951 年，胡景澐以中国人民银行副行长和中国人民保险公司总经理名义率团访问苏联的银行和苏联国家保险局，他从苏联带回的《苏联国家保险》一书，成为中国人民保险公司最早的业务辅导教材。他亲自指示将此书尽快翻译为中文，使职工人手一册，并作出在全系统内学习此书的决定。此事给后来成为中国人民保险公司总经理的秦道夫留下了深刻的印象。秦道夫说，这本书是他"踏上保险行业大门之后阅读的第一本保险专业书。"

据秦道夫老人回忆：当时中国人保公司下设办公室，阎达寅担任主任，监察室主任是程仁杰，他们都是老解放区来的干部。业务部门的干部多数来自上海，他们在新中国成立前从事保险，有的是保险专家，如人身险处处长陶声汉是精算师。还有财险处处长薛志章、副处长周志诚、设计室主任郭雨东、设计委员蔡致通和李进之、理赔处副处长王关生、国外保险处处长施哲明、副处长王永明、财会处长李靖斋、华北保险处处长来如福等。

1952 年，中国人民保险公司划归财政部领导，总经理由财政部

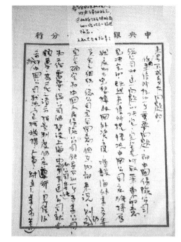

胡景澐给上海公司的信。

部长吴波兼任。胡景澐回到人民银行工作。

1963 年 11 月 16 日，国务院总理周恩来签署任命书，正式任命胡景澐为中国农业银行行长、党组书记。

"文革"期间，胡景澐遭受迫害，曾被强迫去搞银行大楼的厕所卫生。还曾在银行的五七干校劳动，干着最苦最累的活。胡豫明回忆说，有一年去看望劳动中的父亲，发现父亲的饭量变得很大。

1979 年胡景澐被平反昭雪。1979 年 11 月 29 日，中国保险学会举行成立大会，胡景澐担任会长，这是他担任中国人保的最后一个职务。1982 年 12 月，胡景澐从中国人民银行离职休养。1995 年 12 月 23 日，胡景澐在北京逝世，享年 86 岁。

时间像一把梳子，在漫漫的长河中不停地冲刷和荡涤着，梳理出被称为历史的字符。而那些有价值的记忆，就会在那里闪闪发光，并必将会一直在历史中长存。作为中国人民保险公司的创始人和第一任总经理，胡景沄的名字将永远镌刻在中国人民保险精神族谱的首位，他充满血性的一生映照着中国人民保险红色基因的传承。

专论

# 發展人民保險事業

胡景沄

1950 年 10 月 14 日，《人民日报》发表胡景沄的文章。

一个把保险带入新中国的军人——记中国人民保险公司第一任副总经理

孙继武

我以为主要是孙继武老先生为人低调，做事朴实，甘于奉献的精神所致。今天，作为保险历史研究的爱好者，我觉得对历史正本清源不仅是出于一种责任之心，更是出于我们对保险先驱者的一种感恩之情。

在以往出版的保险史的书中，无论是文字还是图片，都极少提到当时在中国人民保险公司任职的副总经理孙继武。我也是几年前在秦道夫老人所著的《我和中国保险》一书中，才第一次见到孙继武的一张照片。孙继武是中国人民保险公司的创建者，并且是当时唯一的副总经理，主持工作长达近七年光景。这种备受冷落的情况，当然有着许多原因，比如，他一直是人保副职，20 世纪 50 年代就离开了人保公司，身体欠佳，去世较早等，但我以为主要是孙继武老先生为人低调，做事朴实，甘于奉献的精神所致。今天，作为保险历史研究的爱好者，我觉得对历史正本清源是出于一种责任之心，更是出于我们对保险先驱者的一种感恩之情。

## 一、千回百转的军旅生涯

1905 年，孙继武出生在甘肃省榆中县城南的李家营村。这里属于黄河地区的川塬丘陵地区，沟壑纵横。孙继武的祖上是山西移民，他的父母均未念过书，劳苦勤俭，耕地务农为生。孙继武兄弟八人

孙继武的家乡。

加一个妹妹，孙继武在兄弟中排行老二。虽然要维持一大家子吃饭，但且日子也算殷实，属中农家庭。

孙继武八岁的时候，始由家中的大伯父教读《三字经》《百家姓》，随后上了私塾学习，1922 年在本县高级小学毕业后，他一心想去省城兰州上中学。但其父亲总想让他到商店里去当学徒，做点买卖，以图改变家境，因而不愿继续提供资助。舞文弄墨的希望已然破灭，无奈之下，孙继武选择了习武之道。因为孙继武那时读过不少旧武侠小说，引发了从戎之心，并将旧名"克强"改为"继武"。志存高远的孙继武离开了家乡，将告别的身影重重地投射在黄土高坡上。

1924 年底，孙继武参加了甘肃省督办陆洪涛的军队，开始了职业军人的生涯。1925 年秋，冯玉祥的军队到了兰州，陆洪涛避走，其所在军队被改编为西北边防督办总指挥部的第一混成旅。孙继武被选送到军官教导团受训，1926 年 9 月，受训结束后回混成旅任见习参谋、参谋等职。

孙继武青年时即喜好读书，关心时事，对各系军阀尔虞我诈、争疆争地的行径深感痛恨。孙继武与榆中同乡梁子玉关系很好，梁子玉是西北地区早期的共产党人。1926 年底，其介绍孙继武加入了共产主义青年团，这在甘肃共产党史记中都有记载，可见时间之早。

刚刚打开的接受阳光的大门，随即就被关上。1927 年，国民党大肆抓捕共产党人，在兰州的共产党组织惨遭破坏，多人被捕，梁子玉也逃走他乡，孙继武自此失去了组织关系，重归于黑夜中摸索。

1927 年底，甘肃地方军阀黄得贵、白连升、鲁大昌及回民军阀头子马廷襄、马廷贤、马仲英等，与冯玉祥发生矛盾，引起甘肃省军阀混战，战事惨烈。孙继武被满目疮痍的景象所震惊，情绪迷茫，无心再在军中卖命，即于 1928 年请了长假回家，居家务农。

其间，孙继武也曾经营过家族在榆中县城中开的一家杂货铺，尽管时间不长，但丰富和培养了他的商业经营能力。

1930 年，蒋冯大战爆发，结果冯军失败，新编第八师中的团长雷邦敏恰是孙继武在教导团时的同学，为扩充自己势力，便强拉孙继武出山，担任兵站运输站站长，孙继武后升为团长。不久，雷率兵反蒋失败，孙继武不得不再次回家赋闲。

"九一八"事变之后，全国抗日烽火遍燃，冯玉祥与吉鸿昌在张家口组成抗日同盟军。孙继武兴奋地赶到张家口，在同盟军内，他做过一段招募新兵的工作。由于同盟军内部分化、妥协，战事归于失败。

1933 年冬，青海、宁夏回民军阀马鸿逵、马鸿宾、马步芳、马步青联合抗击屯垦督办孙殿英，史称"四马拒孙"。蒋介石利用他们相互攻伐，达到两败俱伤的目的。乡党雷中田任孙军第五军军长，孙继武亦随军打到宁夏，但结果是全军覆没。1934 年 7 月，孙继武又回到了榆中家里，陷入绝望之中。

孙继武在家中遭国民党军队围捕，他们说他是共产党，而且是

革命圣地延安。

1945 年前后在革命根据地的孙继武（前排左一）。

延安抗日军政大学学员合影。

一个把保险带入新中国的军人——记中国人民保险公司第一任副总经理

中国人民保险公司第一任副总经理孙继武。

跟孙殿英打宁夏的。孙继武冷静与之周旋，连夜出逃。在兰州同乡介绍下认识了进步人士韩宝善，两人拟投奔陕北延安刘志丹，后因马匪对去路追查很严，路程反复不便，故未成行。

1935年3月，孙继武到五台山拜见内蒙古阿拉善旗活佛那丹曾僧。活佛想组织反达王的蒙军，拉孙继武参加。因经济困难和事业的艰苦，最终放弃了此事，身边的人只好作鸟兽散，孙继武只身一人返回家乡。

1936年，红军已由四川到了甘肃陇南，在榆中家乡的孙继武仰望陇上的晨星，苦苦思索自己的千回百转的人生道路该如何重新选择。

## 二、在延河水中沐浴身心

1937年七·七事变，抗日战争开始。孙继武在兰州组织甘肃省在乡军人请缨抗日。1938年4月，经当地共产党人豆铸亚介绍，孙继武参加了中国共产党，与八路军办事处的谢觉哉有过接触。这使孙继武感到真正在思想上有了依靠，找到了再次出发的目标。

国民党当局对孙继武的行动已经非常注意，派出特务跟踪监视，并安排警官讯问。孙继武感到情况不妙，决心离开兰州到延安去，彻底参加革命。

孙继武经靖远徒步起程，于1938年7月，跨过黄河到达宁夏。又徒步四天到了红军驻防的盐池县。在进城之时，即被红军哨兵盘问。经过多方谈话，了解情况，确认了他的身份，终于放行。1938年8月，孙继武到达红色首府延安，开始新的征程。

孙继武在延安亲耳聆听了毛泽东的一场报告，感到了太阳一般的光芒和温暖。孙继武提出想到前方战斗部队，但组织认为他能文能武，于是派他到抗大政治部学习。第三大队队长为何长工，不久三大队由中央决定改为抗大一分校，迁到敌人后方。

孙继武和张庭月成婚，在根据地组建了一个温暖的小家。

1950 年，孙继武夫妇带孩子在北京小四眼井胡同看房。

1938 年底，部队到了山西省屯留县故长镇。孙继武因工作出色，曾三次被树为模范学员。组织上找孙继武谈话，说明如要等组织手续从兰州转达，可能时间会拖很久，不如先办理重新入党，孙继武一腔热血，欣然同意。于是由郭景成和谭诲君介绍，1939 年 1 月，孙继武重新参加了中国共产党。在学习尚未结业的情况下，孙继武即被调到军事队任区队长。

1939 年 7 月，孙继武抗大毕业后，由校部指定为政治指导员，带领学员 100 多人在八路军总部上课。孙继武后任区队长，曾由朱总司令任哲学课，左权参谋长任军事课，朱光任列宁主义课，极大地激发了学员们的学习热情。

1940 年 1 月，孙继武由总部介绍到 129 师司令部，经师部分配到 385 旅干部轮训队任军事教员。旅长陈锡联，政委谢富治对他的工作业绩赞赏有加，孙继武完成了从一个带兵打仗的人到一个带学员学习的人的身份转换。

1942 年孙继武调任旅供给处副处长。1943 年 2 月，孙继武被任命为太行军区司令部军械室主任。1944 年 7 月，升任军政处处长，管理部队人事和编制以及军械供给、卫生等后勤保障工作。这是他从事行政、经济工作的开始。

这一时期，尽管工作变化不断，但他始终是愉快地面对。因为，他的心在和延安一起跳动，积极向上。孙继武彻底告别了昔日低迷的情绪，更不会出现折翼回家的尴尬局面。

孙继武带人在一次下连队检查个人卫生时，财务部的战士站成一排，伸出双手，孙继武逐个检查战士指甲的修剪情况，一脸严肃。

这其中就有一位叫张庭月的女战士。张庭月出生在河南焦作一乡绅家庭，性格刚烈执着。其父母去世后，一个人带着两个弟弟生活，备受族人欺负和冷眼。1943 年，正是抗日战争艰难时期，国难家难临头，大弟弟当了兵，小弟弟外出混饭，张庭月一个人在家度日维艰，听说有个朋友在山西共产党的抗日根据地，便毅然下决心只身去投奔，她来到了根据地，参加了革命，在部队做财务工作。

张庭月给孙继武留下了深刻的印象，铁打的汉子与豪情的女子，终于擦出爱情的火花。不久，孙继武和张庭月成婚，在根据地组建了一个温暖的小家。

像许多在战争中结合的革命伴侣一样，孙继武、张庭月的情感非常深厚。他们一同面对人生道路的艰难困苦，让大写的"人"字组成相互支撑的形象。

## 三、脱下戎装的金融生涯

1945 年 8 月，抗战终于迎来了最后的胜利。军区决定，调孙继武到晋冀鲁豫中央局经济部开展隐蔽的经济工作。

突然要脱去军装，孙继武感到浑身不自在，故向组织提出不愿转业。刘伯承司令员、李达参谋长及邓小平等与他谈话，说明工作的重要意义，孙继武依依不舍地告别了部队。

华北解放区经济部长杨立三派孙继武到邯郸市组建光华房地产公司并任公司经理，归华北金融处处长胡景沄直接领导，这是他第一次见到胡景沄，从此他俩结下了毕生的情谊。

当时国共斗争日益紧张，共产党准备先撤出邯郸。孙继武组建的光华房地产公司的任务，是以民间公司名义经营共产党在邯郸的房地产，经过保护、修缮，谋取开辟财源，并为将来邯郸政权更迭做好准备。

1947 年 9 月，孙继武被调任瑞华银行总经理兼光华房地产公司经理，该行是共产党组建的最早的金融机构，划归冀南银行领导，胡景沄任冀南银行总经理，孙继武担任冀南银行党委会委员。

孙继武的小儿子孙冰峰曾在《中国金融家》杂志上发表《晋冀

1948年4月，瑞华银行总行成立两周年迁移石家庄之际全体同仁合影。

鲁豫的瑞华银行》，文中介绍："在晋冀鲁豫解放区中国共产党领导下的银行里面，瑞华银行非常特殊，它以民营商办的面目独树一帜，形成了独特的管理和经营方式，开办了一些专有的业务种类，建立起它在解放区银行体系里重要的地位。瑞华银行是解放区的第一家民营银行，从其诞生到结束，虽然只有短短的三年时间，却为我党的经济金融工作作出了重要贡献，为我党的经济金融事业留下了宝贵财富，在中国金融发展史上留下浓墨重彩的一笔。瑞华银行的经营方针是：开放存放款业务，发展汇兑，运用社会游资，扶助工农商业为主。体现为三大主要工作任务：一是吸收各类存款和股金，以增强银行的资金实力和经营能力；二是发放工农商业贷款，促进边区生产生活的发展和经济的恢复；三是办理汇兑、仓库业务，储备黄金。"

1947年11月，石家庄解放，晋冀鲁豫和晋察冀两解放区连成一片。1948年5月，冀南银行与晋察冀银行合并，成立华北银行，这便是成立于石家庄的中国人民银行的前身，瑞华银行总行也随之迁往。

1948 年 10 月，孙继武以私营银行总经理的身份参加解放太原、接收筹备银行的工作。后因太原尚未解放，而天津面临解放，又转去天津参加军管接收工作，并担任军管会金融处办公室主任和党总支书记。

1949 年 2 月，共产党的部队和平地开进了北京前门大街。孙继武又奉调赴北京参加接收旧政府银行中央信托局的工作，组建人民银行在北京的开业。

同时，中央财委决定瑞华银行结束，并计划以瑞华银行为基础，筹建储蓄银行，吸收社会游资，以便起到稳定物价的作用。孙继武负责筹备工作，后任人民银行储蓄处处长，准备开办相关业务。

## 四、为中国人民保险呕心沥血

正是接收中央信托局的工作经历，使孙继武认识到该局的储蓄、信托和保险三大金融职能不可或缺。他以一位身经百战的军人谋略和一个从事商铺、地产及银行的经营者头脑，深刻认识到组建保险公司的紧迫性和必要性。这在大多数进城的干部还不知道保险为何物之时是多么的难能可贵，对于中国人民保险公司能够在共和国成立之际就得以成立，起到非同一般的作用。

孙继武积极倡导成立保险公司，宣导保险公司的作用，人民银行的南汉宸、胡景澐欣然接受了他的建议，并上报中央财经委，获得陈云、薄一波的一致同意。可以说，中国人民保险公司在成立之初，就呈现出从上到下一路畅通的大好局面。

孙继武不仅将在人民银行信托局工作的赵济年、阎达寅、程仁杰带到保险公司筹建组。随着工作加重，孙继武将上海保险业的地下党及专家请到北京，参与公司筹建。这样，延安根据地的金融干部与上海保险业的金融家南北两条红色的血脉终于在北京汇合，再加上华北造币印制局的一些从业人员的加入，使保险公司的队伍得以壮大，人员组成单纯专业，这种情况在新中国成立初期的国家部委组建中是少有的。

作为中国人民保险公司筹建组组长的孙继武，不仅以大刀阔斧的气势开展建章立业的工作，同时也运筹帷幄、精雕细琢地研发保险规章守则，团结南北不同地区的同志，加班加点开展筹建工作。为了方便工作，他安排来自上海保险业的专家、人保设计室主任郭雨东，来自瑞华银行的专家、人保监察室主任程仁杰，来自人民银行第二印制局的秘书、人保人事处处长曲荷这三家人与自己一家共同住进离西交民巷办公地点不远的小四眼胡同 10 号的四合院。孙继武的大儿子孙冰川还记得：他家住北房和后院，其余三家住东房、西房和前院，他父亲养了许多花，摆在前院的石台上，胡同里只有三盏路灯，显得很幽静，那路灯可以照亮他的童年记忆。

孙继武的夫人张庭月也加盟人保公司，担任财务工作，他们像当年许多人保创业者一样，夫妻双双为人保奋战在同一战线。

1949 年 9 月 25 日，第一次全国保险工作会议在西交民巷司法部街的胡景澐家的院落中召开，孙继武及筹备组人员共 9 人组成大会主席团，轮流主持会议。会议期间，传来了"中央同意搞保险公司"的批件。

1949 年 10 月 20 日，中国人民保险公司总公司在北京成立，宣布人民银行副行长胡景澐兼任总经理，孙继武任副总经理。当天在西交民巷举行的庆典仪式上，孙继武胸戴红丝带发表了讲话，他翻动着手中的讲话稿，也是在开启着新中国保险业的新篇章。

虽然孙继武是副总经理，其实他是主持日常工作的"一把手"，因此，当时他被称为保险公司的"一号首长"。孙继武的办公室就在保险公司办公楼里，他的工作证是中国人民保险公司的"001"号。由于当时人民保险公司归属哪个上级部门，就由哪个上级部门的副部级领导（人民银行副行长、财政部副部长）兼任总经理，这也是中国特色。

可以说中国人民保险公司的名称确定、体制建立、机构组成、经营范围，甚至公司标识的书写和司徽的设计等，都经过了孙继武亲力亲为的谋划。

1949年10月，在人保公司成立时，总部营业部也同时成立。在西交民巷总部营业部的一张合影中，可以见到孙继武的身影。

在人保成立初期，孙继武积极推动财产强制保险，大力推广法规建设，组织专家撰写保险相关法规，在《中国保险二百年》画册中，可以见到孙继武毛笔手书的有关人寿保险办法草案的批函及强制保险初稿的草稿，可见孙继武的书法也非同一般。

加强对私营保险公司改造，完成太平保险公司的设立。1950年8月，孙继武在北京接见上海私营保险公司代表，相互交换意见，为接收改造工作指明方向。

孙继武主持开展国外保险交流，发挥涉外保险作用，力主中国保险公司迁入北京。1951年，中国保险公司在北京的董事会上，孙继武当选为公司常务董事。

人保成立初期，就大面积开办农业保险，进行探索实践，这些为今天中国的农业保险开展奠定了深远基础。

尽管当时保险公司不被人们重视，但孙继武策划在月坛北小街自主盖起了中西合璧的办公楼，让人刮目相看。

那段时间工作压力之大，紧张劳累程度之高，实为常人所难以想象。1950年11月，孙继武积劳成疾，患上神经痛、血压高、冠心病，但孙继武仍然坚持工作，为人保事业呕心沥血。

1952年5月，中国人民保险公司转归中央财政部领导，由财政部副部长吴波兼任总经理，孙继武仍任副总经理，并兼任财政部党组成员。7月10日，吴波组织召开直属分公司经理汇报会议，听取各家业务发展情况汇报。孙继武副总经理在会上代表总经理室作了《为贯彻一九五二年全年方针，争取超额完成计划，降低业务成本，准备进入长期建设而努力》的报告。

## 五、他是大树　他是大山

1956 年，中央决定停办国内保险业务。孙继武调任财政部基建司副司长，后任中国人民建设银行副行长，并曾兼任中国国际贸易促进委员会对外贸易仲裁委员会和海事仲裁委员会委员。为照顾孙继武身体方便，夫人也一同调入建设银行。1962 年，孙继武因病正式离职休养。

"文化大革命"中，孙继武离休在家也难免遭到迫害，被诬戴"地主""伪团长""青红帮"三顶黑帽，至死未能亲眼见到组织上为自己的历史作出的正确结论。在 1969 年林彪下达"一号命令"后，孙继武被迫"投亲靠友"疏散到夫人老家河南焦作。1972 年，孙继武病重回京，但住房早已被占，向单位多次据理求告，仅得永外两间陋室全家居住，房子破旧、阴冷。他一生戎马，一生为公，却晚景凄凉。

1978 年 10 月 16 日，孙继武因心脏病突发，抢救无效病逝，终年 73 岁。孙继武去世后，时任财政部部长张劲夫曾到家慰问，李达等军队中的老战友及财政部、人民银行、保险公司的许多领导出席追悼会。在孙继武的骨灰盒上，亲属刻下这样的字句："一生正直，一生朴素；他是大树，他是大山"。

孙继武性格沉稳，不喜交际，也不多言。在孩子们的眼里他永远是一副军人做派，严肃端庄。平日即使不穿制服，衬衣上的第一粒扣子也要扣上。就连孩子们日常生活的用品，他也准备齐全放在柜子里，一切摆放有序。

20 世纪 50 年代，孙继武（一排左三）与人保公司干部合影。

20 世纪 50 年代，中国人民保险公司总部员工合影。

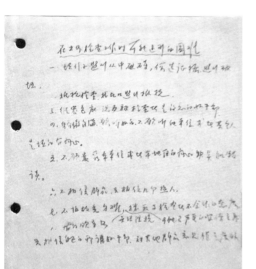

孙继武的工作日记、手记。

1958年，孙继武任国际贸促会外贸仲裁委员的聘书。

1956 年第一次海外保险公司总经理会议与会者在北京天宁寺路（现在的月坛北小街）
第一排左六是总公司总经理贝仲选，左五是副总经理张蓬，左四是太平洋保险公司副
中国保险公司总经理吴震修，左八是中国保险公司总经理孙广志，右三是中国保险公
秦道夫在最后一排左三，佩戴一枚徽章。

孙继武

合影。

□三是香港民安保险公司董事长孙文敏，左一是总公司国外处干部杜伯儒，左七是
□人民保险公司国外业务处处长施哲明，右二是太平洋保险公司副总经理李劲根。

20 世纪 50 年代，中国人民保险公司合唱团演出。

中国人民保险的老招贴（旅客意外伤害保险）。

孙继武家庭人口多，生活并不宽裕，但他嗜好读书，无论古典文学名著还是西方哲学书籍，从不惜钱。《马克思恩格斯全集》出一本他买一本，《二十四史》出一套他买一套，直到去世，还未等到该书出全。

说起读书，孙冰川回忆说，父亲最支持鼓励他多读书，不管他看什么书，只要不是《红楼梦》就行。每次看见他在家看书，就会轻轻把他房门带上，给他一个安静。

孙冰川出版的散文集中，其中《父亲说过的两句话》一文讲，父亲有两句话让他记忆犹新：一是"先人做官，后人卖砖"，意即子孙不努力，败家业，就会穷得拆房卖砖。二是"君子善言如棒打"，说的是做人要有内敛的功夫。

孙继武的一生严于律己，任劳任怨，从不伸手要职要权，甘于奉献。这两句话也是他的践行所依，因此他人格魅力的光芒从里向外喷薄而出，以至随着时间的渐逝，后人却感受越来越深。

# 清风盈袖月满楼——记中国人民保险公司第二任总经理

# 吴 波

20世纪80年代初，从财政部长任上退下来的吴波回到阔别多年的安徽老家，人们没有看见一个衣锦还乡、前呼后拥、车辆盈门的吴波，只见到一个衣着朴素、为人低调、不出声响的吴波。

20世纪80年代初，从财政部长任上退下来的吴波回到阔别多年的安徽老家，人们没有看见一个衣锦还乡、前呼后拥、车辆盈门的吴波，只见到一个衣着朴素、为人低调、不出声响的吴波。他徘徊在家乡茂林黑瓦白墙的典型徽派建筑的祠堂旁，那陈旧的白墙，如昔日这里手工制造的宣纸，一改雪肤玉貌的品质，长满墨迹般的青苔。吴波用浓重的乡音低吟着诗作，记录这触景生情的一幕："去时乌头归白头，白头喜见少年游。村郭依稀今又是，物换星移六十秋。"

## 一、名门之后的幼年时光

茂林是泾县一个古老的村落，历史悠久，人文荟萃，史称"江南名镇""江南第一村"，素有"小小泾县城，大大茂林村"之说。境内青山环绕，东溪、古溪两水相抱，魁峰挹秀。

茂林是吴氏族人聚居的地方，其与旌德江、绩溪胡、宣城梅并称"皖南四大姓"。著名的吴氏宗祠始建于南宋，十世祖吴惟辉立东山庵为祠，修吴氏宗谱，绘制世系图。据说，最盛时全村占地数千亩，富商豪宅鳞次栉比，职官品第比比皆是，逐渐发展成名门望族。吴氏家族名人辈出：清代吏部尚书吴芳培，近代书法家吴玉如、画家吴作人、文学家吴组缃（号称"三吴"等）；如今还有一位考古制砚大师吴笠谷，多年前，我写作有关手工艺的书，还采访过他。

至今保存完好的吴氏宗祠，是复建于清代的古宅。坐北朝南，有庭院和七间老屋，屋前有道照壁墙，八字形的院门向东，花砖门墙，青石石坊，明邑庠生吴国抡书写的横额。

1906年，吴波降生在这个历史悠久的深宅大院里，照在天井的月光不知如何演绎着这个新生命的命运。吴波的父亲是当地小有名气的商人，开有商铺。在吴波四岁时，父亲病逝，家境也随之败落。母亲带着两个儿子靠出租十余亩田地度日。

吴

波

吴氏宗祠。

吴氏宗祠牌楼。

吴波靠叔叔家的救济，在吴氏祠堂开办的私塾上学。吴波幼嗜书法，因家境贫寒，他只能以青麻作笔，方砖当纸，清水代墨，竟然把方砖写成了明镜一般。正是有了童子功，吴波日后的书法才显露出别具一格的魅力。尽管吴波练就了一手出众的好字，但由于生活所迫，他只读了六年，便停止了学业。至今在祠堂的二楼，依然保留着当年私塾小学的模样，阳光从老式隔窗中射进去，仿佛照亮了昔日学子伏案的身影。

## 二、寻找圣地的道路千回路转

13岁那年，吴波跟随母亲搬到宣城水东镇生活。16岁时吴波到宣城店铺当学徒，后来成为了店员。

1927年，北伐运动风起云涌，军阀混战。吴波的青春热血也跃跃欲试，似乎远方在呼唤。吴波懵懵懂懂地加入了所谓"皖属先遣队"的一支杂牌军，但很快被北伐军的白崇禧部队在合肥缴了械，他侥幸从先遣队逃了出来。

吴波垂头丧气地回到家乡，日子一贫如洗。在一位同姓族兄的帮助下，吴波再次离开家乡，考取了西路军管辖下的郑州市政府公益科的见习科员。1930年内战开始，冯玉祥的西北军西撤，郑州市政府解散，人员各找出路。吴波只好又打道回府，再次陷入迷茫。

吴波在郑州工作期间，深得市长赵守钰赏识。此时在国民党政府任职的赵守钰又给他写信，通知他来上海国货商场做文书主任工作。吴波在上海读到了鲁迅及苏联的进步作品，两眼迷茫的他，被作品中所传达出的那种对正义良知的呼唤和对幸福生活的憧憬所撼动。吴波在这里还结识了中共党员刘子华，从他那里了解到很多共产主义思潮，这是照亮他内心的第一束信仰之光。

1931年秋天，湖南水灾，赵守钰被委任为湖南省放赈专员，吴

吴波（左二）在家乡。

波被安排在办事处当秘书兼赈灾事务科长，吴波制定的赈灾方案及廉洁的管控，取得了显著效果。

赵守钰是山西人，与时任陕西省政府秘书长的山西老乡南汉宸是多年朋友。赵守钰通过南汉宸安排吴波到陕西省汽车管理局做了局长，从此，吴波才开始了事业稳定的生涯。

身居要职的南汉宸其实是共产党的地下工作者。受其影响，吴波逐步认识到共产党领导的革命是解救中国的一条正确出路，南汉宸也成了他人生道路上的领航者。吴波在南汉宸指导下，多次用工

吴<br>波

作便利掩护共产党地下工作者，其中就包括刘秉琳等人。

1934 年春天，赵守钰出任国民党政府护送班禅回藏的专使，吴波又随他去兰州，当了专使行署秘书。1936 年"西安事变"发生后，周恩来在西安约见赵守钰，赵守钰因为一时脱不开身，便委派吴波前往西安。

这是吴波第一次近距离接触共产党的高级领导，周恩来谈笑风生的气质给他留下深刻的印象，也激发了他投身革命的激情。

随后，周恩来委托赵守钰利用其与西北军阀马步芳的关系，帮助营救被捕的西路军部分将士。吴波通过一位在张掖开办医院的天主教徒，将部分被捕的西路军伤病员营救出去，其中包括刘延东的父亲刘瑞龙等。此时，吴波先后任晋察冀干部大队参谋，第十八集团军野战政治部统战部驻洛阳办事处干事、秘书。

1939 年 4 月，吴波告别自己的家庭，只身一人，化装穿过敌区，历尽千辛万苦，一路奔赴心中的圣地延安，寻找已在那里的南汉宸。但在陕甘宁边区前沿，吴波复杂的从业经历和来历不明的身份，受到了当地政府的质疑，差点被遣送回去。最后还是靠南汉宸的出面证明，吴波才被安排到晋西北临时战地总动员委员会工作。在投入地下革命多年后，1941 年，吴波终于成为了中国共产党党员，在中央统战部担任传记委员会编辑。当南汉宸调到陕甘宁边区财政厅当厅长时，他把吴波也调到了财政厅做秘书主任。


## 三、延河水宝塔山见证新生的爱情

吴波在延安接受了革命精神的洗礼，思想得以脱胎换骨。而吴波的新生活，犹如初升的太阳，光芒四射，焕然一新，朝气蓬勃，处处都奔涌着新的旋律。吴波白天在黄土高坡上奔波，晚上在窑洞里挑灯夜战。

同时，吴波多年做文秘的文字功底和写诗的才华得以彰显，他还利用业余时间为延安鲁艺实验剧团撰写剧本。正是在这种往来中，吴波被剧团中的一位漂亮女演员所吸引，她就是著名的演员邸力。

邸力是来自内蒙古自治区土默特右旗的回族人。1927 年，在绥远省立第一女子师范求学时，开始了文艺宣传活动。1932 年，为逃离包办婚姻，在北平参加左翼戏剧家联盟，参与演出爱国话剧。

当时邸力的丈夫刘丹顿时任江苏地下党宣传部长，她经常协助丈夫做党的秘密工作。1934 年她在上海被捕，出狱后，1937 年参加上海救亡演剧一队。邸力在革命生涯中，先后失去了丈夫和两个孩子。

1938 年，邸力毅然投奔延安，在鲁迅艺术学院戏剧系学习，后在鲁艺实验剧团、鲁艺文工团、晋察冀军区 120 师战斗剧社、张家口华大文工团任演员及宣传干事。在革命根据地的几年中，她活跃在晋察冀根据地的舞台上。1942 年在延安聆听了毛泽东《在延安文艺座谈会上的讲话》后，她响应《讲话》号召，积极参加新秧歌与革命戏剧

邸力（左二）演出的电影《祥林嫂》。

20 世纪 50 年代，中国人保员工到农村开展农业保险业务。

的演出活动，在歌剧《白毛女》的首演中成功饰演了善良、淳朴的王大婶，随后又参加了歌剧《周子山》《农村曲》《大丹河》及话剧《重圆》《粮食》《带枪的人》《十九号》等剧的演出，开创了中国革命戏剧的新纪元。

吴波与邸力共同合作，在延安上演着一出出革命戏剧。吴波正直的人品，诗歌、书法等多才多艺的才华，深深地吸引了邸力。黄昏的延河畔，留下他们散步的一串串脚印，他们夫唱妇随的情谊，一时传为佳话。1943 年，他们在延安结婚，许多首长见证了他俩简朴的婚礼。

1949 年，邸力任北京文管会文艺组组长，1950 年任北京电影制片厂演员，在影片《吕梁英雄》《儿女亲事》《新儿女英雄传》《结婚》《祝福》中扮演各种角色。1955 年到北京电影学院表演系任教，1983 年离休。

邸力为人低调，既没有因自己身为演员而自命清高，更没有因身为部长夫人而盛气凌人。她总是默默地站在丈夫的背后，做一位普通的妻子。

## 四、为新中国的财政工作精打细算

在延安整风运动中，有人说南汉宸搞大西北主义，由于吴波最早在南汉宸手下工作过，受其牵连被抓了起来，蒙冤入狱达 3 年之久。

1945 年，吴波受南汉宸委派，在晋察冀边区任粮食局副局长、代理局长，主管粮食工作。后任晋察冀野战军后勤司令部供需部部长、晋察冀边区财经办事处处长等职，掌管军政财务重权。有一天，他外出开会回来晚了，食堂管理员给他煮了一碗挂面。但他认为不能搞特殊，坚持把这碗挂面送给了病号，自己到厨房吃了一碗剩下的小米饭，他就是这样为国家和百姓精打细算。

1948 年，吴波先后任华北解放区财政厅副厅长、华北人民政府财政部副部长。他全身心地投入到解放区的经济和财源建设上，克服困难，筹粮筹款，支援前方部队。在担任华北人民政府财政部副部长时，积极建立新的公粮制度、粮食管理调运制度和城市工商税收制度，保证了根据地和前方部队的财粮供给，为解放战争的胜利作出了重要贡献。

1949年新年刚过，吴波带领财政部的工作人员，废寝忘食地组织筹划召开了首届全国税务会议，布置创立新中国税制这一重大任务。他亲自到上海做有关税制的调研，与各阶层人士座谈研究，在此基础上，主持起草完成了《全国税政实施要则》。中央对这个方案充分认可。

在新中国诞生前夕，吴波带领一支装载着账本、财政文件档案的特殊队伍，进入了北京，日夜兼程地筹备成立中央人民政府财政部。正如毛主席所说，共产党是来进京赶考的，吴波也感到责任重大。新组建的财政部，薄一波兼任部长，吴波担任财政部办公厅主任，随后成为财政部副部长。薄老器重吴波，把财政部许多重大工作交给他主持，且直接向周恩来、陈云等领导汇报。

在新中国成立初期，吴波对填写新中国财政建设发展史上的空白一页起到了奠基人和开拓者的作用。毛泽东曾盛赞说，其意义不下于淮海战役。

## 五、身兼人民保险的重担

1952年5月，刚刚成立两年多的中国人民保险公司，其领导关系被划归到财政部，因此，改由财政部副部长吴波兼任中国人民保险公司总经理。

在采访吴波的儿子吴威力时，我询问他对父亲担任保险公司总经理时的印象，他说根本谈不上什么印象，只记得父亲上任很久之后，

20 世纪 50 年代，吴波在财政部工作。

吴波晚年。

加强财政宏观调节作用，更好地为社会主义现代化建设服务！

吴波

吴波题字。

遗　嘱

　　我参加革命成为一个无产者，从没有想过购置私产留给后代。因此我决定不购买财政部配给我的万寿路西街甲11号院4号楼1101、1103两单元住房。在我和我的老伴邸力过世后，这两单元住房立即归还财政部。我的子女他们均已由自己所属的工作单位购住房，不得以任何借口继续占用或承租这两单元住房，更不能以我的名义向财政部谋取任何利益。

　　我去世后后事从简，不发讣告、不开追悼会，不搞遗体告别，火化后骨灰就地处理不保留。

　　立遗嘱人　吴波

　　见证人　董杰志　梁培诚

　　家属　吴尔宁　蔡红鬼　吴威立　吴本立

林诚同志：

　　我的后事请按我的遗嘱办理，一切从简。

　　我在遗嘱中要求我的子女不要向财政部伸手，也请部里不要因为我再给他们任何照顾。在我老伴邸力过世后，我的住房必须立即交还财政部。财政部也不要另外给他们安排、借用或租赁财政部的其它房屋。他们有什么困难，由他们找自己所在的工作单位解决。

　　我指定我的三子吴威立做我的遗嘱执行人，由他负责和财政部联系。

　　　　　　　　　　　　　　　　顺致

同候

　　　　　　　　　　　　　　　　吴波

　　　　　　　　　　　　　　2003年1月26日

吴波遗嘱。

有人有事问起他时，他才知道父亲还在保险公司当过总经理，可见吴波是一个多么低调的人。

上任伊始，吴波组织召开直属分公司经理汇报会议，听取各公司业务发展情况汇报。他指导确定落实 1952 年工作计划，提出降低业务成本，准备进入长期建设而努力的目标。

保险历史研究专家陈国庆在《吴波：一身正气一尘不染》一文中介绍：中国人民保险公司在 1952 年底，全国国营企业、县以上供销合作社的财产已全部投保，县以上国家机关财产的绝大部分也已投保，财产及运输工具的强制保险保费收入达 7700 亿元，付出赔款 1200 亿元。强制保险的推行，有力地配合了国民经济的恢复与发展，对灾害经济损失补偿、恢复生产起到了积极作用。铁路、轮船和飞机旅客意外伤害强制保险，在全国各地也已普遍办理。

1953 年 3 月，第三次全国保险工作会议在北京召开。总经理吴波在大会上作了《保险工作三年总结及一九五三年方针任务》的报告。指出了保险工作三年来主要成绩和主要缺点。主要成绩是：人民保险从无到有，从小到大，1949 年全国总分支机构有 15 个，300人，至 1952 年底机构发展到 1300 个，干部 4 万余人；在海外机构，东南亚主要地区有分支机构，发展了海外业务；配合国民经济发展，开办各种业务，在保障社会集体安全上起了一定作用。主要缺点是：指导思想上不考虑主客观情况，单纯追求任务，具体做法上犯了盲目冒进的错误。会议明确保险工作总方针为："通过国家保险业务，组织分散资金，促进国家和社会财产的安全，提高人民福利，同时为国家积累建设资金。"同时明确 1953 年保险的工作方针："整理城市业务，停办农村业务，整顿机构，在巩固的基础上稳步前进。"通过整顿精简，扭转了以往保险业务特别是农村保险业务中的盲目冒进和业务混乱的局面，取得了显著成绩。

尽管吴波在中国人民保险公司担任总经理时间不足两年，但依然可以有许多可圈可点的功绩载入史册。比如，确定了人保新办公楼的建设。人保自1949年10月成立后，建设新办公楼的计划就摆上议事日程。在吴波任总经理时期，选址、筹资、设计等工作都在有条不紊地进行中。吴波还利用财政部任职渠道，为大楼的资金审批程序进行指导，最终使大楼在1955年顺利建成，在短短的5年时间里，由公司自主出资，建了一栋崭新的中西合璧风格的办公大楼，这在当时来说是一个奇迹。主体中楼为五层，大门四根方柱，上部有石雕的花栏装饰，石柱上装有西式灯伞。据说这座楼由于建筑质量和建筑工艺出众，当时在北京成为了样板楼。

财政部、保险公司在办公楼附近建家属宿舍时留下了一块空地，计划建座礼堂。但吴波认为这是讲排场摆阔气的楼堂馆所，主导取消了建礼堂的计划，吴波就是这样，一切从实际出发，节俭干事业。

再如，1952年，组建中国人民保险代表团访问苏联和捷克，这是中国人民保险有史以来第一个出国代表团。但是吴波主动放弃了出国的机会，大力推荐保险专业的人员参加。代表团在苏联积极向保险专家取经，交流业务，为中国人保开办强制保险、农业保险、海外保险获取了宝贵的经验。

## 六、甘愿只当一年的正部长

吴波回到财政部后，继续担任副部长，其实是主持日常工作。

"文革"初期，中央和国家机关各部委的领导干部，大都成为红卫兵和造反派揪斗的对象。面对这种险恶的情景，周总理决定采取保护措施，提出以国务院通知开会、汇报工作和写检讨等名义，让受冲击的部长、副部长住进中南海"工字楼"宿舍，保护起来，其中就包括吴波。

1969年，吴波和财政部的一些干部被下放到湖北沙洋干校接受劳动改造。吴波背个竹筐捡牛粪，给鱼喂食，给梨园除草等。吴波作为普通劳动者，一边看树林一边读书，享受田园生活。1972 年冬天，吴波结束劳动改造，在回京前的一个晚上写了首七绝："大梦醒来惊且呼，依然曳尾在泥涂。此身愿借汉江水，洗尽脓瘀还好肤。"

"文革"后，吴波担任过中国人民银行副行长，兼任国务院财贸党委副书记。1979 年，吴波走马上任财政部部长时，已经 73 岁，但他还是积极促进了国营企业的改革与发展，为改革开放后中国经济的腾飞发挥了作用。

如果数一数新中国历任的财政部部长，吴波算得上是在副职时间最长，在正职年龄最大、时间最短的一任部长。在担任部长一年后，吴波主动提出将财政部部长职务让贤给副部长王丙乾，自己甘当顾问。这种人生的境界让人感怀，不因已离开官位而渐行渐远。

在网上可以查找到有关吴波在廉洁自律方面很多的事迹。他在住房、办公、用车等方面，都达到了常人不及的地步。

新中国成立后，吴波一直住在西城区大酱坊胡同一个小二进的四合院。房子年久失修，曾有好几次墙皮脱落掉进家人的饭碗里。有一次，李先念去吴波家里看望他，因胡同太窄，车都开不进去。但吴波坚持住在这里，也反对装修，一住就是 47 年。

吴波在任部长期间，坚持不给自己配专车。办公室的沙发都是旧的，扶手已破。1988 年离休前，有两个办公的保险柜，他还叮嘱还给财政部。

2000 年病重后，吴波立下遗嘱：去世后要把住房交还国家。两年多后，吴波又写了第二份遗嘱。这次他直接写给了时任财政部部长项怀诚。在遗嘱中，吴波说，我要求我的子女不要向财政部伸手，也请部里不要因为我给他们任何照顾。

2005 年 2 月 21 日，吴波在北京逝世，享年 99 岁。他留给几个孩子的，不过是几大柜子书籍。

吴波（左二）与王丙乾（左一）、项怀诚（左三）合影。王丙乾曾任国务委员，项怀诚曾任财政部部长。

吴波的儿子吴威立80多岁了，但依然精神矍铄，思路清晰。他说："父亲是个温和的人，从不和我们发脾气，也不讲大道理，更多是身教，用自己的言行举止来影响我们。"

1957年，吴威立考上清华大学，吴波高兴地对吴威立说，你需要买什么，开个单子。于是，吴威立列了一个清单，总计花费是98.5元，想要100元。但吴波说，不行，就是98.5元，一毛也不能多给。

吴威立大学毕业后，本来有机会去国有资产管理局工作，但父亲不同意。他说他在财政部工作，他儿子绝不能再到财政部归口管理的单位工作。吴波其他的儿孙们，谁也没有沾到过他的"光"。财政部原部长项怀诚说：吴老从不允许自己的孩子打自己的旗号谋取个人私利，也不让家人利用他的职权得到任何好处。

吴波曾在诗中写道："面完达摩十年壁，换得金刚百炼身。今日灵山问证果，此生犹愧净无尘。"一个"愧"字写出了吴波一生追求的境界，那就是一尘不染的灵魂、高贵纯净的精神。

吴威立也曾就本文开头引用的吴波那首诗的原韵和诗一首："不向故国夸紫骝，一生谨慎唯运筹。桑梓一支夕阳曲，清风盈袖月满楼。"尽管吴威立对我说：他的诗比不上父亲，他只试图给老爷子添个乐呵。但我感到：知父莫若子，"一生谨慎唯运筹"概括的是吴波对事业无私的奉献，"清风盈袖月满楼"则道出了吴波清心高洁的人生境界。

吴

波

## 人生如戏也入戏——记中国人民保险中国保险公司第一任总经理

### 吴震修

许多人的一生，大起大落，充满传奇。我们管那叫『有故事』和『戏剧性』。吴震修一生纵越清、民国、新中国三朝，又横跨军界、政界、学界、戏剧界、金融界，当过大学讲师、银行行长、保险公司总经理、北洋政府局长、民国上海市长，可见其人生之丰富。

前几天，我姐姐和我说，她同事的父亲曾经是中国人民保险公司第一任总经理吴震修的秘书。我对她说，吴震修是中国保险公司第一任总经理，而不是中国人民保险公司的第一任总经理。但姐姐的一片热心，引发我寻找了一些有关吴震修的资料，并寻访了上海保险老人。

许多人的一生，大起大落，充满传奇。我们管那叫"有故事"和"戏剧性"。吴震修虽不算是著名人物，但他一生纵越清、民国、新中国三朝，又横跨军界、政界、学界、戏剧界、金融界，当过大学讲师、银行行长、保险公司总经理、北洋政府局长、民国上海市长，可见其人生之丰富。

## 一、在中国银行的风雨兼程

吴震修，名荣鬯，1883 年（清光绪九年）11 月 21 日生于江苏无锡，自幼入私塾读书，后考取上海南洋公学，毕业后留学日本，入陆军士官学校。回国后曾任北洋政府参谋本部第六局局长，后任教京师大学堂师范馆。民国九年（1920 年）应留日同学、中国银行总裁冯耿光的邀请，担任该行总文书（相当于秘书长）。但让吴震修意想不到的是，随后他成为了近代金融史上著名的"南北合流"事件的核心人物。

1926 年，广东国民政府兴师北伐已箭在弦上，气势逼人，西北冯玉祥麾下的国民军一度问鼎京师，遥相呼应，而北洋政府仍内讧不已，风雨飘摇，以京津为大本营的北方金融实业家们，不免人心惶惶。

游走在军政商三界 20 余年的冯耿光，此时执掌中国银行实权，他收到中国银行香港分行经理贝祖贻（著名建筑师贝聿铭之父）的一份报告，称"南方声势很盛，军事甚有把握"。于是冯耿光以探

民国时期中国银行总部员工合影。

民国时期，吴震修（左二）与上海金融界同仁合影。

亲名义回粤，亲自实地考察后，认定中国银行要想有个稳妥的靠山，当务之急就是要寻求与南方的合作。至此，身为北方金融界中流砥柱的中国银行已暗度陈仓，与风头正健的南方政权搭上了关系。1926年冬天，蒋介石驻扎的北伐军大本营南昌，成了金融实业界"南北合流"的汇合点。

在冯耿光授意下，北方金融界派出吴震修以处理南昌分行放款业务为名，前去南昌接洽。早在辛亥革命时期，吴震修在陈其美的沪军都督府中当参谋长及师长黄郛的副手。而那时候蒋介石不过是区区一名团长而已。老同事相见，相谈甚欢，蒋介石开口要100万元现金充作军费，吴震修同意由中国银行先借50万元，并答应"如果北伐军能够打到杭州，其余半数就可以借到"。1927年3月，为蒋介石筹措巨款的"江苏兼上海财政委员会"在沪成立，代表中国银行的吴震修也占据一席。

金融界"南北合流"在先，军政界"宁汉合流"在后。得资本者得天下，北伐战争胜利。但此时中国银行的大佬冯耿光等人多受掣肘，不受蒋介石的待见。而吴震修却为蒋介石所罗致，自此涉足政界，获任命为上海市政府秘书长，甚至还一度代理上海市市长。由此观之，在"南北合流"之后，那一代金融界精英的人生路各有沉浮，甚至别开生面。但那些绞尽脑汁，一心想守住宝贵资产的人，却都像那些货币一样，或迟或早改变了成色。

吴震修还是习惯文人的生活，从骨子里不愿从政，自认还是离蒋介石远点为好，于是又回到中国银行任总文书，干起老本行。但政治有时会主动找上门来，躲是躲不掉的。

1937年，担任中国银行南京分行经理的吴震修，因曾留学日本，便成为了江浙财团亲日派中的灵魂人物。后来位于南京的吴公馆被人贴上反日标语，警告吴震修若再勾结日本人就要吃枪子。八一三事变后，吴震修携妻儿避往上海法租界富民路的弟弟家里，避住的

6年里，吴家发生了诸多不幸。他的爱子患伤寒死去，妻子因而精神失常，再加上发生南京大屠杀，吴震修在承受压力和郁闷中开始信佛，闭门不出。太平洋战争爆发前，日本特务机关的小林以校友身份邀其出任上海市市长，吴震修以年老多病为由坚决推辞。

1942年5月，中国银行被强行改组复业，吴震修任董事长，回到了南京的住处，挂名汪伪政府中央储备银行参事及汪伪政府全国经济委员会常务委员，靠名望领薪水度日。抗日战争胜利后，国民党当局将吴震修看管在家候审。最后法院以"吴震修汉奸嫌疑一案固证据不足，本院不予审理"了结。

其实，吴震修也是共产党的统战对象，当时"银联"的地下党胡宣同一直与他保持着密切的联系。由此看来吴震修能够在近代史的风风雨雨中得以保持不倒之势，不知是得益于他能够各种政治势力通吃，还是他一直保持文人的独立身份的个性。

## 二、"梅党"里的戏剧生涯

章诒和在《伶人往事》一书中讲：在梅兰芳身边有个智囊团，个个聪明，他们能进出梅兰芳的书房"缀玉轩"。这些人被称为"梅党"。"梅党"是干啥的？用现在的话来说，就是策划、包装、筹资，讨论剧本。能给梅兰芳说长道短、出主意、挑毛病的人，是什么人？自然是在那个时代有着深厚文化素养和审美经验的人，是大银行家、大实业家、大名士。"梅党"的头号人物是冯耿光，人称"冯六爷"。冯耿光的乡党吴震修自然也在其中，人称"吴二爷"。吴震修通新旧两学，学养深厚，诗文都好。因此，他成为了梅兰芳的得意干将。

梅兰芳《牢狱鸳鸯》这出戏，便是由吴震修从前人笔记中找出来、经"梅党"诸人精心打磨而成，上演后大受好评。因此，梅兰芳认识到如不排新戏，就不能与人竞争。《霸王别姬》是梅兰芳的经典剧目，久演不衰。这个戏就倾注了吴震修的大量心血。原来这个戏叫《楚汉争》，由齐如山执笔，撰成初稿。吴震修听说梅兰芳和杨小楼合作唱这个戏，便把稿子拿过来看看。这一看，就看出了问题。认为那些敷衍故事的场子占用了相当长的时间，张口就说："戏太长，要两天才能演完，不好。"齐如山听了，不大高兴，说："我为了这个戏，费了不少日子，已经完工，你不早说，现在要大删大改，我没那么大本事！"说罢，把本子扔给吴震修。从来没写过戏的吴震修说："给我两天工夫，后天交卷。"所有人都为吴震修担心，但梅兰芳拍板了！决定请吴震修试试。结果，全剧从二十场减为十二场，随着演出，越磨越精。十二场再减为八场。本子改得人人叫好，成为梅派的代表剧目。齐如山也十分叹服，两人又重归于好。

正是由于像吴震修这样一些人的存在，才一手扶持了一代艺术大师的成长。就连梅兰芳先生也曾坦言：一生得到了很多朋友的帮助，他们的一言一行、一词一句均可引领社会审美，左右舆论风向，其兴邦丧邦之能不可小觑。

1905 年秋，位于现在北京和平门外大街的丰泰照相馆，拍摄了由著名京剧老生，有"伶界大王"之称的谭鑫培主演的《定军山》，这是中国人第一次拍摄电影。当时正在逛厂甸的吴震修见证了这一历史时刻。后来，他指导梅兰芳拍摄了多部戏剧电影。

## 三、入职保险的最后告别

1949 年，上海解放后，吴震修担任了中国保险公司总经理。这是他人生最后的一个职位。其间，吴震修利用自己的声望，广泛团结海外保险机构人员，为发展新中国保险事业作出了贡献。1952 年后，吴震修年已古稀，作为统战元老，他被批准离职带薪回沪休养。1966 年 12 月 31 日吴震修在上海病逝，终年 83 岁。

"梅党"成员在梅兰芳家合影。

　　1949年5月25日上海解放。为了恢复国民经济、保障物资运输与外贸保险的需要,为了争取中国保险海外机构为祖国服务,随着"中国银行"经中央批准复业,原为中国银行投资含有民族资本的"中国产物保险有限公司"和"中国人寿保险公司"改组为"中国保险股份有限公司",经上海军管会批准,于1949年6月20日正式复业。在中国人民银行第一任行长南汉宸高超的统战工作决策下,中国保险公司总管理处很快恢复了对海外分支公司的领导。随着海外员工的回归,香港、新加坡、吉隆坡、槟城、雅加达、泗水等分支公司恢复了领导隶属关系,并积极筹划改组中国保险公司董事会。1951年6月5日,中国保险公司在北京召开新中国成立后第一届第一次董监事联席会议,龚饮冰(中国银行总管理处总经理)、孙继武(中国人民保险公司副总经理)、谢寿天(中国人民保险公司华东区公司经理)、吴震修(原"中保"常务董事)、潘久芬(原"中保"常务董事,1939年曾任"中保"董事长)被选为常务董事。会议选出龚饮冰任

梅兰芳（前排左二）与"梅党"合影。

"梅党"在修改剧本。

梅兰芳1919年访日前与朋友合影（左起：齐如山、李斐叔、李释戡、梅兰芳、吴
震修、许伯明、舒石父）。

吴震修签发的保险单。

董事长，聘请吴震修任总经理，施哲明、陈柏源、孙广志为副总经理。中国保险公司总管理处原来在上海，1951 年 9 月 25 日从上海迁到北京。

当时任中国保险公司办公室主任的秦道夫曾回忆：吴震修总经理从上海迁到北京之初，一直住在护国寺街 9 号梅兰芳的家里。有一天，吴震修把我叫到他的办公室，对我说，新加坡中国银行的经理想要一套梅兰芳的剧照。他要我去梅兰芳家去取一下。说着，他顺手从办公桌的台历上撕下一张日历，很随便地拿起笔写了几个字，要我持这张便条去梅家取照片。我至今还记得他"唰"的一声撕下日历纸，提笔在上面写字的情景。

上海老保险吴越老人已 93 岁，他老人家在电话中告诉我：吴震修是三朝遗老，非常开明。吴震修在上海休养期间，吴越每逢节假日都会代表保险公司去看望吴震修，那时中国保险公司一直给吴震修发工资。吴震修虽然不是保险出身，但他谈吐风趣，可以滔滔不绝。"文革"刚一开始，吴越靠边站了，自然也无暇顾及自身难保的吴震修了。不久，吴震修在一片凄风苦雨中去世了。

粉碎"四人帮"后，中国人民保险公司才给吴震修补开了追悼会。吴震修的原配夫人早于他多年去世，后来吴震修原在中国银行的生活秘书一直照顾他的起居生活，成为他事实上的夫人。她当时代表吴震修的家属出席了追悼会，后来中国人民保险公司也一直给她发生活费。

# 剑走偏锋的金融大鳄——记中国人民保险太平保险公司第一任董事长

## 周作民

近代中国著名的金融家周作民的一生，几乎是在『城头变幻大王旗』的乱世中度过的。作为民国最大的私立银行的掌舵人，周作民能够引领金城银行驶过惊涛骇浪，没有沉没，不能不说是一个奇迹。

近代中国著名的金融家周作民的一生，几乎是在"城头变幻大王旗"的乱世中度过的。作为民国最大的私立银行的掌舵人，周作民能够引领金城银行驶过惊涛骇浪，没有沉没，不能不说是一个奇迹。北洋政府时期，他与段祺瑞、冯玉祥、安徽督军倪嗣冲、国务院秘书长徐树铮、财长梁士诒、国务总理熊希龄一见如故；北洋政府垮台后，他又与蒋介石、张群、黄郛、戴笠等关系极好；日伪时期，他与汪精卫、陈公博、周佛海、冈村宁次、土肥原贤二、清水董三等酬酢甚欢；新中国时期，周恩来称他为同宗兄长。因此他被誉为长袖善舞的金融奇才，也被称为八面玲珑的不倒翁。

## 一、追求现实的学业

1884 年 2 月 12 日，周作民生于江苏淮安的山阳。淮安坐落于古淮河与京杭大运河的交汇点，是物产富饶的鱼米之乡。淮安与扬州等为淮扬菜的主要发源地，是江淮流域古文化发源地之一。

周作民的父亲周佩香是清末举人，因对时局失望，无心仕途，以开馆授徒为生，家境清贫。

周作民原名周维新，后因戊戌变法失败，其父担心触犯时忌，为其改名周作民。从这个换汤不换药的文字游戏中，可以看出周父对时局的看法和对儿子的期许。这件小事可以透露出周作民早年的成长氛围，及人情练达的家风遗传。

少年的周作民聪慧好学，在其父所设的学馆里随父读书，打下了良好的国文基础。清末，日本明治维新后蒸蒸日上的国力让许多中国知识分子看到了国家富强的希望，于是中国出现了学习日语的高潮，许多地方出现了东文学堂（相当于留日预备学校）。周作民15 岁转入淮安人谈静山创办的谈氏东文学堂，师从著名国学大师罗振玉。

罗振玉也是淮安人，比周作民年长 18 岁。罗振玉 15 岁学作诗词，16 岁中秀才，自幼潜心经史、训诂，留意金石名物，24 岁（1890 年）开始在乡间教书。1894 年中日甲午战争爆发，屈辱的《马关条约》使罗振玉认识到必须向西方学习，实业救国，于是他潜心研究农业，并开始专译日本农书。

由于周作民踏实苦读，颇得罗振玉喜爱。而罗振玉对实业的追求，对周作民的影响也很大。由于他的举荐，1902 年，周作民前往广东，进入广东公学，学费也由他倾力相助。

1906 年，周作民以优异成绩考取广东官费赴日本留学。周作民本籍为江苏，对广东来说便是外省人，因此被取消赴日资格。罗振玉找到当时广东臬司兼留日主考官疏通，并以人格担保周作民定能学成归国，为民族振兴效力。罗振玉竭尽全力地教导、栽培、资助、扶持周作民长达八年之久，可谓恩重如山。

1906 年，周作民考入京都第三高等学校（京都帝国大学前身）。在校期间，他对日本三井、三菱集团的发展及银行资本和产业资本的融合作过研究。当时留学生大多热衷排满革命，而周作民并未参与，好像革命离他的生活很远，他的心思都在学习上。周作民是一个非常现实的人，他后来一生都在和政治人物打交道，但对政治似乎总保持着一定距离，或许他认为这样做是最安全的。两年半后，广州官费停发，周作民只得辍学回国。


## 二、进入交通银行的成功之道

1908 年，周作民在南京政法学堂担任日文翻译，业余时间继续学习财经知识。辛亥革命后，进入南京临时政府财政部担任库藏司科长。不久，南北和解，周作民随临时政府迁往北京。1913 年，周作民任库藏司科长。1915 年，时任财长的熊希龄下台，与周作民素

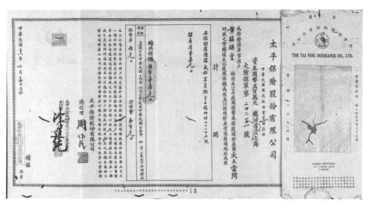

周作民签发的保险单。

太平寿险说明书。

周作民。

102

金城银行总部。

金城银行标牌。

有嫌隙的周学熙第二次就任财长。时任司长的周作民官场梦碎，愤而辞职。

周作民辞职后，便去拜会中国交通银行行长梁士诒，说明来意后，梁士诒一口答应聘请他担任中国交通银行总行稽核课科长，并兼任国库课主任。毫无疑问，周作民很有才干，在银行界口碑不错，同时梁士诒也很看重他在财政部做司长的背景，他多少有一定的人脉。周作民开始了此后 40 年的银行家生涯。

周作民一到交通银行，便认识到：要在中国做成事，最重要的就是人际关系。周作民凭借在财政部的资本，很快成为交通银行核心骨干的"五总"之一。他与文书科主任陈福颐、会计科兼钞券科主任谢霖三人负责处理总行的一切日常事务，是交通银行的实权派。

交通银行想在芜湖设立分行，发展皖南的茶叶贷款与押汇业务，尽管花了不少钱打点关系，但受到安徽督军倪嗣冲的阻挠一直未能实现。军阀的蛮横让行长梁士诒一筹莫展，周作民主动请缨前往安徽，梁士诒许诺一旦成功便让周作民兼任芜湖分行行长。

周作民想起与倪嗣冲关系甚为密切的大商人王郅隆，王郅隆是那种举止让人望而生厌的人物，周作民数年前与他有过一面之缘，尽管王郅隆有意结交，但周作民一直不愿与之交往。但现在想起王郅隆，觉得非见此人不可。王郅隆与皖系渊源甚深，与徐树铮关系也甚佳。徐树铮是皖系大头领段祺瑞的心腹军师，是皖系的核心人物，搞定徐树铮，也就搞定了倪嗣冲。

王郅隆对周作民的主动结交大喜过望，并将其殷勤引见给徐树铮。徐树铮文武全才，一时人杰，与周作民一见如故。一方面，周作民曾是清介干吏，经济干才，颇有声誉，徐树铮本就有意将其吸纳为皖系所用；另一方面，见徐树铮之前，周作民也做好了充分准备，言谈举止均投其所好。

周作民拿到徐树铮的手信，带上梁士诒给予的 2 万元活动经费与王郅隆同赴安徽。到达倪嗣冲所在的蚌埠之后，周作民并不急着见他，而是先交结其左右心腹。得到倪嗣冲困于军费的消息后，周作民找到了突破倪嗣冲心理防线的切入口。一次，饭后周作民陪倪嗣冲搓麻将，当晚便"输"了5000多元。周作民的豪爽举止，以及对金融、财政和实业的见解，深得倪嗣冲之心。周作民在蚌埠活动了20多天，多次与倪嗣冲交谈，始终没提设分行之事，直到离开时才提出。倪嗣冲当场答应，并复函梁士诒，希望由周作民本人经办。

很快中国交通银行芜湖分行成立，接着蚌埠分行成立。周作民如愿以偿，身兼四职——中国交通银行总行稽核课主任、国库科主任、芜湖分行经理、蚌埠分行经理。1915年秋，安徽全省财政收入便由交通银行打理，交通银行成了倪嗣冲集团的金库。

1916年，安徽全省财政收入激增，交通银行在安徽的两个分行盈利也直线上升。凡是周作民在蚌埠逗留，几乎日日有倪嗣冲集团的头面人物设大宴款待。周作民劝倪嗣冲拿出一些钱来，自己办一个大银行，而倪嗣冲看到交通银行业务蒸蒸日上，也早有此意，两人不谋而合。

于是，一家以军阀、官僚和交通银行部分骨干为主要发起人的金城银行由此诞生。

## 三、固若金汤的金城银行

毛泽东在谈到中国民族工业的发展历程时说过："四个实业界人士不能忘记，搞重工业的张之洞、搞化学工业的范旭东、搞交通运输的卢作孚、搞纺织工业的张謇。"这四位实业界人士中，范旭东创办永利制碱公司，卢作孚创办民生实业公司，都和周作民及金城银行对民族工商业的投资倾向有大关系。

第一次世界大战期间，中国民族工商业的发展和北洋军阀政府

太平保险公司员工合影。

太平保险公司董事合影。

财政上对银行资金的需要，是刺激和促成它成立的两项主要因素。金城银行的发起人正是这两种类型。一类是军阀、官僚及他们的代表人：安徽省督军倪嗣冲、安武军后路局督办王郅隆、天津造币厂监督吴鼎昌等。另一类是与官僚、军阀有联系的交通银行当权人物：总行协理任振采、北平分行经理胡笔江、总行稽核科主任周作民等。前一类人由于搜刮民财，拥有雄厚资力，后一类人有经营管理银行的实际经验，这两类人结合起来，既有较一般银行充实的资本、揽取达官贵人军政机关存款的门路、买卖投机公债消息灵通，又可以取得当时官僚资本交通银行的特殊帮助等有利条件。

　　1917 年 5 月 15 日，金城银行在天津成立。名曰金城，取金城汤池永久坚固之意。王郅隆任董事长，周作民任总经理。注册资本 200 万元，实收 50 万元，其中倪嗣冲、王郅隆和徐树铮的投资超过六成。

北京设立总经理处后，周作民坐镇北京，将金城银行的业务不断向前推进。

金城银行成立初期带有强烈的军阀色彩，其储蓄大户也多为军阀和前清贵族。后来安福系失败，王郅隆遭通缉，由梁士诒代理董事长，直到1927年，周作民才当上了董事长，实现了对金城银行的完全控制。

周作民为了摆脱军阀色彩，金城多次增资扩股，并回购股份，但直到1927年，军阀官僚所占股份依然高达50.5%。金城银行的放款遍及各行业，汇款大量通过铁路交通，但其最大的利润来源是投机政府公债、库券和进行财政性投放等方式，这样既获得了巨额利润，又为北洋政府解决财政困难提供了支持。

由于经营主要依赖权力，周作民因此似乎对管理不太重视，尽管他对基层行员的服务礼貌要求甚严，盛夏季节，行员上班接待顾客都必须穿上整洁的长衫，但金城银行的人行事风格却非常粗犷，当时有人分析"周作民手下有吃、喝、嫖、赌、玩古董五种人才，针对要敷衍逢迎的人物的爱好，他就用擅长那一方面的人才投其所好，以拉拢关系。"

周作民不仅熟悉和善于利用人与人之间各种卑微苟且的勾当，也明了如何与真诚公正、高尚质朴的人打交道，比如范旭东。范旭东不仅个性极强，而且为人处世也很方正严谨。周作民曾经给予永利和民生巨大的支持。金城银行在永利前景还非常不明朗的时候就决定投资支持，甚至在1921年后，永利和金城订立了透支10万元的合同，透支数额逐年增加。一向喜欢对投资的企业直接管理的周作民，虽然担任了一辈子永利的董事长，但对永利的事却从不过问。周作民对永利的态度建立在他对范旭东的了解之上，他曾经说过："范旭东这个人脾气耿直，平时绝少迁就，对人从不敷衍，自信力很强，事业心很重，也守信用。"而且，周作民一贯喜欢耍手段，但是他每逢和范旭东打交道却不如此。摆平倪嗣冲的周作民和作为金城的董事长、范旭东朋友的周作民简直判若两人。

周作民的克制来源于他的明智，他知道克制是像他这样的人可以和范旭东相处的唯一方法。因为明智，他不仅知道要"给予不同的人不同的东西"，而且懂得如何给予，这也为金城银行和太平保险的创办奠定了坚实的社会基础。

1926年，周作民被奉军张学良部绑架，舆论大哗，尽管有熊希龄、赵尔巽等大人物前往周旋，周作民还是付出40万现洋的代价才获得自由，周作民说："我从刺刀上读到了银行家也要遵循的原则——利润必须分拨一部分打磨刺刀。"

北伐胜利前夕，周作民看好蒋介石，叫人送去40万元劳军，蒋介石说："周作民不错，我会记住他的。"1926年，北洋政府刚刚垮台，周作民就设法到庐山面见蒋介石，呈上改革金融的具体方案，多次给宋子文献计策划，在帮助国民政府克服财政困难方面作出了很大的贡献。他先后担任了国民政府财政委员会委员等职。

全面抗战爆发后，周作民陷入了两难的境地，金城银行的主要业务都在沦陷区，如果退往大后方，金城银行一定会被日寇侵吞，如果留下，作为社会名人，定是日伪拉拢胁迫的重要目标。周作民没有像大多数银行家那样积极抗战，或转移到后方，而是选择留在了上海。

但周作民也深知，如成了"汉奸"就是跳进黄河也洗不清。周作民婉拒了重庆方面要其撤退的暗示，在沦陷区与日伪周旋，一方面他成了日伪重要人物的座上宾，另一方面为重庆做一些情报工作，同时，也成了日本人和重庆国民政府之间传递消息的一个渠道。他以患有严重心脏病为由，坚决不受伪职。周作民的亲信、金城银行高层徐国懋说，周作民在敌伪时期，"无论是与汉奸来往，还是与日本人士来往，绝不是个人交际，主要是担负着蒋介石交付的使命"。

鉴于上海已有数名老板因拒绝合作被借故处死，周作民觉得随时可能遭遇不测，在美国人陈纳德的庇护下，周作民搭乘其航空公司飞机，逃亡香港。

太平洋战争爆发时周作民正在香港，他在日军占领香港后被拘捕。1942 年 3 月，被日军遣送回沪。日方想与他合作，但周作民除了担任金城银行和有关的投资银行职务外，假托身体有病，未出任任何职务。

抗战胜利后，金城银行成为各路接收大员觊觎的对象，更有甚者，要将金城银行作为逆产没收。周作民不堪其扰，金城银行饱受冲击。蒋经国在上海"打老虎"，也很快打上门来，要周作民交出私人外汇，并规定非经他允许，周作民不准离开上海。

1946 年 1 月，周作民在张群、吴鼎昌斡旋帮助下，终于在重庆见到蒋介石。国民政府文官处分别致电各要害部门，要求对金城银行予以保护。

从行迹论，周作民任庙不认神，只要某个政要对其有利，便着力与之交往，左右逢源，四方结交，八面玲珑，使金城银行跻身于最著名的民营银行之列。金城银行、盐业银行、中南银行、大陆银行被称为"北四行"，金城银行尤其耀人眼目，声名鹊起。

周作民毕竟是当时中国罕有的金融专家，对如何构建健康的国家金融体系自有具体的实施方案。北洋政府军阀更迭不休，南京政府非孔即宋，让他灰心不已。他身负济世之才，却一直与狼共舞。

## 四、太平保险公司的脱颖而出

1999 年，天安门广场重修，市政工人曾在毛主席纪念堂西侧出土了一块石匾，上刻"四行储蓄会"五字，这块石匾源于西交民巷。专家称这块牌匾刻于 20 世纪 20 年代，对北京早期商业银行的研究有重要意义。"四行储蓄会"中的"四行"是指盐业银行、金城银行、大陆银行和中国银行;"四行储蓄会"则是这四家银行协同银行业务的机构,可见当时金城银行在中国银行业的地位。

1927 年,金城银行总经理处迁到上海,周作民也因此任总经理兼董事长,大权集于一身。

1929 年 2 月,金城银行在周作民倡导下,在上海发起创办太平水火保险公司,额定资本 100 万元。其创动机系当时华商保险业仅不足 20 家,且大半系属港商分设,组织散漫,不能与外商保险相抗衡。

保险历史研究专家童伟明在《周作民与太平保险》一文中讲:查阅当时的资料,金城银行董事会议录记载了周作民对当时市场前景的分析:"就上海一地而言,每年保险费达七千万元(大体相当现在 50 亿~60 亿元),从前几乎全部在外人保险公司之手。周作民曾对陈光甫(上海银行经理)等办保险同业云:只可向外人争,不可自争,果能争得百分之十,每年亦有七百万元。"

其实,周作民进军保险业的想法已在心里酝酿多年,并委托丁雪农着手筹划。丁雪农比周作民小一轮,1896 年出生于扬州,早年毕业于复旦大学,后留学美国宾夕法尼亚大学,回国后任交通银行青岛分行经理。

1985 年,时已 86 岁的原中国人民保险公司国外业务部专家陶听轩先生回忆了受周作民委派和丁雪农一同组建太平保险的经历:"1925 年,离开天津来上海,有老朋友黄克络兄告诉我,上海金城银行拟筹办保险公司并已由丁雪农主办此事。丁雪农雄心筹办,渴求内行人合作。经黄克络介绍与丁雪农见面,他比我长 4 岁,两人互谈对保险业的抱负、认识等,一拍即合。经丁雪农介绍我见了金城银行总经理周作民,同意我参加太平保险的筹办工作。丁任经理,我任副理,另加职员十数人。"

剑走偏锋的金融大鳄——记中国人民保险太平保险公司第一任董事长

1937 年，太平、安平、丰盛、天一等保险公司合并后，公司主要领导人赴黄山合影

太平水火保险公司由金城银行独自出资 100 万元，周作民任董事长，总经理为丁雪农。丁雪农此前曾任交通银行青岛分行经理，而其叔父丁敬臣是青岛商会会长，岳父吴蔚如是青岛中国银行经理，可见其人脉之广。

太平水火保险公司创办初期，开办了水、火、船壳、汽车等险种，并承办玻璃、邮包、行动、茧纱等险种，随着业务扩展，又开办了木驳、电梯、兵、盗、信用、意外、人寿等险种。

1933 年 9 月，金城银行召开董事会，决定太平水火保险公司改组为太平保险公司，并由金城、中南、大陆、交通、国华五家银行共同注入资本，资本增为 500 万元，规模扩大。随后太平保险公司先后收并了安平、丰盛、天一等保险公司，向集团化方向发展，业务也随之大增。至 1936 年底，承办各种保险总额约 13 亿元，每年盈利都在 15 万 ~30 万元。

太平保险公司除在上海设总公司外，在京、汉、津、哈、鲁、粤六大区设分公司，鼎盛时期，全国代理网点达 900 余家。当时就上海一地，每年保费收入 700 万元。太平保险公司逐步开办国外分保业务，并在香港、西贡、雅加达等地设立了分公司。1936 年太平保险公司上海分公司副总陶听轩曾到欧美考察保险业，并被选为英国保险学会会员。

1938 年，太平保险公司创设太平人寿公司，业务迅猛发展，太平保险公司遂成为全国著名的数一数二的华商保险公司，成为我国当时保险业中的巨擘。

1949 年 7 月，上海解放。太平保险公司等 47 家华商私营保险公司联合组成了"民联分保交换处"，为私营保险公司改组奠定了基础。

# 五、再次成为太平保险公司的董事长

1950年8月，已移居香港的周作民北上，在北京中南海与淮安老乡周恩来见面。周作民是金融界头面人物中新中国成立后回归的第一人，也是唯一回归者。陈光甫、张嘉璈、李铭、钱新之、宋汉章等这些民国时期著名的银行家，均飘零海外，周作民为何会独自北归？

其实，在1949年2月底，金城银行就已花了四五十万元港币，租用"华中"号轮船北上，运送民主人士。这批民主人士安全抵达北平，顺利参加了筹备新政协会议工作。

据金融史学家刘诗平介绍：新中国成立前夕，章士钊等人受周恩来委托来到香港，游说由沪赴港的工商界名人北回。处在观望中的周作民派徐国懋回上海，作为总经理主持金城银行在内地的事业。1949年11月，徐国懋北返，成为第一个经动员回到新中国的银行家。

周作民致信徐国懋：自己已准备回来，不过放心不下香港金城的头寸。当时金城港行的周转时有困难，他曾向香港中国银行商谈透支100万元，如果成功则可放心北归。香港中国银行则认为透支数额太大，须经北京总行同意。因此周作民让徐国懋去北京到人民银行总行活动。

徐国懋到北京后，首先找到卢作孚，经卢作孚通过黄炎培联系，约定与人民银行行长南汉宸见面。南汉宸当即电告香港中国银行拨给金城港行500万港元，作为定期一年的存款。周作民闻此消息，"深感共产党办事气魄之大"，打消了最后一丝顾虑，下定决心北归。

1951年6月，周作民接受周恩来总理和中国人民银行行长南汉宸邀请，在潘汉年的策划下，由香港回到北京，列席中国人民政治协商会议。

在北京，周作民受到总理的热情接待。互相握手时，总理说："你我同姓同乡，也许是同宗嘛。你比我年长，是老前辈呢！"周作民很

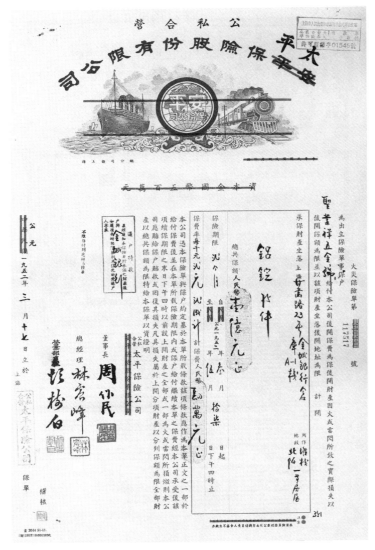

太平保险公司保险单。

1954年，中国人民保险公司所属香港分公司华商保险工会工育组委员合影。

20世纪50年代，中国人民保险公司所属太平保险公司员工合影。

激动地回答："不敢当。"总理摇摇头说："我们家乡很贫困，你我都多年没有回去，很想去看看。"

周总理称赞金城银行对发展我国民族工业的历史业绩，并说："新中国百废待兴，像周先生这样的理财专家是有用武之地的。"

周作民回到上海金城银行总部，指导改造工作。金城、盐业、中南、大陆、联合五家银行实行公私合营，周作民任董事长，人民银行上海分行副行长、人保上海分公司总经理谢寿天任副董事长。

1952年12月，全国60家合营银行和私营银行成立统一的公私合营银行，成立公私合营银行联合董事会，人民银行副行长中国人保总经理胡景沄任董事长，周作民任副董事长。迁到北京西交民巷108号金城银行旧址办公。在我国对私营金融业的社会主义改造整个过程中，周作民都能积极响应党的号召，接受改造。

与此同时，周作民又将他的资产美金证券25万美元，约值人民币100万元的金城银行股票，连同个人收藏图书5300册，以及名人字画、碑帖、工艺品等珍贵文物1045件，全部捐献给国家。他的爱国热忱和爱国行动得到了国家文化部的褒奖。

当时北京西交民巷108号新建的金城银行办公楼，是一座花园式的建筑，别具一格。这座建筑是当时著名的建筑师朱兆晋设计的，该楼仿西方近代宅邸城堡样式，不是临街而建，而是退到庭院中。主体两层，局部三层，二层原有过街楼同东西面邻楼相通。主立面（北立面）及平面左右对称，北立面左右两端向前凸出，有装饰铁艺雕花栏杆的阳台，顶层高起三角山花。加之主楼入口处有长而稍有曲折的铁艺栏杆，阳台下配置粗壮挺拔的古典罗马门柱，从而使北立面显得丰富而又有变化。

1949年10月20日，中国人民保险公司在北京成立，办公楼就在西交民巷108号金城银行旧址，老洋楼换了主人，自此这栋楼成了中国人民保险公司的一块风水宝地，直到1994年被拆除。而2008

年中国人民保险公司彻底从这里搬迁时，民国时期的金城银行当年转给中国人民保险公司的一张老房契，成为人保获得补偿的重要法律依据。

1950 年 7 月，上海私营保险公司以太平保险公司为主的同业代表一行 9 人赴京访问，中国人民保险公司总经理胡景澐和副总经理孙继武接见了代表。

1951 年 9 月，上海、天津 28 家私营保险公司合并组成太平、新丰两家保险公司，由中国人民保险公司投入一半以上资金，从此，太平保险公司开始走上国家资本主义道路。

公私合营太平保险公司由上海 12 家公司，即太平、安平、天一、太安丰、华商联合、福安、宝隆、建国、大丰、大信、裕民、杨子，以及天津 3 家公司，即大昌、中安、平安，共计 15 家公司组成。原太平公司的周作民任董事长，由中国人保上海公司的总经理谢寿天任副董事长，中国人保上海公司副总经理林震峰任总经理。人保公司的孙文敏、阎达寅等任常务董事。

1955 年底，社会主义改造加快步伐，保险业的公私合营进一步推进，中国人民保险公司乘势力主将太平、新丰两家保险公司进一步合并，组成太平保险公司，总部迁到北京，成为中国人民保险公司直接领导下专业性的保险公司，停办国内业务，主营海外业务。与中国人民保险公司所属的中国保险公司、太平保险公司、民安保险公司共同成为专营海外及香港地区的保险业务的子公司。太平、新丰两家保险公司完成合并，标志中国保险业的社会主义改造的完成。从此，中国人民保险公司一统天下，私营保险公司彻底退出了中国历史的舞台。

正是由于中国保险公司及太平保险公司的积极努力，海外保险业务为国家创收了大量外汇，支援了国家经济建设，也为中国人民保险公司的发展作出了具有历史作用的贡献。

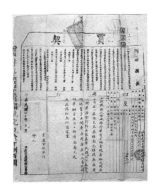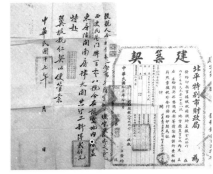

1949年10月，中国人民保险公司接收原金城银行在北京西交民巷108号办公场地的房契。

1958 年，中国人民保险公司停办国内业务，机构归属中国人民银行，涉外保险业务仍以中国人民保险公司及中国保险公司、太平保险公司 3 家公司的名义开展。

1955 年 3 月 8 日，在平安度过"三反""五反"的危机之后，周作民因心脏病猝发，在上海逝世，享年 71 岁。周恩来总理和中央统战部都送了花圈。周作民葬在万国公墓第二十九号墓穴，墓志铭上写有周作民的生平。

1992 年，中国人民保险公司成立香港中国保险 (集团) 有限公司，中国保险、太平保险、民安保险统一划归香港中国保险集团管理。1996 年中国人民保险公司改组为中国人民保险（集团）公司，香港中国保险（集团）有限公司与中保财险、寿险、再保险公司均为其子公司。

1998 年，中国人民保险（集团）公司撤销，旗下的 4 家子公司各自独立。原中国人民保险公司的海外业务及机构划归中国保险公司，中国保险公司与香港中国保险（集团）有限公司实施两块牌子一套班子的管理模式。从此，太平保险公司正式脱离了中国人民保险公司的管辖。

周作民墓地。

2002 年 8 月，中国保险公司更名为中国保险（控股）有限公司，成为中国保险业第一家控股集团公司。2001 年，太平保险公司恢复开办国内业务。

2009 年 7 月，中国保险（控股）有限公司宣布正式以中国太平保险集团公司（以下简称中国太平）的名义办公，开始启用"中国太平"这个具有 80 年历史的品牌，成为新中国保险业最老的品牌公司。

这些年中国太平的董事长、总裁等领导，大多数来自中国人民保险公司。王宪章曾是人保总公司副总裁；杨超曾是人保总公司营业部总经理；冯晓增曾是人保天津市分公司总经理；林帆曾是人保深圳分公司总经理；宋曙光曾是人保总公司办公室处长；谢一群曾是人保浙江公司国外业务处处长；缪建民曾是人保总公司办公室处长……有意思的是，近年来，太平保险公司的林帆、谢一群、缪建民等先后回到人保集团领导层任职，这些，都成为了人保与太平的一段佳话。

书写人保红色的基因、血脉、族谱——中国人民保险太平保险公司第一任总经理

# 林震峰

2010年，92岁的林震峰在北京逝世。在为他送行的队列中，我胸前的小白花抚慰着那张发黄的老保单。

在中国人民保险集团公司发布的讣告中，林震峰被称为中国保险战线上的优秀工作者，中国人保事业的开拓者、奠基者。

2010 年 3 月 19 日，92 岁的林震峰在北京逝世。在八宝山举行的告别仪式上，我举着一个镜框，里面装有 1951 年由林震峰亲笔签发的保险单。我站在为他送行的队列中，胸前的小白花抚慰着那张发黄的老保单。在中国人民保险集团公司发布的讣告中，林震峰被称为中国保险战线上的优秀工作者，中国人保事业的开拓者、奠基者。

## 一、改变姓氏的人生初始

慈溪地处浙东杭州湾南岸，为沪、杭、甬三角地区接合部，土质极适于稻子的生长，耕读文化深厚。

林震峰的父母都是这里的人。母亲胡美英出生在一开明的大户人家，家境殷实。她丧夫不久，便带着仅有的儿子改嫁到上海。父亲为上海印书局老板，姓吴。1918 年，林震峰出生在上海，在他 3 岁那年，父亲去世。林震峰有一个同母异父的哥哥，姓林，比林震峰大 17 岁。哥哥在上海金陵饭店西餐厅当掌柜，家业兴旺。

林震峰从小生活在一个变故颇多的家庭，锻炼了自强自立的能力。他在上海读书到初中，一直品学兼优，深得哥哥的赏识。

林震峰在 17 岁那年，被哥哥推荐到中国保险公司任实习生，为介绍家族关系方便，林震峰才开始由吴姓改林姓。后来一直有说林震峰的改姓，和他从事地下党活动，隐蔽身份有关。

林震峰母亲的前夫在上海有一个吴姓亲戚，母亲常带着林震峰去他家做客、打麻将。而吴家女主人有个妹妹也在上海，叫魏雪英，也常来这里玩，一来二去，与林震峰也认识了。林震峰的母亲见女孩贤惠老实，便撮合了他俩的婚事。此时林震峰正全身心投入革命，顾不上过多考虑自己的婚事。虽然魏雪英没有文化，但结婚可以成为掩护地下工作的方式，因此，林震峰很快答应了母亲的要求。

# 二、在白区游走与潜伏的身影

林震峰在中国保险公司工作中，积极参加公司内的读书会及上海职业界救国会，追求进步思想。他是各种抗日集会、游行等活动的活跃分子。他积极宣传共产党抗日救亡的主张，很快成为党的发展对象。

1936 年，上海市银钱业业余联谊会成立，林震峰任第一届监事。

1937 年 7 月"卢沟桥事变"后，抗日战争全面爆发。8 月上海沦陷，林震峰作为进步青年，参加了保卫上海的青年别动队，在那里任文书。

1937 年，在上海地下党金融工委书记张承宗（他也是宁波人，新中国成立后任上海市副市长）介绍下，林震峰秘密加入了共产党。此时的他穿着长袍马褂，在上海车水马龙的街市中穿行，俨然一副账房先生的模样。但林震峰隐藏的身份，却是为革命抛头颅，洒热血的铮铮铁骨，时刻都有捐躯的危险。

1937 年，在保险业同业工会主席胡咏骐创导下，林震峰与宁绍保险的程恩树、天一保险的谢寿天、太平保险的郭雨东、北美洲保险的董国清等人一起发起成立上海市保险业业余联谊会，林震峰任第一届常务理事及学术部副部长，负责出版、图书等活动。

在上海地下党领导张承宗指示下，原在华联活动的程恩树、原在银联活动的林震峰分别调回保险业组建党支部，程恩树任书记，林震峰任宣传委员。

1938 年冬，广州失守，武汉吃紧。当时我国工商业大半集中在长江及沿海一带，为避免毁于战火，坚持长期抗战，重庆国民党政府号召工矿企业内迁。但一部分工商界人士担心内迁后，厂房机器设备和储存物资会随时遭到日军敌机轰炸的危险，因而徘徊观望，不肯内迁。考虑内迁工厂物资运输的安全，国民党政府在 1939 年夏季，拨付中央信托局资金 1000 万元（旧法币，约合黄金 3 万两），办理陆地兵险，内地工矿企业于是纷纷响应内迁。

林震峰少年时期。

林震峰（后排左四）少年时期。

林震峰（后排左二）在昆明。

林震峰（左二）在昆明。

林震峰（左二）在昆明。

林震峰（前排左三）和"十三太保"。

宁波保险历史研究专家王珏麟在其《十三太保和陆地兵险》一文中介绍：中央信托局保险部在香港、上海分设了两个办事处。保险部经理项磬吾由昆明潜伏上海，会见了上海办事处主任姚达人等。通过上海保险同业公会秘书关可贵在《保联》刊物上发布了一条招聘保险人才的广告，传播面很广，半月内报名的达到了百余人。项磬吾用了两个星期，分别进行了面试，择优录取了13人，组成一支办理陆地兵险的骨干队伍。这支队伍后来被保险界称为"十三太保"。

这13位保险同仁中就有潜伏在中国保险公司内的地下党员林震峰和宁绍保险公司的程恩树。其余的有中国保险的徐曾渭、唐雄俊、沈尔元，美亚保险的张仲良，四明保险的沈雍康、童肇麟，华商联合保险的茅子嘉，英商保险的周志斌，美商慎昌保险的赵镇圭，中央信托局保险部的包玉刚，四海保险的胡肇忠。

在上海地下党的领导下，林震峰用"一切为了祖国"的口号感召着大家，陆地兵险小组成为了一个坚强的团体，为抗日战争的胜利争取更多的资源。

1939年10月，为躲避日寇制造恐怖事件，保存党的实力，程恩树、林震峰按照上海地下党领导部署，通过办理陆地兵险者的身份掩护，撤退转移到后方昆明、重庆。

王珏麟还讲到：在当时内地大片领土被日军占领的情况下，"十三太保"奔赴云南，尝尽了千辛万苦。姚达人、赵镇圭曾回忆："10月17日，他们一行搭乘当时唯一通向海外的怡和轮船公司的'裕生轮'，经香港、越南转辗由滇越铁路到达昆明。第二年（1940年）随总部迁重庆。"他们跋山涉水，奔赴大后方开展救亡运动。尽管后方物资条件匮乏，生活比较艰苦，但这13位同仁以大局为重，积极开展兵险业务。

从林震峰遗留下的许多照片中，可以看见当年"十三太保"在香港、河内、昆明、重庆等地的活动情景。随着陆地兵险结束，人员也随之分散各地。这项爱国主义行动,在我国保险业发展历史中具有举足轻重的地位。

林震峰在西南边陲纵横跋涉时,始终心向上海党组织,心向陕北延安,用保险员工的身份,积极开展地下工作,在队伍中发展进步人员。其间林震峰与包玉刚结下了深厚友谊,为日后包玉刚成为红色资本家船王打下了基础。

在昆明中央信托局的滞留时期,林震峰曾任昆明职业青年支部书记。在重庆八路军办事处工作期间,林震峰在红岩村见到了周恩来,并提出奔赴延安的诉求。周恩来告诉他,上海地下党遭到国民党清洗,人员紧张,以他的社会关系和家境条件,更适于在上海。周恩来为林震峰提供了部分费用,加上林震峰卖掉西装的钱,凑够了路费,他从重庆飞到香港,又从香港乘船回到了上海。

1942年12月,林震峰接替因病休养的施哲明,成为中国共产党上海保险支部的书记。

对于林震峰的地下党身份,他夫人一直都不知道,直到1949年上海解放,林震峰穿着军装回来,公开了身份,他夫人才知道自己的丈夫是一个干大事业的人。

## 三、在夜幕中举起"保联"的火炬

1937年7月,上海市保险行业业余联谊会诞生,随后成立出版委员会,林震峰作为学术部副部长,积极筹划出版代表"保联"并适应保险业各个层次群众需要的宣传刊物,以加强"保联"与广大保险业职工的联系。

经过几个月的筹备,同年11月,《保联月刊》正式创刊。上海市保险业同业工会主席胡永琪为月刊题字,目录首页还刊印了有火炬标志的"保联"会徽。《保联月刊》正如创刊词中所说的,"希

1940年，"保联"第三届理事会成员合影，中国人民保险早期创始人谢寿天（后排左四）、林震峰（后排左三）参加会议。

望它是会的喉舌，希望它成为全体会友乃至全体保险业同仁共同的园地，共同所有的刊物"。它的任务是"报道会务消息，反映保险业同仁在各方面的现状和趋向，鼓励同仁在学术研究上交换知识，使同仁在精神上融成一片"。

《保联月刊》共出版了14期，后改为《保险月刊》，成为保险学术性刊物。这两本杂志作为保联的喉舌，宣传共产党的方针政策，扩大抗日民族统一战线，团结"保险"职员，深受业内人士欢迎。

杂志和"保联"经常举行各种讲座活动、读书交谊、摄影绘画培训、话剧演出、歌咏口琴比赛、体育比赛等，加强了保险职员联系，丰富了业余生活。

杂志注重保险业务交流、学术研究，许多专家学者在上面发表论文。林震峰带领保险业的地下党员以保险骨干的身份结合保险业务实际，宣传发展民族保险事业的方向和政策，为摆脱外商对中国保险业的控制，作了思想上的准备。

《保联月刊》《保险月刊》尽管只出版了两年时间，但在中国保险史上具有难能可贵的历史意义和史料价值。正是由于这段编辑出版经历，也树立了林震峰作为保险专家和宣传骨干的历史地位。

## 四、让阳光照进华东保险

1948 年底，上海地下党的工作重心转入准备力量，配合接管，迎接解放的任务。林震峰被调到上海局策反小组，争取国民党军队的起义投诚工作。

此时，林震峰在其哥哥开办的上海洽和洽茂冷藏公司上班。同时，林震峰在上级党组织部署下，通过地下党员收集官僚资本保险公司的组织、人员、业务、财务等各项资料，以及华商公司和外商公司的动态，送往解放区，为解放上海、接管官僚资本的保险公司作准备。

1949 年 5 月，上海解放。上海军管会成立金融处，谢寿天任副处长。林震峰被叫到接收先遣队驻地金门饭店报到，来自华中党校的部分学员与留守的地下党员会师。林震峰担任上海军管会金融处保险组组长。参加接管保险公司的人员还有孙文敏、施哲明、徐天碧、朱元仁、刘凤珠、汤铭志、唐凤喧、杜伯儒、吴越、姚乃廉等。

林震峰换上了解放军军装，领了解放军胸符，即投入保险接管工作，大家吃住在一起，白天分头工作，晚上汇报交流。

林震峰组织军管会在保险公司张贴布告，召开会议，组织学习。在不到一个月时间里，军管会接管了中央信托局产物保险处等 24 家保险公司。林震峰在《中国保险》杂志 1999 年第 10 期发表的《建国初期的上海保险业》一文中介绍：接管黄金 123 两、银元 1718 枚、美钞 15783 元、港币 3345 元、英文打字机 88 台、小轿车 19 辆以及少量股票、债券、金圆券和房地产，还有 4 支自备手枪。保险机构

1949 年 10 月 20 日，中国人民保险公司在北京成立，总公司地址设在天安门广场西南的西交民巷 108 号（原民国时期太平保险公司的办公楼），林震峰（左二）。

的员工 777 人，其中职员 652 人，工人 125 人。

经过整顿清理，部分保险公司登记复业。为增强华资保险公司承受保险责任的能力，由复业的中国保险公司支持，47 家公司自愿参加组织成立"民联分保交换处"，办理分保业务。林震峰担任副理事长。

1949 年 10 月 20 日，中国人民保险公司华东区公司在上海与北京总公司同日成立。谢寿天任经理，林震峰任副经理。

1951 年 11 月，太平等 12 家保险公司与天津大昌等 3 家保险公司共计 15 家私营保险公司与国营保险公司联合成立公私合营太平保险公司。原太平董事长周作民任董事长，林震峰作为国营公司代表出任总经理。

那个时期，大多是在旧保险公司的保单上加盖上"中国人民保险公司"的名称的临时替代保险单，并有上海军管会的印章及林震峰的手书签名。

在人民银行档案室里留存着一封手书的信件，是 1949 年 10 月 25 日华东区公司的谢寿天、林震峰等人写给北京总部胡景澐的。在信中，他们提出建议：由于旧上海银行家宋汉章的夫人患半身不遂疾病，宋在香港滞留，使目前不宜宣布中国产物保险公司的改组，为保持纺织业保险业务的稳定，先默认中国保险的总经理人选，待宋回国及海外机构接收完毕，军代表撤出后再宣布。可见林震峰在接收保险工作中考虑之细。


# 五、与人民保险一同沉浮

1949 年 9 月，林震峰出席了人保公司成立第一次会议；10 月 1 日，林震峰参加了天安门的开国大典。

1951 年，中国人民保险公司旗下的太平保险公司成立，林震峰

1958 年，中国人民保险公司原副总经理林震峰（左二）在苏联访问。

林震峰（左四）与外国友人合影。

任总经理。

随着中国保险公司迁入北京，林震峰也正式调入中国人民保险总公司，曾任办公室主任、计划处处长、公司副总经理。

1952年，林震峰率领中国人民保险代表团访问苏联和捷克。这是中国人民保险有史以来第一个出国代表团。林震峰在苏联积极向保险专家取经，交流业务，并带回了由苏联保险专家莫特廖夫著的《苏联国家保险》一书。中国人民保险公司总公司领导决定以《苏联国家保险》作为总公司和中国保险公司总管理处全体工作人员的业务学习材料，从1954年2月8日起开始学习。公司办公室立刻组织翻译，公司人手一册，在内部组织学习和辅导报告。人保前任总经理秦道夫在自己的回忆录中说："这本书是我踏进保险业大门的第一本保险专业书，对我的影响很深。"这本书对中国人民保险开创初期的业务开展和组织架构建设，起到了深远影响。

1958年，保险停办国内业务，林震峰与大家在财政部那栋中西合璧的大楼前合了张影，便去了中国人民银行总行任国外局副局长。一直到1965年，林震峰长期兼任中国人民保险公司总支委员、公司副总经理，同时也是财政部分党组成员。

在此时期，林震峰积极组织开办国外业务，为进出口贸易保驾护航。在1963年跃进轮出险后，面对如此重大赔案，他果断指挥，与国外再保险联系分保，及时进行赔付，受到周恩来的表扬。在相关的赔付支票和保单上，可以见到林震峰的签名和批示。

1966年"文革"席卷全国，此时正在上海印钞厂参加"四清"运动的林震峰如弱不禁风的鸟翼一般受到裹挟。他被扣在上海，接受批斗、游街。

回到北京，厄运接踵而来，他被批为"假党员"，被诬陷为当年别动队、"十三太保"中的国民党潜伏的特务、党的叛徒。他没有了办公室，整日坐在西交民巷22号金城银行老洋楼的楼梯拐角处。

他被批斗后，摘下纸糊的高帽，就要去扫厕所。此时，人保第一任总经理胡景沄也在对面人民银行的院子里扫厕所。

后来林震峰全家去了河南信阳五七农场务农、喂猪，他的大儿子因有病，不能前往，军代表还到医院查证病历。

1979 年人民保险恢复国内业务，开始沐浴改革开放的春风，保险事业复苏成长。1984 年，林震峰任中国人民保险总公司副董事长、副总经理等职，同期兼任上海财经学院副教授、中央财政金融学院教授、中国保险学会副会长、中国国际金融学会常务理事、中国金融学会理事等职务。这一阶段，应算是林震峰一生中最为平和的时光，直到 1986 年 7 月离休。

## 六、暮色苍茫的生涯

林震峰性格耿直，淡泊明志。他在工作上一直严格自律，他的夫人一直没有工作，生活并不宽裕，但他从没有向组织提出照顾要求，他五个孩子也没有安排在保险系统工作。

在北京初期，不管是在前门珠市口，还是在打磨厂，以致后来在月坛北小街 5 号院人保宿舍居住，林震峰从没有计较居住条件的好坏。他甚至放弃了在家乡继承的老院落。

林震峰的儿子吴成明回忆：在月坛北小街居住时，他很少见到父亲回家吃晚饭，尽管单位就在宿舍的马路对面，可见父亲对工作的投入。

林震峰对钱财看得很轻，在上海刚解放时，他就把家里留存的股票全部交了党费，军管会发放的供给制补贴也不领取。

林震峰其实是 1937 年入的党，但填表时他因疏忽写成了 1938 年，一年之差，干部待遇就差了整整一级，他也无所谓。作为一名出生入死的老党员、对人保的创建立下了丰功伟绩的老干部，林震峰一

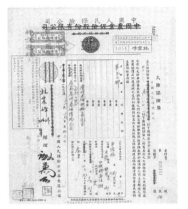

林震峰签发的保险单。

直担任公司的副职，但他从不抱怨，甘于奉献。

晚年时，包玉刚多次提出对老友林震峰给予照顾，林震峰都婉言谢绝，就连被邀请去香港访问，他也不带孩子同去。

1999 年，我去亚运村宿舍，求林震峰为我收藏的老保单签名。我看见他家的家具还是那种早年公家配置的办公桌椅，清漆都发黄了。陈旧的藤椅扶手已被磨损，缠着布条，让我感触良多。

十年前，新上任的吴焰总经理去亚运村宿舍看望林震峰，他没有提出任何需求，只是用缓慢的语调，表达着对人保未来的祝福。

# 谢寿天

## 黄浦江上波澜壮阔的保险生涯——记中国人民保险公司华东区公司第一任总经理

如果把中国人保比作一棵参天的大树，那么中国人保的开创者就组成了深深的根系，整棵大树都依靠根系对营养的吮吸。谢寿天用他传奇的一生为新中国保险业长子——中国人民保险公司注入了第一股新鲜的血液，使其拥有了与国同行的力量。

# 一、承载父亲身上的稻香和书香

余姚位于浙江的宁绍平原，地处长江三角洲南翼，自古人杰地灵。昔日这里稻香千里，吴语声声，承载着吴越文化的浓厚遗风。

在泗门镇谢氏始祖祠堂内，至今还保存着一通镌刻于光绪八年（1882年）的《祠堂重建碑记》，该碑碑文由工整苍古的颜体书成，洋洋600余字，记载了泗门谢氏宗祠在遭遇太平天国兵灾后的重建纪事。令人料想不到的是，这通碑文竟出自当时的一位年仅十岁的少年之手，这名神童，即是后来成为上海书法名家的谢家山。

谢氏家族是祖居泗门镇后塘河村的一户耕读人家，书香门第。光绪二十三年（1897年）秋天，24岁的谢家山一举夺得浙江乡试第29名举人。但会考时，竟名落孙山。谢家山自此绝意仕进，矢志教育，一心桑梓，最终成为三乡诚意高等小学堂的堂长。谢家山因常日积劳而疾。

时任中国通商银行总经理的谢纶辉乃谢氏族人，得知谢家山已病愈闲居，于是就聘请其担任银行秘书一职。当时的中国通商银行是华商银行的龙头老大，在上海的十里洋场担负着民族资本发动机的职责。谢家山看似羸弱，但虚怀若谷，笔力盖山。时间一长，上海银行界均知道中国通商银行内有一位老辣的"梯青先生"，不但博学，而且通晓时务，一身正气。

谢家山先生的清白名声，一直被乡人所称道。谢家山甘居清贫，一生畅然，不被汉奸政府的高官厚禄所诱惑。他曾对追逐私利的门客回帖："古稀老人，乏精会客！"清淡八字，谢家山的铮铮铁骨可见一斑。

谢家山膝下有四子三女，家庭生活艰窘，为保证子女读书，只好出卖锡器、家具换钱。有一年，祖宅内的一株老桂树开了许多桂花，谢家山的夫人与女儿佩珩连采三天，卖洋六元，没想到第四天，

诚意学堂。

谢家山。

谢家山书法作品。

夫人竟不能行走，从此卧床不起。

谢家山一生品德高尚，他时常告诫儿女，做人要不求功利，但求心慰。他的三子谢寿天，继其父衣钵，不仅书法丹青闻名，而且有着其父亲的端厚稳重、不取虚华的性格。

## 二、在歌舞升平的十里洋场中开启另类生涯

谢寿天自小生活在清贫的家境中，勤于读书，烛火产生的黑硝，比那浓浓的黑夜还要深厚。

1926年，谢寿天自诚意商业学校毕业后来到上海，进入正风中学读书。1931年进入民信银行当练习生。1932年春，谢寿天转入沪江大学商学院夜校部会计系接受系统的专业教育。1935年毕业，进入上海天一保险公司担任会计科科长。

此时的谢寿天，早已丢下书生与职员的灰色长衫，成为一个关心时局变革的热血青年，内心涌动着开创人生旅途的激情。谢寿天经公司同事杨经才介绍，参加上海市职业界救国会。在时任上海市保险业同业公会理事长、宁绍人寿保险公司总经理胡咏琪的影响下，谢寿天参加了中共上海地下党文委领导的"复社"，并为"复社"出版发行《西行漫记》《鲁迅全集》筹集资金。在天一保险公司内部，他借与公司同事共进晚餐之机，进行抗日救国宣传教育，从而团结了一批进步青年，成为后来筹建"保联"的骨干力量。

1937年7月，"卢沟桥事变"爆发，谢寿天和胡咏琪、杨经才、郭雨东等保险界进步的中上层人士共同发起成立"上海市保险界战时服务团"，报名参加的保险界职工有300余人，谢寿天任该团秘书长。

据上海保险老人吴越介绍：那时谢寿天正在筹建保险联谊会，经常与吴越、蔡同华、沈文敏在一起碰面，商讨地下工作的开展情

况。为掩人耳目，他们一般在南京东路的永安公司的七重天舞厅喝茶跳舞，时间也是选择不被人注意的下午 5 时至 7 时。在"靡靡之音"与细碎舞步的陪伴下，传递着红色的火种。在热闹的夜场来临前，他们及时地把自己的身影掩藏进黄昏的里弄中。

## 三、血雨腥风中盛开的铿锵玫瑰

谢寿天的夫人蒋学杰，曾用名蒋浚瑜。他们同是上海地下党，他俩一同在上海滩的血雨腥风中出生入死，并肩作战。

蒋学杰 1933 年曾到上海法租界传递情报，由于被特务出卖，暴露了行踪，被国民党特务抓捕。

20 世纪 80 年代初，外贸部为平反蒋学杰的"叛徒"案，发现当时她投递的是苏联红军总参三部截获破译的蒋介石围剿中央苏区的军事计划，而接收情报的人的是邓颖超。为此，邓颖超特意在人民大会堂接见了蒋学杰。而且，蒋学杰参加革命时间，一下提早到了1933 年，比谢寿天参加革命的时间还要早。

对于一个心中充满理想信念的人，这种对时间的在意，完全是一种对革命的追求。

蒋学杰出身于上海资本家的家庭，父亲蒋惠先是一家银行的高级经理，家境富裕。

蒋学杰在上海启秀女中毕业后考入复旦大学。"九一八"事变后，她多次到南京参加请愿活动。在大学期间，蒋学杰就参加了苏联红军远东情报站工作。她追随了革命队伍而背叛了家庭。

大学毕业后，蒋学杰进入保险公司工作。蒋学杰利用家庭作掩护，并无私地将住房腾出来，为从延安、苏北来的共产党人留宿过渡。她还用父亲的汽车接送革命同志。那时寄给共产党人黄维祐的信件都是投入银行家的信箱里，收信人的名字写的是蒋渊若（蒋学杰的

谢寿天夫人蒋学杰。

谢寿天全家合影。

另一个名字）。

年仅 23 岁的蒋学杰利用她父亲的地位，周旋于上海各大饭店，出入上层社会，这样一个阔小姐，当然不会引起人们的注意。然而由于叛徒陆海防的告密，蒋学杰最终成为特务追捕的对象。

1935 年，白色恐怖笼罩下的上海，出了一桩轰动一时的奇案——怪西人案。《申报》8 月 24 日报道："上海怪西人，又称神秘西人之约瑟夫·华尔顿，前因勾结刘燧元、萧柄实、陆海防等组织机关，刺探中国关于政治上及军事上之秘密，报告第三国际案发，经淞沪警备司令部于本年五月五日派探将陆海防捕获，继由陆自首指供，先后捕获该西人等，分别以危害民国紧急治罪法起诉，开庭审判。"

这个西人约瑟夫·华尔顿被捕后，一言不发，始终以沉默来应付一切审讯。国民党军警特务一筹莫展，虽绞尽脑汁，也未能查清其身份，只好称之为"怪西人"，聊以自嘲。约瑟夫·华尔顿，真名叫罗伦斯，出生在苏联立陶宛，早年投身布尔什维克革命，担任过红军上校。他为人机敏，仪表堂堂，会讲德、俄、英、法四国语言，颇有一副西方绅士的派头。1933 年，受苏联红军情报部派遣，罗伦斯来到中国，接替他的前任、"红色间谍"左尔格的工作。当时，正值国民党军队集中全力"围剿"苏区红军。苏联红军情报部在华工作的重点是搜集有关情报，以协助中国工农红军粉碎敌人的"围剿"。罗伦斯经过一番努力，打开了情报工作的新局面。但由于陆海防的叛变，除罗伦斯外，国民党当局还陆续逮捕了苏联红军情报部人员陈绍韩、黄维祐、汪默清、胡克林、俞瑞允等人。

共产党对此极为关注，急派"左联"盟员关奚如等请鲁迅先生通过内山完造和其他日本友人了解案情。

娇嫩的蒋学杰也因此被关进国民党淞沪警备司令部牢房，看见各式刑具，听到各种惨叫，她始终保持坚定镇静，一口咬定黄维祐只是其大学同学，其他一切均不知晓。

黄浦江上波澜壮阔的保险生涯——记中国人民保险公司华东区公司第一任总经理

谢寿天与夫人蒋学杰在马克思墓前合影。

蒋学杰等人被押解到武汉审判，引发了市民抗议，她父亲也花费千元大洋，想尽办法解救。最终法庭以蒋学杰"年幼无知，受共党利用，无罪释放，责家长严加管教"结案。

谢寿天的女婿万绍鸿向我介绍：蒋学杰和赵朴初的夫人陈邦织关系很好，曾把香港运给新四军的医药藏在赵朴初的佛堂里。

说起谢寿天和蒋学杰的相识，其儿媳朱长虹说，当年婆婆曾向她讲过：

20 世纪 30 年代，在上海职业妇女俱乐部一次演讲活动中，蒋学杰穿着一件合体的丝绒旗袍，胸前别着一个银色的胸针，优雅大方，年轻漂亮，走到台前演讲，似乎场内的灯一下亮了许多。她的演讲声情并茂，富有魅力，迸发出对革命事业的激情。坐在台下的谢寿天一下子被打动了，心动不如行动，他主动和蒋学杰相识，两人开始了恋爱。

抗战时期，蒋学杰投入抗日救国运动，创办上海妇女救亡团体——上海职业妇女俱乐部。1945 年，蒋学杰加入中国共产党，主要负责妇女工作，并积极协助谢寿天在上海保险界的地下党活动。

1949 年，蒋学杰与谢寿天一同参与中国人保上海华东区公司的建立。

1956 年，蒋学杰随谢寿天赴驻英代办处工作。蒋学杰在随谢寿天在英国工作期间，并没有单纯做一个参赞夫人，她积极参与社会调查，写出了英联邦国家经济状况的调查报告。

回国后，蒋学杰先后在外贸部、中化总公司工作，任宣传处副处长，直到离休。

"文革"中，因为蒋学杰在 20 世纪 30 年代"怪西人"案中曾经被捕出狱，造反派诬陷她是叛徒，蒋学杰遭遇百般折磨，一只耳朵被打得致聋，颈椎也受伤。

蒋学杰非常低调，从不张扬自己惊天动地的经历。她在工作上不争名夺利，默默无闻，像在地下党时期一样隐姓埋名，从不对组织提任何要求。

谢寿天、蒋学杰夫妇生育三个孩子，他们为孩子分别起名为谢中中、谢华华、谢宜人，取"中华人"之意，可见其爱国之心深厚。我开玩笑地对小女儿说，如果生四个孩子，可以叫"中国人保"了。一下把老人逗乐了。

大女儿谢中中现已近80岁，生活不能自理，一人住在上海养老院。当我把电话打到那里，她说很久没有听到过电话铃声了，可见其孤独凄凉。

谢寿天的儿媳朱长虹讲：她的丈夫谢宜人，"文革"时随父母进了"牛棚"，在下乡插队时，被贫下中农推荐上大学，却因他人顶替，意外落选。父母被关，他远在外乡，上大学是他唯一的出路了。这样的结果他一下承受不了，精神出了问题。婆婆蒋学杰非常辛苦，一次又一次地给他所在的公社、大队写信，解决他的回城问题。谢宜人由于病情反复，至今有时还要住院。

蒋学杰逝世后，骨灰放入八宝山革命公墓红军墙。

或许我们难以想象凭蒋学杰伟岸卓著的经历和她过人的学识，还有她为新中国付出的超人的代价，怎么可能直到退休仅仅是一个副处长。现在许多年轻人资历平平，上班不久，就可以做到处长甚至更高的职级，如果仅仅认为这是一个时代的自然变化，我以为那是历史的缺憾，是对蒋学杰为代表的那一代人的失敬。

## 四、尘埃落定中书写"保联"的那一页历史

1937年，上海沦陷后，租界成为被包围的"孤岛"，公开抗日活动受到限制。中共上海地下党组织考虑到保险公司与各行各业的联系相当广泛，通过保险公司的业务活动，又可与各行各业的中上

层人士保持经常联系，有利于开展党的抗日民族统一战线工作，还可利用保险公司这一组织，掩护地下党员和党组织的秘密活动。因此，地下党抽调程恩树、林震峰两位党员组成保险业党支部，筹备建立上海市保险业余联谊会。谢寿天把全部精力都投入在筹备工作上，他的宿舍一度也成为大家经常碰头讨论工作的秘密地点。

1946 年，上海发生"下关事件"，上海爱国人士马叙伦、雷洁琼、阎宝航等人被国民党特务打伤。谢寿天特地安排伤员在自己家中养伤，并把他们送到解放区。那惊心动魄的一幕幕，我们在今日热播的电视剧中才可以见到。

经过近半年努力，1938 年 7 月 1 日，"保联"成立大会在宁波同乡会召开，参加的会员有 300 余人，谢寿天当选为常务理事兼组织部主任和图书委员会主席。"保联"是中共上海地下党领导下的团结保险界职工和中上层人士的群众团体，以"联络感情，交换知识，促进保险业之发展"为宗旨。历届的理事、监事均由各阶层人士担任，理事会主席则大多由各保险公司的总经理、副总经理担任。这样，在开展会务活动的同时，也开展了统一战线工作。"保联"在抗日战争时期，利用公开合法团体的地位，根据不同形势和保险业的特点开展工作。通过创办《保联月刊》《保险月刊》，进行政治经济时事形势的宣传教育，激发了保险业职工的爱国热情，他们积极投入抗日救亡活动，有的转入大后方，有的进入解放区，奔赴抗日前线。

同时，通过保险讲座和学术研究班的形式，培训了一批急需的保险业务技术人员。通过各项活动，广泛密切地团结联系保险业职工，使"保联"日益发展壮大，在上海保险业职工运动史上留下了光辉的一页。"保联"也为 1949 年 10 月中国人民保险公司的成立奠定了基础。

经历抗日救亡运动的实践和锻炼，1941 年 2 月，谢寿天经石志昂介绍加入中国共产党，由中共上海职员运动委员会书记陆志仁直接联系。

黄浦江上波澜壮阔的保险生涯——记中国人民保险公司华东区公司第一任总经理

20 世纪 30 年代的上海滩。

谢寿天

## 五、大安保险公司的掩护有惊无险

1942 年春天，谢寿天联合董国清等 7 人共同发起的大安保险公司正式成立，他担任公司的常务董事兼总稽核。在上海工作的日子里，谢寿天不仅积极支持"保联"的各项工作，有效地抵制了日本帝国主义对上海保险业的控制。

在上海地下党的部署下，谢寿天还在金融保险业的中上层人士中根据不同时期的形势要求开展统战工作。他经常利用上海金融界聚餐会的机会，与一些著名的金融保险家交流。

1942 年至 1943 年，他曾两次冒险北上，进入解放区，分别在淮南黄花塘和葛家巷向华中局城工部汇报工作，并参加党的整风学习。按照上级党的指示，他的工作重点由"保联"转向金融界上层人士的统战工作。那时，他将自己的棉衣脱下来给北上的地下党人御寒，因此着凉，落下终身哮喘的疾病。

1944 年至 1945 年，谢寿天与上海金融界颇有影响的金城银行董事长兼总经理周作民及中国银行沪行经理吴震修多次接触，争取团结他们，使他们日后也成了新中国保险事业的领导者。谢寿天也成了"红色保险掌门人"。

抗战胜利后，在张执一的领导下，谢寿天作为发行人和吴大琨等创办出版了《经济周报》。《经济周报》办得很有特色，把一些党内外进步的经济学家团结在周围，受到工商金融界的重视。

## 六、公开身份接收保险公司

1949 年初，经中央指派，谢寿天参加接管上海的准备工作。1949 年 5 月 27 日，上海解放。谢寿天换上戎装，走在敲锣打鼓的欢庆队伍中，幸福的笑脸上洋溢着新生的气息。但我们都知道，那绝对是用幸免于难的生命和历险换来的。

在上海解放的当天，就正式成立中国人民解放军上海军事管制委员会财经接管委员会金融处。谢寿天任副处长，与林震峰、沈文敏、吴越等人共同负责接管上海保险业。那时，他们白天盘点、查账，晚上向上级汇报，提出方案，工作的热情非常高涨。谢寿天充分发挥熟悉上海金融界情况的特长，在新中国成立前夕，胜利完成接管工作。其间，谢寿天还作为公股董事派往原由官商合办的新华信托储蓄银行，使新华信托储蓄银行成为上海最早的公私合营银行之一。

1950 年 6 月 10 日，谢寿天参与了上海北五行的金城、盐业、中南、大陆以及联合商业储蓄信托五家银行的公私合营，并任副董事长。后任公私合营北五行总管理处主任。

1951 年，公私合营的太平保险公司由 15 家公司组成。其中上海 12 家，即太平、安平、中国天一、太安丰、华商联合、福安、宝隆、建国、大丰、大信、裕民、扬子；天津 3 家，即大昌、中安、中国平安。公司资本总额定为人民币 100 亿元（旧人民币，下同），其中参加合并的公司以其净资产作为投资，总额定为 45 亿元，其余 55 亿元是由中国人民保险公司投资。合并协议于 1951 年 10 月 22 日正式签订，11 月 1 日，公私合营太平保险公司正式开业。太平保险公司设立 19 人组成的董事会，并设立监察 7 人。经董事会推选确认，周作民等 7 人为常务董事，周作民任董事长，谢寿天任副董事长，林震峰为总经理，李祖模、金瑞麒为副总经理。

我曾在人民银行档案室看见一封用蝇头小楷书写的信，是 1949 年 10 月 25 日华东区公司的谢寿天等人写给北京总部胡景沄的。在信中，谢寿天提出建议：由于旧上海银行家宋汉章的夫人患半身不遂疾病，宋在香港滞留，使目前不宜宣布中国产物保险公司改组，为保持纺织业保险业务的稳定，先默认中国保险的总经理人选，待宋回国及海外机构接收完毕，军代表撤出后再宣布。

信中谢寿天对于接收工作的一片赤诚之心可见一斑。因此可以说，谢寿天在团结民族银行、保险者，稳定金融市场，打击金融投机以及对私营金融保险业的社会主义改造中，忘我地工作，付出了大量的心血。

## 七、开创中国人民保险的新纪元

1949年10月20日，中国人民保险公司在北京成立。同时成立的还有中国保险公司、人保华东区公司和天津分公司。人保华东区公司的管辖范围包括江苏、浙江、山东、安徽、福建、台湾（待解放）6省的业务，公司本部设立在上海，经理由谢寿天兼任，副经理林震峰、孙文敏。

据保险老人林增余曾介绍：1949年12月的一天，谢寿天亲自在上海广播电台播讲，宣传人民保险事业为保护国家财产安全，开展防火工作的业务方针。上海市工部局消防处队长王文涛听到广播后，就写信给谢寿天，表示愿到人保公司参加防火工作。华东区公司成立了防火小组，参加人员有范燕生、张异卿、姚文奎、楼茂庆、林增余、施开先等。

如今已80多岁的上海保险老人孟庆树，谈起谢寿天时，他说只记得他参加工作的第一天，见到谢寿天老总时，很是害怕，战战兢兢地从他手里接过了工作证。

中国人保北京总部的筹建急需保险专业人才，上海一大批保险人员姚乃廉、陶声汉、郭雨东、蔡致通、叶奕德及后来的林震峰、姚达人及楼茂庆、朱元仁夫妇都先后调到北京。

我能想象到谢寿天在每每到车站送行北上的同事时心里的滋味是多么的复杂。留在上海的谢寿天用无私奉献和甘于在基层的品质得到了人们的赞誉。

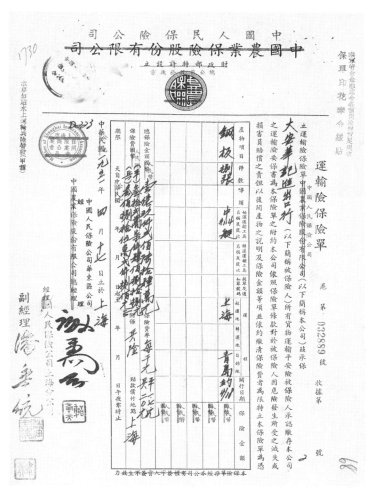

谢寿天签发的保险单。

谢寿天（左一）在中国国际贸易促进委员会。

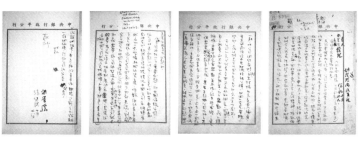

1949 年 10 月中国人保总经理胡景澐给华东区总经理谢寿天，副总经理林震峰、孙文敏写的信。

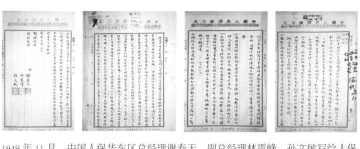

1949 年 11 月，中国人保华东区总经理谢寿天，副总经理林震峰、孙文敏写给人保公司总经理胡景澐有关成立公司保险的信件。

谢寿天为人保题词。

1954年，谢寿天担任了中华人民共和国第一任驻英国商务参赞，为中英两国之间的经济贸易作出了积极贡献。1960年，谢寿天奉调回国，历任外贸部出口局副局长、中国五金矿业进出口公司总经理、中国人民银行国外业务局局长、中国银行副总经理等职。"文化大革命"初期，谢寿天受到冲击和迫害，身心备受摧残，但他仍泰然处之。1968年，他在患高血压和糖尿病的情况下，主动要求去河南信阳中央"五七"干校劳动，致使病情加重，不得不送往县城医院抢救。1971年10月，中国恢复在联合国的合法席位。1972年，周恩来总理指名谢寿天恢复工作，准备派驻联合国。不幸在接待外宾过程中，他突发心肌梗死，抢救无效，于1972年8月10日去世，终年58岁。

如果把中国人保比作一棵参天的大树，那么中国人保的开创者就组成了深深的根系，整棵大树都依靠根系对营养的吮吸。谢寿天用他传奇的一生为新中国保险业长子——中国人民保险公司注入了第一股新鲜的血液，使其拥有了与国同行的力量。

一棵深植沃土的大树——记中国人民保险中国保险公司第一任副总经理

# 施哲明

为写作此文，我特意走访88岁的秦道夫老人，他回忆起自己的老处长施哲明时，说施哲明是好人，对下属十分关切。魏润泉曾评价施哲明：为人老实，待人诚恳。

# 一、站在黄浦江惊涛骇浪的船头

1914 年 10 月 28 日,施哲明出生于上海。

人保老人魏润泉在给我的信中介绍:施哲明父亲早逝,家境贫寒。施哲明一边刻苦读书,一边感受着世态炎凉。

1930 年后,经人介绍,施哲明在上海美亚保险公司任职员。施哲明尽职尽责,在干中学,不仅掌握了保险技能,还进修英语,锻炼歌唱本领。这些,使他成为保险系统的活跃分子,具有较强的号召力。

1934 年,施哲明便以美亚保险员工身份作掩护,投身革命,从事党的地下活动,积极从事上海洋行华员联谊会活动。

1936 年 1 月,在抗日救亡的浪潮中,上海成立各界救国联合会,施哲明、杨经才、杨延修等作为外商保险公司的进步职工代表,与来自华商保险公司的胡咏骐、谢寿天、程恩树、郭雨东、林震峰等进入救国会,他们成为上海保险业早期从事革命的骨干。救国会通过组织座谈、集会、游行等救亡活动,宣传共产党的抗日主张。

1937 年,"八一三"上海抗战爆发,保险界成立了战时服务团。1938 年 7 月组成了上海市保险业业余联谊会。

1938 年 9 月,施哲明加入中国共产党。10 月,任保险业支部委员。施哲明受党的派遣进入上海保险联谊会开展工作,宣传抗日救亡,联合"银联""保联""华联""益友社""职工妇女俱乐部"等进步团体,凝聚进步力量。

在施哲明等领导下,"保联"通过办期刊、演出话剧、歌咏活动等多种形式,把"保联"建成了地下党的外围组织。

1939 年 6 月,施哲明当选为"保联"第二届理事会理事。在《保险月刊》杂志上,施哲明曾发表译作《火灾保险与海上保险》等学术文章,为发展民族保险业提供了理论支持。

1939 年 10 月，施哲明接替林震峰，任保险业地下党支部书记。
1942 年，因病调离休养。

其后，施哲明、赵锦仁等地下党转移到苏北新四军根据地，储
备力量，等待共产党接管上海。其间，施哲明曾任淮南抗日根据地
津浦路东货管总局经情科科员、苏皖边区第三分区货管局调研科科
长。1944 年 12 月至 1946 年 10 月，先后任苏皖边区第三分区货管局
党支部委员、支部书记及银行、货管中心支部副书记。

据《上海市保险业职工运动史料》一书介绍：施哲明有个妹妹叫
施月珍，在大安保险公司任职员。她是"保联"积极分子，经常参
加歌咏组和话剧组活动。施月珍同样早就参加革命，是中共华东联
络部的地下党员。

施月珍的上线是张莲舫，施月珍经常向其汇报"保联"工作。
张莲舫后来叛变投敌，这不仅破坏了华东联络部党组织，而且国民
党中统局上海办事处也掌握了"保联"的活动和骨干情况，时局非
常严峻。

1947 年 3 月 6 日晚，施月珍还没有来得及掩藏，就被特务抓去。
但施月珍在次日傍晚即被放了出来，敌人是想利用她放长线钓大鱼。

上海保险业党支部派蔡同华向她了解情况，施月珍诉说了被捕
经过和特务机关要挟她监视"保联"活动，还有特务多次上门催要
情报的情况。上海党支部认识到情况危急，决定让施月珍以患肺病
为由，不到"保联"活动，暂时对付特务，并决定让施月珍随后离
开上海，到宁波蔡同华的家乡暂避，再转至解放区。

但就在这时，施哲明从苏皖解放区来上海办理货物，顺道探亲，
他并不知道妹妹已被特务盯上，于是施哲明不慎被发现行踪。在回
苏区的船上，施哲明被军统特务系统水上警察逮捕，后侥幸过关。

情况变得更加复杂危急，林震峰先是按兵不动，稳住战局；紧
接着以到香港做买卖为名，转移已暴露的程振魁到香港学习，将近

1939年，上海抗战歌咏会。

1940年，"保联"话剧团演员合影。

施哲明

20世纪40年代，上海地下党积极分子合影。

期比较活跃而引起敌人注意的徐天碧、蔡同华等地下党员撤退到江苏、浙江等地，一举粉碎了敌人破坏保险业地下党组织的阴谋。

有关施哲明这次被捕经历，在20世纪50年代，他特意向当时做人事工作的秦道夫进行了说明。秦道夫说此事一直都没向外人说起过，不知后来造反派是怎么知道而找碴儿的。

## 二、划过"孤岛"夜空的歌声

1935年，在左联领导下，上海成立了业余合唱团，在殷杨(即杨帆，中共党员)、施哲明主持下，动员各界爱国人士投入抗日救亡运动，配合当时的抗战出版《大众歌声》激励大众。

施哲明在《上海市保险业职工运动史料》一书中特别著文《"保联"歌咏组和口琴组活动片断》，介绍其在"保联"期间负责歌咏组及上海市业余合唱团的工作情况。

"保联"歌咏组成立于1938年8月,以唤起群众的爱国热情和鼓舞在"孤岛"上的斗志,引导保险业职工振奋精神,丰富业余文化生活。当时参加的人员约有青年职工20人,施哲明亲自负责教唱。

歌咏组初期教唱的主要是抗日救亡歌曲,如聂耳的《义勇军进行曲》,冼星海的《救国军歌》,以及《打回老家去》《松花江上》《五月的鲜花》和苏联电影歌曲《祖国进行曲》《快乐的人们》等。

说起著名抗日歌曲《大刀进行曲》,原来和保险还有渊源。此歌的作者麦新(原名孙培元,别名默心、铁克),原籍为常熟,生于上海。幼年曾受音乐熏陶,1925年父殁,靠母亲做工、缝洗为生。1929年辍学,转业为美亚保险公司练习生、职员。"九一八"事变后,积极参加抗日救亡运动。1935年,成为上海"民众歌咏会""业余合唱团"组织者之一;1936年,参加"词曲作者联谊会",创作歌曲。抗战爆发,创作了著名的《大刀进行曲》,此歌传遍全国。他当然也是"保联"歌咏组的活跃分子。

麦新于1938年春参加中国共产党。抗战胜利后调中国东北,1946年任中共热河省开鲁县(今属内蒙古自治区)县委宣传部长、组织部长。次年6月6日,在下乡工作途中遭土匪袭击,壮烈牺牲。麦新其他作品有《南泥湾开荒》《红五月歌》(贺绿汀词),《牺牲已到最后关头》(孟波曲),《保卫马德里》(吕骥曲)、《只怕不抵抗》(冼星海曲)等,并撰《关于创作儿童歌曲》《略论聂耳的群众歌曲》等论文。

随着上海租界形势的恶化,在"孤岛"已很难开展公开的抗日宣传等活动,"保联"歌咏组的教唱内容也作了相应调整,主要以艺术歌曲为主,以唤醒人们对新生活的憧憬。为此,特意聘请陈歌辛来教唱一些世界著名歌曲。

"保联"歌咏组不仅内部学唱,还积极参加演出。1938年12月,在上海宁波同乡会联欢会上演唱了《陕北民歌》和美国歌曲《摇小船》;

1939 年 6 月，在纪念"保联"成立一周年联欢会上也进行了公演；在八仙桥青年会大礼堂，还举行过为新四军募捐寒衣音乐会。

随着抗日战争胜利，"保联"歌咏组活动逐步恢复起来，话剧组的成员也加入了歌咏组活动，在上面"不要搞得太红"的警告下，依然坚持演唱进步歌曲。

1946 年，口琴组也重新开始活动，教师过祖耕也是保险公司的职员，他是中国保险公司总经理过福云的孙子。

在《上海市保险业职工运动史料》中，翁逸平在《党教育我参加革命》一文中回忆，他原是宁绍水火保险公司的练习生，在程恩树的介绍下，结识了施哲明。他写道："施哲明家庭负担重，身体也不太好，但是工作很积极，待人也诚恳。1938 年秋，我和蔡同华、周繁珂三个小青年跟着他学唱革命歌曲，这些歌曲在帮助我们树立革命人生观上起了一定作用。谈起这件事，眼前似乎浮现一幅情景：他一边弹着风琴，一边深沉地唱着'度过这冷的冬天，春天就要来到人间，不要为枯树失望，春天就会开放'这个印象令人难以忘怀。"

## 三、用中国保险的旗帜撑起一片天

1949 年 4 月，解放军胜利渡江。在丹阳，转移苏北的地下党员与留守上海的地下党员会合。上海市军管会金融处副处长谢寿天与先行抵达的施哲明、孙文敏一同商讨，将徐天碧、唐凤喧、朱元仁、刘凤珠、汤铭志五人调到金融处，成立保险组。

施哲明以军事联络员身份，负责接管国民党官僚资本保险公司的工作，任上海美商保险公司军事管制专员。施哲明奉命兼派驻上海美亚保险公司代表，监管上海美亚保险。

施哲明他们都是换了解放军军装，领了解放军胸符，即投入保险接管工作。大家吃住在一起，白天分头工作，晚上汇报交流。他

1949 年 10 月，上海市军管会金融处参加庆祝解放游行。

1949 年 10 月，上海保险界欢庆中华人民共和国成立的游行队伍中，施哲明、吴越、唐凤喧等走在前面。

1949 年 2 月，中共华中党校十四队保险小组学员在上海合影。他们后来成为创建人保公司的早期工作人员。前排左起徐天碧、沈国璋、朱元仁、王培荣，后排左起汤铭志、徐达、唐凤喧、刘凤珠、王玮。

1949 年 3 月，保险业的中共地下党决定撤退一部分党员去苏北解放区，这是在中共华中党校学习的十四队全体学员的留影。

们在保险公司张贴布告，召开会议，组织学习。在不到 1 个月时间里，军管会接管了中央信托局产物保险处等 24 家保险公司。

在上海欢庆共和国成立的游行队伍中，施哲明、吴越等人走在队伍的前列，举着旗帜，敲锣打鼓，意气风发。

1949 年 10 月，中国人民保险公司成立后，施哲明任华东区公司监理科科长，上海中国保险公司副总经理。

1951 年 6 月 5 日，在中国人民银行行长南汉宸策划下，中国保险公司第一届第一次董监事联席会议在北京召开。龚饮冰（中国银行总管理处总经理）、孙继武（中国人民保险公司副总经理）、谢寿天（中国人民保险公司华东区公司经理）、吴震修（原"中保"常务董事）、潘久芬（原"中保"常务董事，1939 年曾任"中保"董事长）被选为常务董事。会议选出龚饮冰任董事长，吴震修任总经理，施哲明、陈柏源、孙广志为副总经理。施哲明作为中国保险公司第一副总经理，主持日常工作。

1951 年 9 月 25 日，中国保险公司从上海迁至北京，在天安门西侧南长安街 44 号正式办公。

《中国保险史》一书评价：中国保险公司第一次董监事会的召开和总管理处迁京办公，加强了中国人保对海内外分支机构的领导，密切了各公司的业务联系，对于推动海外保险业务的发展起到了积极作用。从此中国保险公司以东南亚地区为工作重心，以发展私营外币业务和面向海外广大侨胞服务为主要任务，正式完成了向国家专营外币业务的专业化公司的转变。

## 四、三件赔案成为立身之本

施哲明不仅是中国保险公司的副总经理，同时还担任中国人民保险公司的国外业务处处长。可以说，他是中国人保 20 世纪 50 年代涉外业务的大佬，在人保历史上有三件惊天动地的涉外赔案都经过他的手。

据保险历史专家林振荣介绍：1951 年 9 月 25 日，中国保险公司成立不久，一起震惊澳门的康生栈大火赔案考验着总管理处。中保澳门支公司承保的澳门康生栈火险，保险标的汽车轮胎，保险金额7000 万港元 ( 当时约合 25 万两黄金 )，轮胎全部焚毁，保户申请全损赔偿。理赔科审查，发现多处纵火诈赔疑点：其一，康生栈原系私人住宅，并非正式公共堆栈，保户租用后将住宅改作货栈，独家堆存汽车轮胎；其二，保险标的 ( 汽车轮胎 ) 系抗日战争时期太平洋战争结束后美军的剩余物资，澳门市场上对军用汽车轮胎并无市价，而投保的保险金额过高；其三，投保轮胎数量之多，超过康生栈可供堆放的容积；其四，澳门报纸披露，康生栈失火前附近邻居闻到汽油味道。

施哲明副总经理亲自赴澳门取证核实纵火事实，在确凿物证、人证依据下，澳门法院终于判决纵火主犯有期徒刑 7 年，其余 6 名案犯分别处以有期徒刑 1~6 年；中国保险公司澳门支公司拒赔了这笔纵火诈骗案。

这是一起企图扼杀新生中保为政治目的，兼而诈骗巨额保险赔款为经济目的的案件。7 名有政治背景的案犯，有计划、有组织地将一批接收美军剩余物资中的军用汽车轮胎作为保险标的，将租用民宅取名康生栈，堆放这批轮胎，然后向中国保险公司澳门支公司投保 7000 万港元的火灾保险。

这批军用汽车轮胎在澳门市场上并无市价，案犯在纵火前密谋在交易市场上制造一批军用汽车轮胎的高额成交价，为其索赔提供依据。为了彻底焚毁这批轮胎，案犯购买了大量汽油作案。根据康生栈大火的现场取证，纵火前夕康生栈邻居的一名保姆闻到强烈的汽油味，以及销售汽油店家的旁证等。

海外保险公司会议合影。前排成人左五是财政部副部长胡立教。第三排左三是秦道夫。

1955年，中国人民保险总公司国外业务处同事合影。左一是秦道夫，左二是倪盛泰，左三是（戴眼镜者）韩守谨，右一是程圣言，右二是张选恭，右三是徐行。

20 世纪 50 年代初，中国保险公司从上海迁入北京。图为部分工作人员合影。

1963 年，中国人民保险公司副总经理施哲明(右)访问越南。

施
哲
明

171

1951 年 6 月 5 日，中国保险公司第一届第一次董事、监事联席会议合影。

1983 年中国人寿保险公司董事、监事合影。施哲明（前排左一）。

在确凿物证、人证依据下，澳门法院终于作出正确的判决。该案的成功处理，得益于中保专职的"一竿子插到底"的理赔工作机制：不是层层审批，而是按各自赔款权限各司其职，事后笔笔有监督。施哲明保险功底扎实，查勘险位、画平面图、按险位核定费率等保险基本功底的深厚纯熟也是这个赔案的胜诉保证。

1951 年 2 月，我国租用巴拿马船籍"海后"轮，从国外进口橡胶等军用物资，价值 107 万英镑。在回国途中，被台湾当局拦截，劫掠到基隆港扣押。

该轮保险均由中国保险公司上海分公司承保，出险后，中国保险公司立即将出险经过电告伦敦合约再保险人，审核了装上"海后轮"数以万计的物资的全部单证，核定确切的损失数字，要求支付现金赔款。伦敦方面，先以"运载物资的船舶改变航程未获通知，保险期限自卸载孟买港终止"为理由，不同意赔偿。中方以"物资

1951年中国保险公司第一届董事会、监事会通告。

未到达目的港，出有'在孟买中转续运'的批单，同意继续航程，不能终止保险契约"，驳回对方的拒赔理由。对方又以"海后轮"未遭双方交战，保险条款不包括劫持责任为由，企图再次拒赔。施哲明等中方专家以理据争：船舶与货物是在暴力强劫下遭受的损失，保险人应按条款规定的"海盗"责任给予赔偿。最终，分保全部摊回。

周恩来总理知道此事后，非常关注。此事被中国人保称为"百万英镑"事件。

1963 年 4 月 30 日，我国自己建造的第一艘万吨级海轮"跃进"号首次出航，它装载 1 万多吨玉米，从青岛出发首航日本。第二天在经过韩国海域时，意外触礁沉没，成为轰动一时的大事。

5 月 1 日，施哲明在第一时间知道了惨案。他立刻召集放假在家的王恩韶等人商讨对策。

他们主要有两个顾虑：第一，虽然伦敦方面发来电传，告知已经安排了 80 万英镑的分保，但并没有出保单，会不会赖账。第二，我们要求分保 100 万英镑，才分出 80 万英镑，那 20 万英镑算不算数。

由于这是中国自建的第一艘万吨级巨轮，也是人保出具的第一份海轮保险单，很多技术问题需要逐一核实，所以出单比较晚，但能分出 80 万英镑已是不幸中的万幸了。

当时意识形态对峙非常紧张，人们第一反应是：肯定是被美帝潜水艇打沉，要不就是被台湾特务炸毁。其实是我们自身原因，导致触礁沉没。船舶持有人中国远洋运输公司在工作安排上比较仓促忙乱，船长是老船长，可是没有开过这么新的船，船长对船的性能、途经海域情况比较生疏；选择路线也是个问题，由于敌情观念太强，有意选择了一条难走的路线，躲避美帝的破坏；再加上轮船质量也有问题。这些情况虽不影响再保立案和承担赔偿责任，但也极易被分保接受人找碴儿赖赔。

此案同样得到周恩来总理的高度重视，周总理亲自在中南海主持开会，接见保险公司相关领导，分析"跃进"轮出事原因。

一个月后，"跃进"轮赔款陆陆续续都摊回来了，总共 104 万英镑。

秦道夫曾回忆：当年由于施哲明是老党员，又懂业务，会外语，因此一直是涉外业务的负责人。那时他们一心为工作，遇见有国外保险行业来访，还经常请他们到家里做客吃饭。

可以说施哲明为中国人保涉外业务发展立下汗马功劳，为中国人保赢得了荣誉，特别是海后轮、跃进轮的赔付得到了周恩来总理的关注，使中国人保国外保险业务地位大大提高。

王恩韶生前在回忆录中讲，施哲明曾说国外业务是靠"两轮"起家。但在"文革"中，造反派给施哲明贴大字报《"两轮起家"可以休矣》，对施哲明无端指责，意在停办涉外业务。

## 五、迟到的春天

"文革"期间，造反派以施哲明当年被捕为由，诬陷施哲明是叛徒，并对他进行拷打批斗。施哲明全家包括上至他70多岁的母亲，下至年仅7岁的女儿，全部被赶到河南干校下放劳动，一家人凄凄惨惨。

1949年，关于如何处理南京市委领导的地下党，毛泽东有过一个十六字方针："降级安排，控制使用，就地消化，逐步淘汰。"有人曾经拿这十六字问过前中国社会科学院副院长、2003年谢世的李慎之先生，他不无感慨地说："怕不止是南京，是对全国地下党的。"（本段文字摘自2006年12月7日傅国涌的博客，原题为《"降级安排，控制使用，就地消化，逐步淘汰"——另一个鲜为人知的十六字方针》）

1979年，中国人民保险公司恢复国内业务。施哲明落实政策，回到公司总部。不久，施哲明担任中国人民保险总公司副总经理，为中国人保事业站好最后一班岗。

1983年，施哲明离休。

1990年，施哲明被评为高级经济师，并担任中国人民银行金融研究所研究生部兼职教授。1991年7月，被中国人民保险公司机关党委评为先进老干部个人，出席了中组部举行的全国老干部"双先"表彰大会。

1999年11月，施哲明在北京病逝，享年85岁。

为写作此文，我特意走访了88岁的秦道夫老人，他回忆起自己的老处长施哲明时，几次声音哽咽，热泪盈眶。他说施哲明是好人，对下属十分关切。秦道夫还记得他1984年从香港回来后，到施哲明家中探望的情景，那时公司的车子还不多，秦道夫特意安排车子送施哲明到医院看病。魏润泉曾评价施哲明：为人老实，待人诚恳。

# 划过夜空的星辰——记中国人民保险太平保险公司第一任副总经理

## 金瑞麒

金瑞麒在职场是一个坚持原则、爱憎分明的严肃本分之人，在家里却是一个谦卑祥和的人。他爱干净，衣服一尘不染，头发一丝不乱。就是这样一个爱洁净的人，最后死于被泼污水；就是这样一个保持气节的人，最后死于备受屈辱。但金瑞麒伟岸的人品和为中国人保所作出的历史功绩，必将被后人所记忆。

上海的嘉定自古有"教化嘉定"称谓，有民谣流传："金罗店、银南翔、铜江湾、铁大场，教化嘉定食娄塘。"而在嘉定的西门，明清以来便成为繁华的商圈，有石刻楹联："西成万户稻粱入，东望千艘吉贝来。"因嘉定西乡多种稻，东乡多植棉，故米商聚于西门外，花商聚于东门外，此联传神地写出了当时稻米、棉花交易的情景。

在西门外练祁河南岸的西下塘街，蜿蜒的河水倒映着枕河而居的白墙墨瓦人家，著名的晖吉酱园就在这里的香花弄，作为该酱园合伙人的金伯琴是当地著名实业家，他还在这里创办了嘉定第一家电话公司，通话可延伸至娄塘、陆渡桥。

1911 年，有两条喜讯从这里不胫而走。一是晖吉酱园生产的飞鹰牌酱油和白鹤牌天花粉分获意大利都灵博览会金银奖使之闻名遐迩，香花弄变成了"酱园弄"。二是金伯琴的大儿子金瑞麒在这里出生，使金家的香火得以传承，日后金瑞麒果然成为了名噪一时的金融保险家。

## 一、从天一到太平的保险生涯轨迹

金瑞麒的童年如晨光中的练祁河，平静安详，衣食无忧。受身为嘉定商会会长的父亲的言传身教，他不负众望，一步一步走向繁华的上海。中学时期，金瑞麒考取了当时上海最好的中学——上海中学。

上海保险历史研究专家林振荣在《儒雅气质 强者风范》一文中介绍：中学毕业后金瑞麒受业于私立光华大学商学院会计系，光华大学是美国圣约翰大学分校。金瑞麒在这里系统学习了西方复式簿记方法和理论，考取注册会计师证书。

大学毕业后，金瑞麒与师友合译出版了美国人著的《会计学原理及实务》一书，竟有 900 页之多，借此传播西方会计学思想。其后，各大高校纷纷将该书选作专业教材，成为中国翻译出版的第一部有

嘉定西门的下塘街。

影响的西方会计学名著。

　　1934 年 7 月，金瑞麒由于会计学理论功底深厚，一时在上海金融保险行业成为炙手可热的人才。金瑞麒早年师从光华大学商学院院长及会计系著名教授谢霖，谢霖不仅创办了我国第一个会计师事务所、而且还是太平保险公司总会计师。

　　正是由于他的推介，金瑞麒选择了保险业，而上海天一保险公司成为金瑞麒保险职业生涯的启程之处。天一保险公司当时属于规模可观的华商保险公司，声誉日隆，业务呈现上升势头，每年保费收入 70 万元左右。天一的董事、监察均为国内金融实业界领袖，公司的经理，协理及高层均为得力干才，叱咤于保险金融业界。

　　金瑞麒恪守家风，勤勉尽职。利用其父亲在商界的影响力，拓展保险业务，使他很快在天一保险公司中脱颖而出，从秘书、水险股主任、总务处副主任，到总公司协理，职场一帆风顺。

"四明"是宁波的别称，四明保险公司是民国时期创设于上海的浙资保险公司。天一保险公司的董事长秦润卿，是在上海金融界、旅沪宁波帮中一言九鼎的行业领袖，他同时也兼任四明银行常务董事。秦润卿十分赏识金瑞麒的才华，当四明保险公司出现暂时困难，秦润卿便向董事会举荐了金瑞麒担任总经理一职。金瑞麒走马上任后，摒弃四明银行及四明储蓄会沿袭下来的投机作风，革故鼎新，锐意进取，使公司业务显著提升，让人刮目相看。

抗战胜利后，金瑞麒又受聘担任太安丰产物保险公司总经理，继续经营财险。其后，金瑞麒重新回到天一保险公司出任总经理。面对濒临衰败的局面，他又一次成为解救危难的精英人才。

从 1934 年起的三年间，太平保险公司陆续收购了丰盛、安平、天一 3 家华商保险公司，实施连锁业态集约化经营，一跃成为全国最大的华资保险公司。

太平保险集团的最终崛起，也让在天一保险公司任职的金瑞麒跃升到更高的成长平台，为个人施展宏图大志营造了更为有利的发展境界。金瑞麒多年来展现的睿智和干练得到保险界许多高层人物的赞赏，尤其是得到太平保险集团协理、太安丰天总管理处实际负责人丁雪农的器重，经常让其作为私人代表出席业界高层聚会，金瑞麒终于成为业内风生水起的人物。

1943 年 9 月，金瑞麒当选为上海市保险商业同业公会理事，之后，又当选中华民国保险商业同业公会联合会理事，一时声名显赫。

## 二、"保联"活动中多才多艺的角色

1937 年，日本侵华战争全面爆发，中国经济环境十分恶化。上海租界也成为四面受困的"孤岛"，工商业凋敝，货币金融动荡，

天一保险公司员工合影。

大安保险宣传单。

大安保险员工合影。

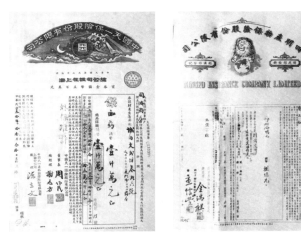

天一、四联、大安等保险公司的保险单及宣传单。

金
瑞
麒

185

保险业萧条。

林振荣在《儒雅气质 强者风范》一文中写道：作为光华学子的金瑞麒，深受母校爱国传统的浸润，在全民抗日救亡运动中展现出富有正义感知识分子的赤诚和良知。

受全民抗日救亡活动的鼓舞，经过保险业中进步人士的积极筹备，在保险界战时服务团的基础上，于1938年7月1日正式成立了上海市保险业业余联谊会（以下简称"保联"）。金瑞麒所在的太平保险集团，作为业界巨擘，在经济上积极资助"保联"，积极参与组织"保联"的活动。

1939年，"保联"举办了保险技术培训、英文、会计等多期学习班。其中会计班由金瑞麒主讲，由于讲课内容注重实务技术，深受保险同业及学员的欢迎。金瑞麒还多次在《保联》杂志上发表文章，为提高保险同行的道德素质和技能进行鼓动。为了鼓励会员研究保险理论，促进保险事业，"保联"学术部特策划了名为"保险论文竞赛"的征文活动，金瑞麒受邀为评判委员会委员。

金瑞麒还积极组织学员的文体活动，开展得有声有色。1939年7月，中共上海地下党发起组织大规模的"上海市业余话剧界慈善公演"，为此，金瑞麒及关可贵、谢寿天等15人组成"保联"义卖公演委员会，负责剧务、演出、义卖等事宜，金瑞麒还亲自扮演角色，上台演出。


## 三、在昆明开启爱情的方舟

从现存的金瑞麒老照片中可以看出，他身形高挑、略显瘦削，戴着金丝框眼镜，斯文帅气，颇具儒雅之风。对于我们今天，是一看便知的民国范儿。

在西风渐进的民国时期，他们的爱情和婚姻同样让我们羡慕。

金瑞麒也有着冲破父母包办的婚姻，追求爱情自由天地的经历。

抗日战争爆发后，金瑞麒作为上海金融保险的代表，多次往返抗日后方云南昆明，接收盟军的抗战物资，输送抗日前线。

在金沙江至长江的渡轮上，金瑞麒在船舱的甲板上与久未联系的徐植琬邂逅。他与徐植琬是小学同学，一同长大。他们都是学习的尖子，相互有着很深的好感。

让金瑞麒眼前一亮的是，站在他面前的徐植琬落落大方、笑容可掬，眉眼间是典型的南方淑女气质。

徐植琬出生于上海的望族大户。徐家在嘉定望仙桥，是清代饮誉海内的著名学者、"一代儒宗"钱大昕的近亲。据说，当年徐植琬的父亲去世出殡，整条街都是乡党送的花圈。

徐植琬从小深于闺阁，母亲教以女红家务仪礼等，但其开明的父亲支持她外出读书，徐植琬考取了当时江苏最著名的女中——淞江中学，后来又进入国立青岛大学化学系学习药物化学。毕业后，

金瑞麒和家人合影。

金
瑞
麒

187

她在上海的商界中也尽显飒爽英姿，成为上海著名药堂——中西药房的药剂师，也是当时罕见的女经理。此时，徐植琬恰巧也在昆明接收抗日医药物品。

就像命运安排的一样，相互倾慕的他俩，终于在上海喜结良缘。

## 四、让革命的烛火染红衣襟

在上海与爱国工商企业家、进步知识分子的长期交往，使金瑞麒有了追求民主和平、崇尚实业救国的信仰，他参加了黄炎培领导的中国民主建国会，成为保险业著名的爱国人士。

保险业的地下党谢寿天是对金瑞麒影响最大的人。谢寿天坚守信念、无私奉献的人格深深地感染着金瑞麒，使其确信他们代表了中国的未来。金瑞麒冒着巨大风险，在家中为地下党存放进步书籍及情报，甚至经常在他家召开地下党秘密会议。

1949 年，国民党裹挟许多资本家和实业人士逃往台湾，一些人也在观望之中，但金瑞麒审时度势，对共产党充满希望。

1949 年 5 月，上海解放。金瑞麒一下子沉浸在无比天真的欢笑之中。他成为里弄里的活跃分子，到处可以听见他高亢的欢呼声和欢庆的歌声。他亲自组织里弄里的居民腰鼓队，上街迎接解放军进城。

此时，为稳定上海保险市场，金瑞麒受组织委托，三次到香港银行界筹措资金，规劝滞留香港的一些保险界实业人士返回内地。而留在香港的一些资本家、金融家纷纷劝金瑞麒留在香港发展，但都被金瑞麒谢绝，可见其爱国之心决绝。

解放初期，上海频遭自然灾害和敌特飞机的轰炸破坏，家毁业失无家可归者骤增，同时，大批灾民背井离乡涌入上海，流落街头。金瑞麒响应上海市冬令救济委员会的号召，亲自动员宣传，并组织保险同仁开展寒衣劝募工作。

上海市民欢迎解放军入城。

公私合营挂牌。

上海举行庆祝社会主义改造胜利大会。

民族资本家代表入场。

1950 年，为支援医治战争创伤，恢复和发展国民经济，中央人民政府首次发行"人民胜利折实公债"。金瑞麒首当其冲，积极组织保险业界职员踊跃认购。

抗美援朝时期，金瑞麒带头将新增加的收入捐献给志愿军，用于购买飞机、大炮等武器。

可以说，金瑞麒一直是共产党、新中国的支持者，始终心向革命，从无二意。

## 五、助推公私合营，筹建中国人保

1948 年以后，由于连遭通货膨胀的肆虐破坏，一大批保险机构因资产贬值或投机失败，业务停滞，坐吃山空，负债度日，保险业陷入瘫痪状态。1949 年 5 月上海解放，上海市军管会金融处接管了官僚资本金融机构，为了保障广大投保人的利益，决定重新办理复业登记手续。

金瑞麒应邀出席了上海市军管会金融处召集的保险同业公会全体会员代表会议。当时复业的华商保险公司业务不振，从业者莫不情绪苦闷。金瑞麒审时度势，代表大家表达心声，表示今后拥护国家"利用、限制、改造"的基本政策和发展方向。

1950 年，上海市保险业同业公会筹备委员会成立，金瑞麒被业界同仁公推为主席，兼公会业务计划委员会主任委员、法规委员会委员，成为上海保险业的实际掌舵人。

1950 年 4 月，"民联分保交换处"进行改组，调整了成员公司，成立"新民联"，金瑞麒与林震峰等 11 人当选为理事，大家共同推举金瑞麒为理事长，实现了华商私营保险业的大团结，为后来全行业的社会主义改造奠定了基础。

金瑞麒身兼保险业同业公会主席、民联分保交换处理事长，以及太平保险集团数家保险公司总经理的身份背景，使他在公私合营的工作中大显身手。

1950 年 7 月，上海市军管会金融处批复，准予与国计民生有关之工商企业分别设立特价组，集思广益，筹谋快速医治战争创伤、恢复经济大计。为此，上海市保险业同业公会筹备委员会成立调研小组，第一组由金瑞麒负责召集。金瑞麒率领私营保险公司进行自我教育、自我改造，积极投身社会主义革命和建设事业，积极配合国家对资本主义工商业实现社会主义改造。金瑞麒对私营保险公司逐个做劝解工作，鼓励他们接受改造。

1950 年 7 月，上海市金融工会保险分会成立，在典礼大会上，金瑞麒作为特邀嘉宾发表了热情洋溢的讲话，祝贺行业群众组织的诞生，勉励保险同仁团结奋进。

1950 年 8 月，金瑞麒被推荐为上海市私营保险公司代表，应邀远赴北京中国人民保险总公司陈述意见，对私营保险公司资本额等问题，提出八个意见。总公司总经理胡景沄、副总经理孙继武接见了代表，并当面给予了具体答复。金瑞麒主张对保险业实行公私合营，应较于其他行业先走一步的意见，得到了总公司的认可。可以说金瑞麒为中国保险业实现公私合营起到了举足轻重的作用。

1949 年底，随着新筹建的中国人民保险公司在全国铺开，急需大量懂保险的业务干部，上海作为旧中国保险业中心人才荟萃，先后应人保总公司及分公司的急需，动员旧有保险公司业务骨干归队。为适应保险业迅速发展的形势，华东区公司成立了保险业务训练班。

金瑞麒由于业界学术的声望，分别兼任着光华大学保险学及上海财经学院保险系的教授。他热心保险教育事业，利用个人影响力，先后举办多期光华大学商学院保险训练班，并亲力亲为，出任各种保险培训班的教师，为新中国培养了一大批保险专业人才。

上海市保险业同业公会、"民联分保交换处"为提高会员公司从业员研究保险学术兴趣起见，还经常举办"保险讲习会"，金瑞麒是热情倡导者和实际参与者之一，并做题为"华商保险业状况与组织民联分保交换处的意义"专题讲座，都是多年经验之心得，讲题涵盖保险业的各个领域，提升了学员对保险业的全面认识。

1950 年，金瑞麒与施哲明等 6 人组成保险法撰写小组，这是新中国首次起草保险法，为 20 世纪 90 年代出台的《保险法》打下了良好的基础。

金瑞麒作为保险业公私合营的旗手，当选为上海市人民代表、上海静安区人民代表，担任了上海静安区政协副主席。他与荣毅仁分别作为上海金融业和纺织业的先进代表，在上海庆功会上，手举横幅，一同上台向陈毅市长报喜。

## 六、带领太平保险进入北京

1951 年 10 月，太平保险公司率先与 11 家私营保险公司正式签订合并协议，走上联合之路，11 月，公私合营太平保险公司正式开业。经董事会推选确认，周作民等 7 人为常务董事，周作民任董事长，谢寿天任副董事长，林震峰为总经理，金瑞麒、李祖模为副总经理。

1956 年 3 月，太平公司董事会、监事会召开会议，决定与新丰保险公司合并，太平公司总部迁往北京，国内不再设立分支机构。

新的太平保险总公司设址于北京阜成门外天宁寺路（今天的月坛北小街 4 号）新建的中国人民保险公司办公大楼内，从现存的老照片可以看见公司大楼的门口分别挂有三块木牌："中国人民保险公司""中国保险公司""太平保险公司"。

金瑞麒也迁入北京，在公司对面的月坛北小街 5 号宿舍楼内一套四居室居住。由于夫人未办好工作调动，故金瑞麒只是带着母亲和孩子以及保姆来到北京。

　　金瑞麒在公司热心培养年轻的保险干部，翻译保险教材。秦道夫当年还就保险条款的英文翻译，请教过他。

　　停办国内业务时期，金瑞麒仍任太平保险副总经理，专司管理其海外分支机构，金瑞麒还参与举办了第一次海外保险公司经理会议。

## 七、那顶沉重的右派帽子

　　金瑞麒无愧为与时俱进的实干家，他刚正不阿、不趋炎附势、不畏权势的性格，注定在那个特殊的年代难逃劫难。

　　1957年，金瑞麒到上海出差，见到一些私营保险公司的旧部，他们纷纷向金瑞麒抱怨：是他把他们害苦了，当年政府许下的承诺，现在没有兑现。金瑞麒一时无言以对，只是答应回北京汇报。

　　此时，北京正在大鸣大放。人保老经理秦道夫曾对我说，金瑞麒当年是从上海赶到北京"鸣放"的。他以为是机会来了，但实际是厄运当头。

　　金瑞麒向领导反映了上海私营保险公司人士希望他向上级转达的意见：要落实公私合营政策、改进领导作风等问题。他的初衷不但没有得到解决，还换来了一顶右派的帽子。据说宣布金瑞麒是右派的当天，他自己都不知道，办公楼里已贴上了大字报。当时金瑞麒在外参加公务活动，后来当他领着外宾回到单位时，人们只好临时把大字报扯了下来。

　　金瑞麒的太平公司副总经理一职被免，本是13级的干部行政级别被降低，工资也被降低，夫人的调动进京也受到影响，住房也被安排进别的住户。甚至在合影照片中，金瑞麒也靠边站了。所有这一切，终归还算对其处理轻的，其后更重的迫害就接着来了。

　　1958年，国内保险业务彻底停办，机构人员解散。金瑞麒作为中国人保的创始人和业界精英，却被第一个扫地出门。金瑞麒无疑成为保险业界最无奈、最落寞的人。他自嘲地说，保险停业了，公文包本来也没用了。

金瑞麒先是被调往财政部档案室工作，后又被调往中央财经学院任普通教员。

林振荣在查证有关史料过程中，找到一张 1962 年财经学院的教员名册，见到金瑞麒的简单信息："金瑞麒，男，年龄 52 岁，职务教员，行政级别 15 级，工资 124 元"，寥寥数言，说不尽背后的辛酸。

作为知识分子最要面子的金瑞麒自尊心受到极大伤害，从那以后，他走路再也没有抬起过头来。金瑞麒被发配到北京十三陵水库工地劳动，几星期才可以回家一次。本来消瘦的他，已是弱不禁风，那时家人见他总是拖着疲惫的身躯回到家倒头就睡。

金瑞麒的二女儿品学兼优，高考考了高分，却因她是右派子女，被分到了二类学校。金瑞麒面带愁容地对女儿说："是爸爸对不起你。"

"文化大革命"期间，金瑞麒在劫难逃，本来谨小慎微的他，更是诚惶诚恐地生活。备课引用的例句，都逐条记录清晰是引自何处，以防出错被纠。由于书法好，他主动为别人抄写大字报，百般殷勤。但金瑞麒洁身自爱，恪守人格，绝对没有主动写大字报攻击别人。

有人不好意思当面叫其负责搞卫生，只是把扫帚悄悄放在他的办公桌前，金瑞麒还是明白了，拿起去打扫厕所、楼道，回到家再和妻子一起打扫大院的卫生。金瑞麒的小女儿还记得她和母亲扫地时，被小孩扔石头，围在后面喊："资本家 ……"

那些时日，金瑞麒随时把毛巾、草帽、搪瓷杯子放在身旁，做好被批斗、下放劳动的准备。1969 年，金瑞麒又被发配到学院食堂帮厨，他以为这是组织对他的信任，因为不怀疑他下毒。但有一天，学院进驻的军代表拍着桌子对他说，有人举报他是潜伏的军统特务，就是当年他三次去香港的事，说是他取活动经费去了。本就患有高血压、冠心病的他一下子胆战心惊。他多次否认，仍不断被威逼。

他联想到学院另一位被打成"特务"的教师被戴高帽、坐飞机批斗，每天跪行并抽自己的嘴巴，向领袖像检讨，最后跳楼自杀的境地，金瑞麒不寒而栗，是不是特务，他竟反复了多次。一天，金瑞麒回到家里，写下遗书，把家里存放的安眠药全吃了。

家人发现后，还以为金瑞麒是心脏病犯了，送到阜成门人民医院抢救。后来邻居发现安眠药和遗书，打来电话。但他最终还是没有被抢救过来，年仅58岁。中国人保另一位右派俞彪文1957年跳楼自杀，也是在这个医院含冤去世。

金瑞麒的夫人徐植琬不敢让孩子们为父亲送行，怕他们受到连累和影响。火葬场的人知道死者是畏罪自杀的右派，只开来一辆装货的敞篷卡车，态度极其恶劣，当天雷雨交加，他们不让送行的徐植琬坐在驾驶室里，让其坐在装着金瑞麒尸体的棺材上。徐植琬无法忍受这般凌辱，一气之下，没有随去火葬场，火葬场也没有归还骨灰。

所有这些，是那个时代对人性的摧残，是金瑞麒家人的屈辱。可想而知徐植琬日后的生活艰辛，好在她的子女们坚强、优秀，还有许多同住宿舍的好邻居给予照顾。

1979年1月3日，中共中央财政金融学院委员会终于给出了复查结论："金瑞麒同志在解放后接受共产党的领导、拥护共产党，拥护社会主义"，所谓"特嫌"，"纯属历史反革命分子陆麟勋乱咬乱供"，"应予否定"。时隔十年等来了结论，而斯人已逝。

2007年，徐植琬老人去世，终于和金瑞麒在天堂团聚。他们的子女在万佛园华侨公墓为父母安葬，父亲的衣冠冢里放着父亲生前用过的眼镜、钢笔等物。

金瑞麒虽然在职场是一个坚持原则、爱憎分明的严肃本分之人，但在家里却是一个谦卑祥和的人。据金瑞麒的儿子金德平讲，他记得父亲每年春节拜年时，都要给爷爷跪下磕头。金瑞麒的小女儿金德安记得父亲爱打桥牌，生活情趣浓厚，春节时，家里组织联欢会，每人编节目演出，她和父亲演过双簧，父亲的耳朵会动，成为暗示的动作。

金德安的两位姐姐至今还有着浓厚的家音，她们讲，父亲爱干净，衣服一尘不染，头发一丝不乱。每两个星期都会在西单第一美发厅理发。

就是这样一个爱洁净的人，最后死于被泼污水；就是这样一个保持气节的人，最后死于备受屈辱。但金瑞麒的伟岸的人品和为中国人保所作出的历史功绩，必将被后人所记取。

金瑞麒履历表。

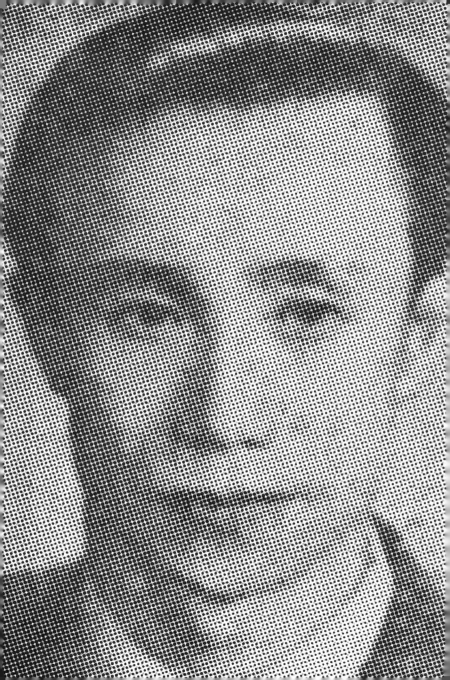

专心致志的保险专家——记中国人民保险公司设计室主任

# 郭雨东

正是由于有郭雨东等一批保险精英据理力争的坚持和无私的奉献，才使中国人民保险的薪火得以流传，拥有了68年的品牌。今天，虽然对他们不见得会有什么明确的奖励，但在历史的厚重中，一定会有他们精神的奠基。

2015 年，在我编辑人保出版的《老照片》一书时，人保退休干部蔡大年给我提供了一张有他父亲的老照片，那是 20 世纪 50 年代人保归属财政部领导时，蔡致通、叶奕德、郭雨东等人的合影，照片十分罕见，我也是第一次知道人保初期有郭雨东这个人。

## 一、青春充满爱的旋律

郭雨东，又名郭景芳，1904 年出生于黑龙江哈尔滨附近的宾县，他的祖上是山东潍坊的移民。这是一个大地主家庭，家舍占地很大，有高高的围墙和炮楼，还有自己的油坊、面坊、豆腐坊。不仅拥有农业生产，还经营贸易，但在郭雨东时代，家庭已开始走向没落，家风颓败。

郭雨东自幼好学，东北天亮得早，他起得更早，每天 4 点左右就起床背书，在私塾中老先生每提出经书中的任何一句，郭雨东就能接出下一句，很少被老先生打手板。

拥有过人的知识，更能体验世间的冷暖。郭雨东看见家族中没有人能胸怀发奋重整家业的宏图大志，只是整天沉浸在挥霍仅存的家底上，抽大烟、赌钱，萎靡不振。郭雨东决定摆脱这种生活，到外面的世界闯荡。

郭雨东考上了北平朝阳大学，这是北京大学的附属学校。他近距离接触新文化人物，如陶行知、朱其慧等人，立志在教育、法律等方面寻求救国之道。但郭雨东以敏锐的眼光，发现现代经济手段是改变社会的捷径，认定中国积贫积弱之原因，在于社会互助事业缺失。因此，他最终选择了那时还是选学的保险专业学习。

郭雨东上学期间，在同学聚会时，他认识了一位名叫李冰痕的漂亮姑娘，她也是来自东北，是很有名气的诗人，和萧红来往密切，她的《苦诉》一诗曾广为流传。

郭雨东夫妇。

看他俩的名字，一个"雨东"，一个"冰痕"，就充满诗情画意的缘分。他俩一下子坠入情网，在烟雨蒙蒙、冰清玉洁的情调中，卿卿我我，十分浪漫。信守革命浪漫主义的俩人，特意选择在五一劳动节那天举行了婚礼。

毕业后的郭雨东，已是"中华平民教育促进会"的一员，怀有深深的社会责任感。回乡的他，看到县里的职员整天打牌，人浮于事，腐败丛生，他就用相机拍照下来，在报上发表，揭露弊端，弄得当地的官僚很头疼，觉得他是一个惹麻烦的人。

因为有庚子赔款，当地有留学日本的名额，便打发郭雨东赴日留学。于是，郭雨东偕夫人东渡日本，郭雨东在国立东京商科大学继续保险学深造，夫人研修日语。那时，郭雨东曾与后来任日本首相的大平正芳是同班同学。

上海保险历史研究专家林振荣在有关郭雨东的研究文章《业界硕学 人保俊彦》中，考据1944年的《大上海分保集团月报》第八期的"人物介绍"，作者李晴斋对郭雨东的介绍中所言：郭雨东留学期间，"朴实无华，潜心研讨，对于收集古今保险史料，尤勤奋不遗余力，常常为了一部心爱的书籍，倾囊相助，毫无吝色；为了一部有价值的著作，冒着风雨和别人争相购买而兴趣盎然，其视知识如生命的精神，邻邦同学也不由得都为之折服"。

"九一八"事变后，郭雨东一心爱国，拒绝做亡国奴，日本大学要分配他到满洲国任财政厅任厅长，被他拒绝。在填写毕业履历表时，郭雨东填写国籍是"中华民国"，而不是"满洲国"，被日本宪兵队抓住不放，不让其归国。

郭雨东以夫人生病为由，申请夫人回国，并特意为其购买美国航运的船票，他前去港口为夫人送行，在船开行的一刹那，早有准备的他一个健步跨上轮船逃走了，日本宪兵也只好望船兴叹，不敢上美国船上抓人。

中华平民教育促进会同仁合影。

民国时期报纸刊登的郭雨东简介。

大上海保险公司广告。

　　据郭雨东的儿子郭瑞介绍，他记得父亲的毕业证上写着"学无止境"四个大字，在日期间，父亲把钱都用在购买书籍上，包括保险专业和马列著作，回国后，他把这些书全捐给了上海保险界。

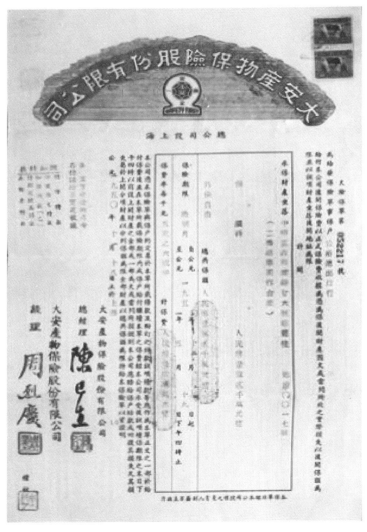

大安保险公司保险单。

## 二、保险情怀与革命情怀的交集

1936 年，郭雨东回国后，应丁雪农之聘进上海太平保险公司，负责编辑出版《太安丰保险界》。他顺应保险业快速发展和从业者提升职业素养的需求，大量翻译刊登国外保险诉讼的典型案例和业务创新技能的文章，创新版面，力求办成"独立学术之刊物"。特别是郭雨东利用留学期间所见日本保险业的保险密度和保险深度的调查，总结出可供借鉴的经验，在杂志上发表《日本保险事业总览》《日本人寿保险事业面面观》等系列专稿，影响很大，成为中国保险业早期的理论探索的先行者。

郭雨东在办刊之余，还执教于光华大学商学院，培育保险英才。他具有较高的理论素养和学术能力，在业界享有崇高威望，1936 年成为中国保险学会会员。

上海市保险同业公会主席胡詠骐是上海早期进步人士，对郭雨东影响很大。郭雨东与胡詠骐、谢寿天、程恩树、林震峰、董国清等经常利用聚餐机会，商讨天下大事。他们参加职业界救国会，开展救亡运动。郭雨东虽属留学日本研究生，但他对家乡东北三省沦丧日寇之手一直耿耿于怀，义无反顾地投身抗日救亡活动。

1937 年"七七"事变的次日，郭雨东在胡詠骐带领下，组织"上海保险界战时服务团"，开展劝募、战地慰劳、支援前线将士、救济难胞以及抗日宣传等活动。

1938 年 7 月，上海市保险业业余联谊会成立，郭雨东被推选为理事会主席，并担任了第一届征求会员运动委员会的总队长。尽管他在"保联"任职仅几个月，但他积极培养保险专业人士，开展业务交流，组织员工文体娱乐活动，凝聚抗日爱国力量。

1939 年，郭雨东出任太平保险广西分公司副经理，离开上海，远赴桂中，但仍然十分关心"保联"事务进展。1940 年初，郭先生

20 世纪 50 年代，中华人民共和国财政部所在地北京三里河街景。

应上海永宁保险公司之聘，出任总公司副总经理，重返上海，回到"保联"大家庭里。当年春天，学术部用保险知识讲座的形式举行专题演讲，请郭雨东主讲《保险界康采恩之得失》，提升了"保联"的学术力量。

1941年10月，天一保险公司的地下党员谢寿天为发展抗日民族统一战线，保存民族保险实力，更好地开展地下党活动，出面筹建大安产物保险公司。郭雨东、陈巳生、关可贵、董国清、龚渭源、全家瑜等7人成为发起人并筹募股金。公司董事会聘任郭雨东为总经理。公司以保险职业作掩护，从事革命活动，一时成为上海保险业地下党组织的堡垒。郭雨东还在作为上海地下党另一隐身之处的关勒铭金笔厂中出任监事。

1942年5月，郭雨东与保险业专家积极支持《保险法》等保险法规的提案，力促依法规范保险市场。1943年当选为上海市保险商业同业公会理事，1947年被选为全国保险公会联合会理事。这一时期，中国工业保险公司董事会也慕其高才，聘用郭雨东为总稽核兼职协理，成为学者办实业的典范。

1941年底，为增强民族保险公司自身承保及分保能力，谢寿天、郭雨东、王显猷、顾中一等一起共同筹组，得到大安等19家保险公司的积极响应，组建了"大上海分保集团"，郭雨东为《大上海分保集团月报》委员会主席。

郭雨东干着保险的事业，长于冒险的生涯。他个人出资帮助出版《鲁迅全集》，为新四军送药。郭雨东经常同郑振铎、胡厥文、许广平、王任叔、雷洁琼、赵朴初等爱国人士秘密组织"星五聚餐会"。

1946年6月23日，上海发生震惊中外的"下关惨案"。面对国民党特务的白色恐怖，郭雨东不顾个人安危，掩护受伤的阎宝航（阎明复之父）、陈震中两位民主战士在自己家中隐蔽疗伤。在他们伤愈后，谢寿天、郭雨东又设法分别护送他们转道香港前往解放区，北上参加中国人民政治协商会议。

据郭瑞讲，那时郭雨东住在上海虹桥附近的一栋日本别墅内，门口经常有国民党特务蹲点，情况十分紧张。有一次，赶上一个郭雨东的东北老乡当班，因为争执，那老乡掏出手枪：姓郭的！我知道你是共产党，你给我老实点。情况到了剑拔弩张的地步。郭雨东曾向他讲，那时特务经常会从上到下搜身，他一般把情报都贴在手臂下方，举手搜身时，以防特务发现。有时假装叫外卖面条，如果地下党人把一根面条头露在外面，就是情况不妙，赶紧走人的暗号。

1948 年，经过共产党长期考验之后，在谢寿天介绍下，郭雨东终于入党了。

上海解放前夕，国民党特务开始恫吓工商业界巨擘名流撤离上海，逃往台湾。郭雨东配合谢寿天，与太平保险公司董事长兼总经理周作民、中国银行沪行经理吴震修等上海金融界颇具影响力的领袖人物多次接洽，稳定他们的情绪，团结争取他们留在大陆。

郭雨东在自家阳台上目睹了解放军进驻上海，他还把解放军请到家里居住。他在家中为战士补习文化，还把自己的衣服皮鞋送给他们穿，他还记得解放军是蹲在他家马桶上解手的。

## 三、筹建中国人民保险

1949 年初，郭雨东随谢寿天由香港北上，在石家庄参加接管上海金融业的干部培训。5 月，上海解放。郭雨东脱下便装，换上军装，佩戴"中国人民解放军"胸章和"上海市军管会"臂章，加入上海市军管会金融处保险组 17 人接管队伍，参与接管 24 家官僚资本保险公司的保险组工作。

郭雨东作为党忠诚的追随者，同时又是当时保险业为数不多的留学专家，难能可贵。在新中国保险业创建时期，郭雨东迎来了大

1959 年 4 月，中国人民保险国内业务部"残存"的人员合影。前排左起：罗高远、郭雨东、陈孝直、叶栾德、蔡致通，后排左起：杜民先、张北列、楼茂庆。

20 世纪 50 年代，人保公司员工合影。

20 世纪 50 年代，郭雨东在人保公司作报告。

显身手的机遇和人生的上升期。他主导并参与整顿民营保险公司，着手组建整合保险公司，并开始研究草拟修改保险条款、《保险法》《保险业法》，这是新中国首次将保险法的颁布落实到议事日程。

郭雨东还积极推动"民联分保交换处"的设立，进而推动全行业公私合营。1949 年 7 月，上海民联分保交换处成立。郭雨东推荐自己的老同道太平产物保险公司的协理丁雪农担任主任委员，中国保险公司副总经理孙广志等人担任副主任委员。

1949 年 8 月，由陈云主持，在上海召开了有华东、华北、华中、东北、西北 5 个地区的财政、金融、贸易部门领导干部参加的财经会议，会议正式提出创建中国人民保险公司的建议。保险组兵分两路，即留守上海和支援北京，郭雨东与陶增耀、姚乃廉、戈志高 4 位党员带领从接管单位挑选出的 30 多位思想进步、业务熟悉的中青年积极分子奉调先期赴京，参与筹建中国人民保险公司。

郭雨东担任设计室主任，牵头研究改革旧险种，设计新险种，制订新条款，编写新的业务规章制度和实务手册等。这是一个重要的部门，肩负着艰巨重大的工作，对中国人民保险公司成立及顺利开展业务有着举足轻重的作用。

郭雨东回到阔别已久的北方，在金城银行老洋楼的办公室里，红彤彤的煤球炉子如同热火朝天的工作干劲一般，炉子上的热水壶总是吱吱作响，如吹动出征的号角。郭雨东在西交民巷 108 号的办公室，总是最后一个关灯，留下一个漆黑的院落，月光照着他沉重的身影。披星戴月的郭雨东经常步行穿过大陆银行旧址，回到位于现人民大会堂的小四眼井、西皮市胡同的人保宿舍。

1951 年 11 月，来自上海和天津自愿参加合并的 28 家私营保险公司组成了两个集团，分别为太平保险公司和新丰保险公司。郭雨东与谢寿天、林震峰、孙文敏、顾濂溪、阎达寅、杜天荣、杨海泉 8 人担任公方董事，施哲明、程人杰担任公方监察，周作民、丁雪农、沈叔玉等 11 人出任私方董事。郭雨东尽职尽责，为太平公司促进国际贸易、吸收外汇资金、专营海外保险业务出谋划策。

此时，郭雨东的夫人也随他来到北京总部，在公司图书馆担任管理员，图书馆里有许多郭雨东捐赠的专业图书。

尽管郭雨东勤勤恳恳工作，在公司发挥着巨大作用，但由于他的身份复杂，依然属于控制使用的对象。但郭雨东任劳任怨，从不计较个人得失，保险事业的发展是他最大的心愿，因此，他的心胸总是比他的消瘦身躯要大得多。


## 四、几份珍贵的民间档案文本

郭雨东的孙女郭玫一直保存着爷爷生前的一些手稿，包括郭雨东的自传、简历、公司业务等，最让我触动的是郭雨东的几份检查。

检查有的是 1953 年"三反"运动的自我检讨，有的是整党运动的检查报告。

郭雨东在检查中自我检讨在编辑《人民保险》杂志时，只注意按时出刊及业务宣传，来稿刊发，并没有树立阶级斗争观念和政治觉悟。

郭雨东还检讨在抗战期间，他丧失民族气节，与太平保险公司的经理合影，如同拜了兄弟，因为当时太平公司是在日本军国主义把持下。

1951 年，在公司小组学习会上，郭雨东听到蔡致通借别人的话，"咒骂"毛主席，他只是以为并不是蔡致通的本意，因此没有及时向组织汇报，是自己政治觉悟不高，思想麻痹大意。

在检讨自私自利情况时，郭雨东自己爆料：民国时期，由于出租房屋，收取了 11 根金条，这点积蓄并没有向组织汇报。在夫人患病时，为多卖一些钱以用作治疗费用，没有到人民银行兑换，而是卖给了私人。

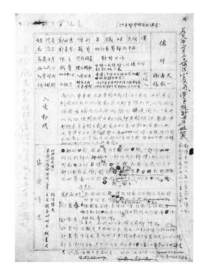

郭雨东自传手记。

郭雨东履历表、手记。

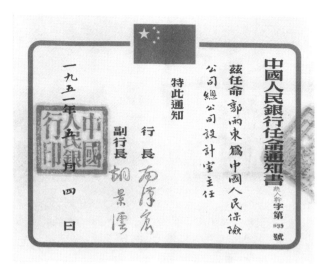

中國人民銀行任命通知書

总人事字第039號

茲任命郭雨東為中國人民保險公司總公司設計室主任

特此通知

行　長　南漢宸

副行長　胡景澐

一九五一年人民銀月四日

中央人民政府財政部任命通知書

財監思字第陸號

茲任命郭雨東為本部人民監察通訊員

特此通知

部長　戎子和

一九五二年十二月二十九日

郭雨东任命书。

中国保险学会成时员工立合影。

其实，这些检讨今日读来，如同笑话一般。但让我震惊的是，郭雨东作为一个正直低调的知识分子、爱国的保险专家，为国家和企业默默无私地奉献，生活本已十分不易，他们本来是让我们敬畏的一代功臣，但在那个人人自危的时代，他们还要把自己一次又一次地解剖，生命的躯体甚至被挖空，人格扭曲到极点，人的尊严得不到尊重。

好在悲剧不再重演，让我们倍加珍惜。

## 五、比珍珠更明亮的晚年

20 世纪 50 年代，保险停办国内业务，郭雨东以一介书生的单纯，直言力主保留保险业务，是典型的保守派，差点成为批判对象，但最终还是被下放到了农林渔业部水产局工作。

正是由于有郭雨东等一批保险精英的据理力争的坚持和无私的

奉献，才使中国人民保险的薪火得以流传，拥有了 68 年的品牌。今天，虽然对他们不见得会有什么明确的奖励，但历史的厚重中，一定会有他们精神的奠基。

郭雨东到农林渔业部工作，先后任水产局、科技司处长。他依然勤恳务实地工作，利用早年在日本留学掌握的资讯，在海南推广人工栽培珍珠，为国家出口创汇。他的夫人又一次与他携手，为他翻译有关日本科技书籍。郭瑞记得父亲拿着从海南带回的珍珠，兴奋得溢于言表。

"文革"时期，郭雨东受到冲击，下放到河南五七干校劳动。住在月坛北小街宿舍的人们还记得，他当年在院中花池里烧自家的藏书和积攒多年的剪报，可以想象他当时的心情该是多么得撕心裂肺。

1979 年，人民保险恢复国内业务。据保险历史专家林振荣介绍，郭雨东时因年事已高无法归队，但他依然心系保险业，思考保险业发展大计，1984 年还在《财政》杂志上发表《农村保险事业大有可为》的文章，1985 年 11 月，还为中国保险学会与上海保险学会联合主办的《中国民族保险业创办一百周年纪念专集》撰写了《关于大安保险公司》《加快发展保险，改革保险体制》的文章，并成为新成立的中国保险学会第一届、第二届的理事。

1995 年 9 月，郭雨东在北京去世，一颗闪烁半个世纪的中国保险界的明珠，黯然陨灭。

同样是在 1944 年的《大上海分保集团月报》的相关文章中，李晴斋对郭雨东的性格品行也有如此介绍："他为人和蔼可亲，恭而有礼。平居沉默寡言，简单朴素，但天性极富热情，对朋侪之急，无不竭力以赴。无任何嗜好，有之就是与书为伍，平常只看见他手不释卷，在这物欲鼎沸的上海社会中，郭先生的操守学问，实在是我们青年的一位不可多得的典型模范。"能在那个时期，对保险业人士有如此高度的评介，可见郭雨东的影响力非一日之功。

时间如刮骨疗毒的刀子——记中国人民保险公司设计室委员

# 蔡致通

在中国人保 1950 年的工资表中可以看见：列在首位的副总经理孙继武为 860 斤大米；第二位设计室主任郭雨东为 750 斤大米；第三位设计室委员蔡致通为 750 斤大米……可见蔡致通在人保成立初期在公司的地位是很高的。

在中国人保 1950 年的工资表中可以看见：列在首位的副总经理（主持日常工作）孙继武为 860 斤黄米；第二位设计室主任郭雨东为 750 斤黄米；第三位设计室委员蔡致通为 750 斤黄米。其后还有财产室主任薛智章、人身室主任陶声汉同样为 750 斤黄米；秘书室主任阎达寅为 720 斤黄米……可见蔡致通在人保成立初期在公司的地位是很高的。

## 一、人丁兴旺与日趋没落的家族

蔡致通 1908 年出生于上海的松江，松江位于上海市西南部，历史文化久远，有着"上海之根"的称呼，是江南著名的鱼米之乡。

蔡致通祖上是松江的著名食用油商户，当年他家的货船在黄浦江上穿梭往来，深宅大院也是宾客满门。但到了蔡致通父亲蔡伯韬这一代，家境开始呈现败落，蔡伯韬倚仗前人留下的丰厚家底，不务正业，骄奢淫逸，是乡里著名的纨绔子弟。他一共娶了四房媳妇，终于把家业挥霍殆尽。明媒正娶的第一任媳妇来自上海的书香门第，是著名的叶氏家族的女儿，她的哥哥叶企孙是中国物理学界的一代宗师和中国近代物理学奠基人，他创办了清华大学物理系和北京大学磁学专门组。

她是大家闺秀，本可以带来儒雅的家风，可惜她在生了 8 个孩子（只活了 6 个）之后，便因病英年早逝。蔡致通就是她的第一个孩子。

随后，蔡伯韬又先后把家中的两个保姆娶为媳妇，分别生了 3 个和 4 个孩子。最后蔡伯韬把早年买的丫鬟也娶为媳妇，又生了 2 个孩子。可想而知，当时这个家庭接二连三上演的家庭戏剧，情节也不次于曹禺的《雷雨》。

蔡致通从小刻苦研读，资质聪颖。在一个乱世家庭的环境中，蔡致通修炼成了一个成熟懂事、独立自强的孩子。据说在蔡致通 9 岁那年，他一人就坐马车去乡下接外婆来家，他和外婆一直有着深厚的感情，以至成家立业之后，还在书柜里保存着外婆的照片。

　　后来，蔡伯韬举家迁到上海居住，一家人拥挤在一条破旧的里

蔡致通全家合影。

蔡致通青年时期。

蔡致通夫妇。

蔡致通著作封面。

弄里。父亲在供蔡致通读完了小学和中学之后，家境彻底败落，再也无力供他上大学了。

蔡致通本想争取当地庚子赔款免费上大学的两个名额，遗憾的是他考取的是第三名。不得已，蔡致通依靠自己的能力，先在当地的中学教了两年书，积攒下了学费，随后终于考取了著名的南京中央大学经济系。

## 二、颠沛流离的金融生涯

1932 年，大学毕业后，蔡致通来到上海邮政储金汇业局工作。从此，他开始了大半生的金融生涯。作为新兴产业的邮政储金业，是 1917 年在民国政府交通总长曹汝霖主持下开办的，由于经营局为数不多，吸收储金数额有限，加上其间内乱迭起，灾祸频仍，储金业务进展至为迟缓，截至 1926 年，全国储金总额尚不到 1000 万元。使得中国邮政大权被国民政府收回，并加强控制，邮政储金业日臻发达，1931 年底储额已达 2700 余万元，办理储金邮局达 500 余处。

蔡致通正是在邮政储蓄的辉煌时期进入该局的，因此得到了历练。

不久，蔡致通来到上海中国银行总管理处工作，担任科长。其间，他的著作颇丰，1930 年蔡致通撰写了《我国走私问题之检讨》，刊载在《中行月刊》杂志上；1931 年撰写《最近中国对外贸易统计图解（1912—1930）》，由中国银行总管理处出版；1933 年撰写《二十二年上半年之中国对外贸易》，载《青岛工商季刊》（创刊号）。

蔡致通后来到中央信托局保险司工作，这是他保险生涯的开端。在这里，他认识了后来成为人保公司同事的赵济年。

抗日战争爆发后，中央信托局从上海迁往重庆。蔡致通带领一些人乘火车赶往重庆，在火车开到金华时，遭到日本飞机拦截，命令车上的乘客下车，就在蔡致通和乘客逃离火车不远的地方时，日本飞机又开始机枪扫射，子弹打飞了蔡致通的帽子，最终捡了一条命的他，一直对此经历心有余悸。

蔡致通早在 1928 年受父亲之命成婚。他的夫人徐建文的父亲是上海一家米店的老板，老板有 7 个姑娘，本来是要介绍六姑娘的，但还没到结婚时，六姑娘因病去世了，以致蔡致通最终娶的是七姑娘。

尽管夫人徐建文只有小学文化，但蔡致通与她感情很好，夫妻互敬互爱。在抗战时期，蔡致通冒着生命危险，化装成邮差，从武汉潜伏到上海，只是为给家里送点钱。而蔡致通在云南货运公司驻越南海防分支机构时，经常给夫人写信，其实那是他们正式谈恋爱的情书，在充满温馨的书信中，徐建文不仅体会到了爱情魅力，也增长了文化涵养。

1943 年，蔡致通在国民政府行政院下属资源委员会经济部任专员，这是一个专门负责工业规划和管理的机构，管辖近千家大中型企业，近30万名员工。中国石油、金属矿产开采和冶炼、钢铁、电力、煤炭、机械等行业中的绝大部分企业在该委员会领导之下，该会控制了国家的资源命脉。

1943年7月，在蔡致通倡导下，成立了保险事务所，他任所长。事务所是资源委员会组建的集团性"自保公司"，专为资源委员会所辖单位和企业提供保险服务。事务所总部在南京，在上海、沈阳、青岛、大连、广州、台湾等地设分所，注册资本法币5亿元。

1945年12月，蔡致通作为资源委员会组建的台湾工矿事业考察团专家成员之一，参与起草并制定《台湾工矿事业考察报告》《合办台湾省工矿事业合作大纲》，提出四项发展原则：一是发展台湾工矿业，不求体系完整，以避免创造经济割据的条件；二是考虑原有工矿事业的规模和基础，分清缓急轻重予以恢复；三是顾及国防及全国经济建设平衡发展，不对台湾作巨额投资；四是以糖、电为建设核心，再有余力，才顾及其他工业。从而顺利地从日本人手里接管台湾工矿企业，并对台湾工业建设作出正确的规划。

1948年，随着国民党撤离南京，许多机构逃往台湾。蔡致通也先行到台湾寻租房屋，他把已结婚的大女儿安排住下，又返回南京，做最终撤离准备。但此时上海地下党领导潘汉年找到蔡致通，劝他留在大陆，开启新生活。

蔡致通考虑再三，最终与50余名国民党政府要员一同留在了大陆。

## 三、为中国人保建章立业

1949年5月，解放军攻克上海。上海军事管制委员会成立财经接管委员会，下设金融处，谢寿天任副处长，林震峰担任保险组组长。保险组负责制定对私营保险公司管理办法，对旧保险市场登记、整顿、

20世纪 50 年代，蔡致通（后排左三）与人保员工合影。

20世纪 50 年代，蔡致通（后排左七）与人保员工合影。

20世纪50年代，蔡致通（后排左三）在人保宿舍。

20世纪50年代，蔡致通与友人在北海公园合影。

改造。1949 年 6 月 18 日，军管会金融处保字第四号训令规定：保险公司按经营类别缴存保证金，不得签发国内业务外币保险单。随后，中国产物保险公司等 106 家获准复业。7 月成立民联分保交换处，太平产物保险公司协理丁雪农为主任委员。保险民联是上海工商界中最早成立的联营机构，它的创办，显示了上海保险业团结一致、自立自强的决心，摆脱了外商垄断的局面，奠定了进一步扩大联营的基础。

蔡致通作为民国政府保险管理机构的要员，在上海接收金融企业进程中，虽然也在观望和接受改造之中，但他既然选择了共产党，也就选择了新的事业。蔡致通为军管会积极出谋划策，协助开展工作。

中国人民保险公司在北京成立在即，上海保险组兵分两路，即留守上海和支援北京，郭雨东与陶增耀、姚乃廉、戈志高 4 位党员带领从接管单位挑选出的 30 多位思想进步、业务熟悉的中青年积极分子奉调先期赴京，参与筹建。随后又动员了第二批中青年骨干分子 20 多人去北京。

1949 年 8 月，上海军管会做蔡致通的工作，动员他到北京参与筹建工作。据他自己事后说，当时他虽然满口答应，但心里却犯嘀咕：一是自己是旧政府职员，对新政府有所顾忌；二是想远离政治，希望发挥自己所学专长，从事对外贸易实业；三是去北京就意味着失去上海的汽车洋房。当时他还写下两句诗表达自己的复杂心情："明知不是伴，事急且相随。"

来到北京的蔡致通住进了西交民巷后红井胡同 5 号的一个有 10 间房的老院落，每天步行到单位工作，他一边适应着北方的季节变化，一边适应着新政权的制度更迭。

1949 年 9 月，蔡致通出席了在西交民巷司法部街的总经理胡景澐家中召开的人保第一次工作会议，在会议合影中，他站到了靠后的一排。

按第一次全保会拟定的组织规章草案，总公司机构是四室一会，即秘书室、业务室、监理室、会计室、设计委员会。后来又增添了人事室、财险室、人身险室、农险室、国外业务室、理赔室等。总公司各业务部门主要负责人大多是旧上海各大公司的高管，如陶声汉（原中国人寿保险公司经理）、蔡致通（原资源委员会保险事务所所长）、薛志章（原太平保险公司业务处副处长）、林正荣（原人保华东区分公司副经理）、陶笑舫等赴京出任。

设计委员会应该是当时人保公司最重要的部门，为人保创建起到了不可或缺的作用。可能是由于郭雨东是来自上海保险业的地下党，所以他担任了设计室主任，蔡致通任设计委员，享受部门正职待遇，委员中还有一位叫李敬之。

设计室牵头研究改革旧险种，设计新险种，制定新条款，编写新的业务规章制度和实务手册等。我最近在琉璃厂中国书店购买的一卷 1951 年版《中央财经政策法令汇编》中，可以看见在金融部分有《中国人民保险公司总公司关于改订中国人民银行代理保险业务办法的指示》《中国人民银行分支机构代理中国人民保险公司业务办法》《中国人民保险公司团体人身保险办法》《中国人民保险公司分支机构代理中国保险公司接受国内外汇保险业务办法》《中国人民保险公司折实单位人寿保险办法》《人寿保险说明书》《中国人民保险公司牲畜保险办法》《中国人民保险公司财产保险说明书》等多项政策法规，可见当时的设计工作之重。

蔡致通经常给公司全体职员做业务学习辅导，他撰写保险论文发表在《人民保险》杂志上。他还担任公司的俄语学习小组组长，翻译《苏联国家保险》一书。他也指出，不能只依靠苏联一家经验，还要结合本国实际并借鉴英美经验。

蔡致通还负责编译保险资料，供大家学习掌握业务状况，帮助年轻的保险干部及时了解国外保险动态。在这个过程中，他逐步树立了对公司的归属感和成就感。

## 四、在历史的阴影中挣扎

由安徽省政协主办的《江淮文史》杂志"沧桑纪实"栏目，在2015年第2期上刊发了《一个旧知识分子的十年心路历程——蔡致通"交心材料"剖析》一文。据该文作者——安徽党校的郑琳春介绍，这部蔡致通"文革"前的手稿购自北京潘家园旧货市场。

1957年，在社会主义改造完成之后，中共中央发起整风运动，面向民主党派、知识分子"自我改造"和"向党交心"。

蔡致通的交心材料，采用小字报形式，将所交代的内容分条列举。1958年6月27日至7月5日，共提交115条。

其中有：1949年底，蔡致通收到妹妹的一封信，说在台湾的妹夫庄心田（曾任军统上海站站长）派人来上海接她去台湾或香港。蔡致通接到信后，偷偷复信给妹妹希望她平安离开大陆，并致信在台湾的女儿，尽力促成此事。他认为一方面在大陆的生活今非昔比，他这样阶层的人"职级越来越低，车子越坐越大，房子越住越小"；另一方面，面对有个国民党背景的妹妹一家，倒不如一走了之，两相干净。但其实，妹妹最终没有去台湾，随他去了北京。

蔡致通在剖析自己的资产阶级腐朽的生活方式时描述道："轻车驾熟路，闹市住洋房，冰箱电气灶，沙发合欢床，衣则绫罗缎，食则鲍鱼汤，享尽人间福，沾来天上未沾光。"他对北京简朴生活写道："香烟从不买来抽，美酒珍馐勿下喉，有水但须能解渴，品茶岂必学风流，雇轮带路非经济，安步当车亦自由，糖果花生莫消费，三餐之外复何求。"

蔡致通一方面留恋过去的奢华生活，另一方面又想认同社会主义的优越，他用已然享受过荣华富贵、大丈夫能屈能伸来自我安慰。

他索性不去回忆过去，甚至不和过去的亲朋好友来往。但他听说一旧同事在香港工作时，他又委实羡慕很久。

蔡致通在北京保持着穿西装、打领带、戴礼帽的习惯，在公司出入时，经常受到站岗的解放军战士盘问和检查，他感觉自己是外人。蔡致通看到一些老抗大、老八路的领导，大衣不穿当斗篷披在肩上，开会时随地吐痰，一边作报告一边抽烟，他认为这是山沟里的作风，这哪里是金融职业人员的形象啊？他作诗道："可怜都市佬，竞尚学村郎。"

人保公司最初委任蔡致通任监察室副主任，但他觉得自己在过去是正职，何况主任是不懂业务的军人，不配做自己的上司。这是他的知识分子的清高与理想化的思维。

蔡致通在有关家属来京的车票报销，及月坛北小街宿舍住房分配等待遇上，感到对自己不公。

蔡致通批评当时的宣传同事，在需要制定畜牧保险时，就从客户来信中选择"农民欢迎保险"的材料；当停办畜牧保险时，又从客户来信中挑选"农民不欢迎保险"的材料，这不是实事求是地分析和解决问题，而是按领导设计去套框框。

1951年，在"三反"运动中，蔡致通被怀疑是国民党卧底的特务，被关进拘留所，审查了整整两年。蔡致通在旧政权中任过职，但并没有加入国民党。但审干时总是被怀疑，交代不出就认为是不老实，是"健忘"。他感到很冤枉，他抱怨还不如当时当了国民党倒省事了。但他又庆幸自己只是政治问题，不是"三反"中的贪污问题，因为那是道德问题。

据蔡致通的儿子，如今已80多岁的蔡大年介绍，那时母亲带他去看望父亲，记得父亲尽管被拘留，但还可以吃上红烧肉，因为他毕竟是对共产党有功的人。

1953年，蔡致通终于被审查清白，获得平反。但此时他的父亲已在上海去世，蔡致通出来的第一件事便是到上海祭拜父亲。蔡致通的工资得到补发，儿子也被安排在人保北京分公司上班，这应是人保最早的"保二代"。

蔡致通回到公司。他以为会受到热忱欢迎，回到设计室岗位，继续发挥专长，干出成绩。但让他大失所望的是组织上像接纳一个包袱一样，把他降职安置，想见领导也被拒绝，备受冷落。他的这种思想又被批评为"个人利己主义""一心想当处长"。

1954年，蔡致通为《人民保险》杂志写的研究性论文稿子稿酬是每千字2.5元，但其他人写的空洞的政治文章倒受到领导重视，给了高稿酬。他认为这是对他做学问的羞辱。

蔡致通经常被同事揭发检举，甚至从他翻译的文章中找出一些句子，对他横加指责，闹出许多笑话。1957年有人在工会小组会上传阅一张反动标语的照片时，特意看了他一眼。蔡致通敏感而脆弱的神经紧张起来，认为这是对他的歧视和侮辱。

但随后的反右派运动的开展，这种交心活动也烟消云散，甚至这又成了新的罪证，知识分子进入了万马齐喑的年代，蔡致通走的人生轨迹必然是一条曲折的路线，而不是一帆风顺的直线。

## 五、尽心尽力的晚年

1958年9月，随着国内保险业务停办，公司人员疏散。蔡致通差点被安排到贵州支援三线建设。由于中央统战部出面，要求落实好这批留在大陆的国民党要员的工作，蔡致通通过公司人力处转北京市招聘委应招考试，希望重新选择发挥其专长的工作。他到了海淀区第三师范学校任教，担任数学教师。

"文革"中，蔡致通受到批斗，下放尚庄劳动。

1974年，蔡致通退休后仍被留校在图书馆任管理员，60多岁的他骑着自行车，在王府井新华书店采购图书，有一次在半路摔倒了，受伤住进医院。

1979 年，保险公司恢复国内业务，年事已高的蔡致通依然关心保险事业，参与讲座培训，翻译国外保险材料。他还把儿子蔡大年又送到人保公司，代替他归队的一片心意。

蔡致通为多期人保经理培训班编写教材，并亲自担任讲师。1984 年，蔡致通主持编著了《人身保险》一书，由陶声汉先生担任审校。乌通元负责精算内容，签署有关报告。在当时的历史条件下起到了相当重要的作用。

1997 年，蔡致通在北京去世。关于他的冤案，一直没有说法。晚年时，蔡致通患老年痴呆，终于可以不问清白了。可以说他的一生，并没拥有全部展现出为社会作出更大贡献的机会。

蔡致通性格执拗，有着知识分子特有的敏感。蔡大年介绍，父亲认准的事，习惯坚持，比如家里冷藏鸡蛋，他都坚持冬天也要放冰箱里。

晚年，蔡致通和夫人徐建文恩爱如初，夫人一直是家庭妇女，但蔡致通感恩她为他所受的苦。晚年夫人视力不好，蔡致通每晚为夫人打热水，为其洗脚，并依次摆好剪刀、酒精、棉球等工具，亲自为她修脚。

在他们金婚纪念日，他还写下诗作："白头偕老想前尘，结发于今五十春。南北奔波挈子女，沧桑处变炼精神。群雏星散天涯远，两口休居雨露温。堪慰四方亲骨肉，幸能康乐度金婚。"这可能就是蔡致通一生中最大的慰藉。

# 陶声汉

## 用算盘打出中国保险精算业的新天地——记中国人民保险公司人身险室第一任主任

陶声汉对于我是一个陌生的人保人物。在决定撰写他的传记时，苦于手头资料的匮乏。我千方百计地找到了他唯一的女儿在上海的电话，打过去，是女儿的丈夫接的。他说：『你的电话来得太晚了，她就在几天前刚刚去世。』

　　陶声汉对于我来说是一个陌生的人保人物，在 1989 年版的《保险大辞典》中，有关陶声汉的词条也只有百余字。在决定撰写他的传记时，苦于手头资料的匮乏，我千方百计地找到了他唯一的女儿在上海的电话。电话打过去，是女儿的丈夫接的，他说："你的电话来得太晚了，她就在几天前刚刚去世。"

## 一、中国保险精算业的溯源

　　时下，只要提起"精算师"三个字，坊间即将之与"高端金融人才""金领"，甚至"钻石领"等名词关联起来。诚然，高收入是精算师群体的标签之一，但这仅仅是精算职业的"冰山一角"。回溯历史，20 世纪初叶，源自泰西的精算职业正是从上海"登陆"中国的，并与民族保险业相生相伴，在浦江之滨演绎出许多鲜为人知的故事。

　　上海保险历史研究专家张姚俊在《上海与中国精算职业的发轫》一文中介绍，有关中国早期的保险市场基本由外商保险公司"一统江山"。据粗略统计，1848 年至 1911 年 12 月，在沪展业的外商保险机构计有 161 家，而专营或兼营寿险业务的仅 19 家，约占11.8%。造成如此状况的主因是缺乏中国人的生命统计资料，外商寿险公司最初的业务拓展只得依赖于旅华外侨的保险需求，营业范围主要局限于通商各埠。但是，19 世纪末申城外侨总数不过 1.5 万余人，外商寿险公司的业务量可想而知。

　　1900 年，英商永福人寿保险公司（亦译为标准人寿保险公司）上海分公司依据 1888 年至 1900 年的统计资料制成华人生命表，并开始承揽华人寿险业务。此后，外商寿险公司在上海保险市场的角逐日趋激烈，精算职业随着外商寿险企业在华业务拓展而进入中国，永福人寿上海分公司总经理布朗特就是一位资深的苏格兰精算师。

民族寿险业亦在 20 世纪初应运而生。

　　1912 年，华安合群保寿股份有限公司正式对外营业，堪为民国年间保险业界的翘楚。它虽不是中国第一家华商寿险公司，却是首家纯粹华资的寿险企业。公司聘请两位外籍精算师参与公司经营，永年人寿原主要负责人休斯便是其中之一，另一位是英国人第黻礼。华安合群成为当时唯一一家拥有精算师的华商保险公司。

　　第一次世界大战的爆发不仅影响了世界历史的进程，也在无意间推动了中国精算职业的发端。1914 年 8 月，第黻礼应召回国参战，在英国陆军米德尔塞克斯步兵团第五预备役大队任上尉。为此，他不得不向华安合群董事会申请长假。

　　第黻礼返国了，谁是他的继任者呢？公司员工经乾堃颇得郁赐赏识，他勤奋好学，不仅自学保险数学，还通过了英国剑桥大学的相关考试。经乾堃成为最早从事寿险精算工作的中国人。

陶声汉、李守坤以及部分清华留美同学合影。

1914 年 3 月，毕业于英国剑桥大学数学专业的周大纶入职华安合群。1917 年初，周大纶被提任副计算员，暂摄精算事务，他是目前已知的第一位专业从事寿险精算工作的中国人。

1926 年，华安合群高调宣布聘用张德舆为寿险计核员，引发业内轰动。张德舆是圣约翰大学的高才生，本科毕业后于 1922 年赴宾夕法尼亚大学专攻人寿保险学，获商科硕士，曾在美国大都会人寿保险公司从事精算工作。他是中国第一位拥有美国特许人寿理财师（CLU）资格的保险从业者。

1928 年底，华安合群又一次聘用"海归"精算师陈思度。他 1923 年在密歇根大学深造精算学。1925 年 1 月，取得美国精算师协会（AIA）准会员资格，1927 年 11 月取得北美非寿险准精算师资格（ACAS），并在 1932 年获美国精算学会准会员资格（AASA）。同时拥有三种国际认可的精算师资格，在民国时期的中国保险界"唯陈君一人耳"。

陈思度还兼职于太平保险公司人寿部，负责太平人寿的精算业务。他出版了《人寿保险计算书（温带经验表·周息三厘半平衡保费法）》《人寿保险计算书（温带经验表·周息三厘半依利奈法）》等 4 部英文精算著作，有学者因而把他誉为"中国精算师之父"。

正所谓见微知著，中国精算职业缘起的过程乃是民族保险业由初生走向兴盛繁荣的一个缩影，也描绘出近现代中国金融人才成长的一种轨迹。近代上海之所以能够成就远东国际金融中心，个中缘由从中国精算职业在上海发轫的史实里，亦能管窥一二。

## 二、在地球的另一端计算着中国精算业的距离

其实，在 20 世纪 30 年代的上海保险精算界还有两位代表人物：陶声汉和李守坤。巧合的是，此二人不仅与"中国精算师之父"陈

民国时期，中国保险学会第一届年会合影。

陶声汉在《清华周刊》杂志上刊发了有关保险的文章。

思度同庚，而且他们仁还是清华学校的同窗，都曾拜在格罗威教授门下。

据《陶氏宗谱》载，陶氏十九代陶撂绥自浙江绍兴移居江西浔阳，生陶家璋、陶家瑶、陶家瑜、陶家璜四子，其中陶家璜生陶声汉，

20世纪30年代，陶声汉与家人一起合影。

在家族排行老六。

1899 年，陶声汉生于江西南昌。南昌之名源于"昌大南疆、南方昌盛"之意，初唐四杰王勃在《滕王阁序》中称其为"物华天宝、人杰地灵"之地。

陶声汉的家族产业丰富，但其父仍以传统耕读文化，严格示教孩子。陶声汉在都市的学堂中，一边吟咏着四书五经的雕版印制的墨迹文字，一边倾心着西方数字的玄奥。1918 年，他以优异成绩考取了清华大学，在当地轰动一时。

1921 年，陶声汉从清华学校高等科毕业，后被选送到美国留学。1923 年，他获得了美国俄亥俄大学学士学位，1924 年，陶声汉师从美国保险学大师——宾夕法尼亚大学休布纳教授。

宾夕法尼亚大学是由美国著名科学家和政治家、开国元勋、《独立宣言》起草人之一，避雷针、富兰克林炉及远近两用眼镜等的发明者本杰明·富兰克林于 1740 年创办。富兰克林作为学校创建人，认为新的知识来自对现有资源最广泛的认识和最有创新的运用。这一思想也是他创办学校的指导方针。

1924 年，该校休布纳把生命价值概念引入人身保险领域，提出了生命价值说。他认为，人的生命也可以估价，人寿保险就是补偿人的生命价值损失的经济手段。他定义个人的生命价值为一个人的家属或被抚养人合理地期望从作为家庭收入来源或抚养人那里获得利益的价值。个人生命价值在数量上为个人预期净收入的资本化价值，等于个人未来预期收入减去自身维持费用后的净值。休布纳设计了两种计算生命价值的方法：生命价值方法和需求方法。生命价值说提出后，在保险界产生较大影响。计算生命价值方法已用于保险界作为理赔计算的参考方法。

休布纳的著作《人寿保险经济学》于 1927 年出版，该书提出了人力资本、生命周期理财和行为金融学等基本概念，中文版由陈克

　用算盘打出中国保险精算业的新天地业——记中国人民保险公司人身险室第一任主任

陶声汉在《保险研究》杂志刊发文章。　　陶声汉著作。

陶声汉任命书。

242

勤翻译，1934 年由中华人寿保险协进社出版发行。

陶声汉在大学中苦于研读，在充满哥特式建筑风格的图书馆里，他桌前的橘色灯光总是呼应着费城上空的明亮的月光，在月光里印下了他立志改变中国保险业的宏图大略。

1925 年，陶声汉又随密歇根大学詹姆斯·格罗威教授学习寿险精算。1925 年获得密歇根大学精算硕士学位，同年 11 月 18 日取得北美非寿险准精算师资格（ACAS）。

密歇根大学创建于 1817 年，是美国排名前十的综合型公立大学之一，被誉为公立常青藤，也是世界上主要的研究型大学之一。

在校园广阔的绿色植被上，经常可以见到散步的陶声汉，他似乎在用脚步丈量着归国建设中国保险精算业的路径。

1925 年，陶声汉还在《清华周刊》杂志上撰文，倡议组织清华同学联合人寿保险会，在业务上给予指导。

## 三、中国保险公司的第一位精算师

1926 年，陶声汉留美工作一年后回国，在广西建设厅任职。

1933 年，陶声汉受中国银行邀请，来到上海，先后担任中国保险公司副经理、中国人寿保险股份有限公司经理兼精算师。

1928 年，南京政府建立中央银行，中国银行成为经营国外汇兑的专业银行。1931 年，中国银行投资 200 万元设立中国保险公司，并于 11 月正式开业，宋汉章兼任董事长。中国保险公司初期主要经营火灾保险，兼营银钞险、汽车险、邮包险等业务。1933 年秋，增办人寿保险业务，主要险种有终身人寿保险、限期缴费终身保险、储蓄保险、人身意外保险、劳工保险和雇主责任保险等。

陶声汉应该是中国保险公司刚刚开办寿险业务时进入公司的，因此他成为中国保险公司寿险业务的开创者，是公司首席寿险精算师。中国保险公司也是他在中国保险精算业施展才华的第一个舞台。

1937年，"八一三"事变后，中国保险公司一方面积极向海外拓展业务，成立中国保险公司驻香港办事处；另一方面，向内地延伸，在重庆设立经理处，先后在重庆、桂林、昆明、贵阳、成都开展业务。太平洋战争爆发后，海外机构停业，宋汉章在重庆组建了中国保险公司总管理处。直到1946年，中国保险公司才返回上海办公。

据张姚俊讲：此时，陶声汉在中国保险公司任精算师，陈思度在华安合群保险公司及太平保险公司人寿部担任精算师，李守坤出任宁绍人寿保险公司精算主任兼会计主任，1937年9月受聘于中国产物保险公司。这三位海归的中国最早的精算专家构成了中国保险精算业的三足鼎立的局面。

1933年，陶声汉担任中国保险公司副经理。1936年，他当选为中国保险学会第二届理事。

1936年6月，上海市保险业同业公会寿险组精算委员会成立，在华安大楼（华安合群总部所在地，今南京西路104号金门大酒店）召开第一次会议。该委员会是目前知晓的中国最早的精算职业组织，陶声汉任主席委员，成员包括陈思度、李守坤、郭琳天（永安人寿保险公司上海分公司副司理）、杨士璟（中国天一保险公司）、霍永枢（先施人寿保险公司协理兼司库）和Mr. J.Lutitt（泰山保险公司）。

上海市保险业同业公会寿险组精算委员会成立之际，本土的精算师人数尚在个位数徘徊，因此这一机构的出现并非着眼于精算职业本身的发展，而是为了从精算角度解决业内实际难题："本会寿险同业，对于营业员之待遇，无论佣金津贴薪给或其他任何名目，为谋划起见，乃组织精算委员会，请各公司之精算主任或顾问举行会议，将各会员公司之保单性质详加研究，以求一水平线的标准待遇。"故而，在精算委员会第一次会议上，与会人员拟就了一份《精算员建议草案》，规定了营业员在第一年保费中提取酬劳的最高比

例等事项。这是国内第一份关于寿险营销人员保费提成率的规范性
文件。

## 四、开创中国人民保险的寿险业和精算业

1949 年，陶声汉在上海被接管的中国保险公司继续担任精算师。
当年 10 月 20 日，中国人民保险公司在北京成立，急需寿险精算人才，
陶声汉这位中国著名精算师被选中，成为首批北上的保险专业人才。

在北京，陶声汉参与了中国人民保险公司的组建工作，并负责
起草有关寿险的规章制度，发挥了不可替代的作用。随后，陶声汉
担任了中国人民保险公司人身保险处的首任主任兼设计委员。秦道
夫在《我和中国保险》一书中回忆其刚参加保险工作时提到，人身
保险处长陶声汉是保险精算师，财产保险处长薛志章、副处长周志诚、
设计室主任郭雨东、设计委员蔡致通、李进之、理赔处副处长王关生、
国外保险处长施哲明……

中国人民保险公司成立初期，基本没有人寿保险业务，财产保
险和人身意外保险也带有浓厚的"计划色彩"，精算技术可有可无。
陶声汉虽是国外留学的专家，但为人谦和，在为中国人保的寿险业
务发展、精算体系的建立，默默地奉献着。

国民经济恢复时期的寿险业务主要是人身自愿保险，完全由中
国人民保险公司开办。当时办理的人身自愿保险分为两类：一类是
按集体方式投保的不带储蓄性质的人身保险，其中主要是职工团体
人身保险；另一类是按个人方式投保的带有储蓄性质的人身保险，
其中主要是简易人身保险。1949 年底，中国人民保险公司在上海市
试办了职工团体人身保险，1950 年起陆续在全国各省、自治区和直
辖市开办。

1951 年，随着财政经济状况逐渐好转，国家开始对 100 人以上

晚年的陶声汉与上海金融界人士合影。

陶声汉的女儿在参观有关父亲历史的展览。

的工矿企业职工和铁路、航运、邮电部门的职工实施劳动保险，使这些单位职工的生、老、病、死、伤、残等问题基本上得到解决。但这只是一部分单位，而且待遇标准也比较低，没有实施劳动保险条例的单位继续为职工办理团体人身保险。一些由职工自己负担保险费的单位，也在实施劳动保险条例后继续参加团体人身保险。至1953年初，全国有近100万名职工参加这种团体人身保险。

中国人民保险公司还开办了船员团体人身保险、渔工团体人身保险和建筑工人意外伤害保险。这三种保险业务都是按照集体方式投保。在保险责任方面，除了按保险人死亡或丧失劳动能力时给付保险金外，还包括给付意外伤害医疗津贴的责任。中国人民保险公司为了适应航运企业员工的需要，开办了船员团体人身保险，保险费由企业方面负担。船员团体人身保险在1949年底首先在上海开办。朝鲜战争爆发后，海上运输安全受到威胁，不少航运企业为职工又加保了海上匪盗险。1950年，船员团体人身保险被推广到沿海各港口和长江的一些港口办理。1951年国家对主要工矿、交通企业的职工包括航运职工在内实施劳动保险以后，中国人民保险公司就停办了团体人身保险。这项业务办理时间虽不长，但对支援船员投入反封锁、反禁运的斗争起到相当大的作用。

渔工团体人身保险是在1951年春，结合海洋渔船保险在沿海主要渔区办理的。我国沿海水产丰富，渔民人数众多，海上作业危险较大，中国人民保险公司办理的这项业务，为渔民的生产生活提供了一定的保障。

建筑工人意外伤害保险是在国家开始重点基本建设的情况下开办的。当时，对于建筑工人发生意外事故时如何进行补助，还没有一套完整制度，因此国家要求中国人民保险公司办理建筑工人意外伤害保险。这种保险由建筑企业缴纳保费，为固定工人和临时工人投保，保险费照一个工程的实际劳动日计算。1953年国家修正劳动保险条例后，这项业务逐渐减少。

1951 年开办的简易人身保险的主要对象是城市手工业者、小商贩、搬运工人和其他个体劳动者以及他们的家属。简易人身保险各地差别很大，有的地区业务发展缓慢，而有的地区业务增长较快。至 1952 年底，全国约有 10 万人参加这种保险。

在三年国民经济恢复时期，中国人民保险公司办理的人身自愿保险保费收入 881 亿元，支付赔款 185 亿元。通过保险金和医疗津贴的给付，使被保险人及其家庭能适当解决因不幸事故所导致的经济困难，安定了群众生活，提高了人们劳动的积极性。

## 五、为了中国保险精算业精打细算

陶声汉还是新中国保险教育事业的开创者。1953 年，他调至中央财政干部学校保险教研组，从事保险专业教育。保险教研室教员计有李进之、陈继儒、王效文、王化南、陶声汉、吴汉林、彭载、姚达人和阎达寅 9 人。

1958 年，中国人保停办国内业务，精算专业就没有了存在的土壤。陶声汉调到福建省建工学校任教。他唯一的女儿也在那里结婚。

1965 年，陶声汉退休，回到上海。直到 1980 年，陶声汉改为离休，享受行政 13 级待遇。

1979 年 11 月，陶声汉当选中国保险学会第一届理事会理事，后任学会第二、第三届理事会顾问。他编撰的《人寿保险数学浅释讲稿》《变动的年金与保险》等书，是改革开放后中国第一批精算专业教材。

1980 年，已经八十多岁高龄的陶声汉，仍为中国人民保险公司成立三十周年纪念撰写了《人寿保险的作用和种类》一文，刊登在《保险研究》杂志同年第 2 期，将人寿保险业务的作用和做法，作了通俗的解释，让公众了解这项业务。

此后，陶声汉笔耕不辍，撰写了多部人寿保险精算方面的专著和论文，填补了国内精算研究几十年来的空白。《保险研究》杂志1982 年第 2 期发表《愿为我国保险事业贡献最后的力量》一文，记述退休干部陶声汉勤奋著书立说，认真校阅书稿的事迹。

1983 年，中国人民保险公司上海分公司的乌通元兼任总公司的海外机构精算师，成为保险业恢复后第一位从事精算实务工作的人，他也是陶声汉的同道朋友。

1989 年，已经 89 岁的陶声汉向所居住的社区居委会、党支部递交了入党申请书，以表达 60 多年来要求入党的夙愿。作为精算师的陶声汉就是这样"精算"着自己的政治生命和理想。

1994 年陶声汉逝世，享年 95 岁。

1999 年 11 月 20 日，保监会公布通过首次"中国精算师"资格考试的 43 人名单。

2007 年 11 月 10 日，中国精算师协会创始会员大会在北京召开，会议通过了《中国精算师协会章程》（草案）等文件，标志着中国精算业已经完成了作为一个独立职业团体的全部筹备工作，随后，中国精算师协会正式宣告成立。

据保险历史研究专家赵守兵介绍，曾任中国保监会副主席的魏迎宁讲，他最初接触精算这个概念，还是 20 世纪 80 年代初在中国人民银行研究生部学习期间。1982 年 4 月，由中国人民保险公司编印的陶声汉先生的《人寿保险数学浅释》一书，给他留下很深的印象。魏迎宁说："册子篇幅不长，短小精练，现在还保存在家中。"

陶声汉

# 元老级的笔杆子书写春秋——记中国人民保险公司秘书室第一任主任

## 阎达寅

在《中国保险二百年》画册中，可以看见1951年由中国人民银行行长南汉宸、副行长胡景澐签发的任命阎达寅为中国人民保险公司秘书室主任的任命书。这是最早进入我视野里的人保早期任命书，给我留下了深刻的印象。

在《中国保险二百年》画册中，可以看见1951年由中国人民银行行长南汉宸、副行长胡景沄签发的任命阎达寅为中国人民保险公司秘书室主任的任命书。这是最早进入我视野里的人保早期任命书，给我留下了深刻的印象。

## 一、寻找从榆次到延安的坐标

山西省榆次县向来以"米面之乡"享誉三晋，久负盛名。榆次区从古至今都是商业集镇。特别是在明清两代，随着资本主义工商业的萌芽，更是得到了前所未有的发展。商号、典当、钱庄、票号遍布全国各地，从而使榆次商帮成为晋商的一支劲旅。正太（即石太）铁路通车后，商业更是空前繁荣，达到鼎盛时期。这里创造了以明理诚信、勤奋节俭、精于管理、勇于开拓为特点的晋商精神，也创造了博大宽厚、兼容并蓄、自强不息的晋商文化。

这里各种晋式民居风格的庄园林立，雕梁画栋，精致恢宏，蔚为壮观。在灰砖的曲廊堡墙环围下，生活殷实的主人在这里燕居、耕读，甚至修身。

1918年，阎达寅（阎燕军）就出生在一座典型的晋商风格的深宅大院中，大门高挂的帷幔，在风中飘荡，预示着不可预测的家业兴衰。

阎达寅的父亲阎崇礼是一位祖传的郎中，一直以行医为生。依仗这里的达生春著名药店，药品丰富，本地有名的中成药如山楂健脾丸、六味地黄丸、黄连上清丸等十分充足，再加上医术高超，使得在方圆故里，享有盛誉。

阎达寅的母亲是父亲的第二任夫人，虽然没有文化，但勤俭持家，夫唱妇随。她有4个孩子，孩子们在恩爱宽容的环境中，几乎都得到了良好的教育。

阎达寅家人合影。

　　阎达寅的哥哥阎建寅，初中毕业后到太原国民师范学习，其间
秘密加入中国共产党的外围组织，1934 年加入共青团，1937 年加入
共产党。从此，拉开了这个家庭戏剧性变化的序幕，在他的带动下，
一家人前仆后继地开始了投奔革命的征程。

　　阎达寅在家读完初中，家境已呈现暗淡，他无力继续读书，便
在乡村小学当了两年教师。1936 年，阎达寅考入当地邮局，成为一
名职员。

　　1937 年，抗日战争爆发。日本的飞机在家乡的屋顶上盘旋，沦
陷近在眼前。阎达寅的父亲坚决不愿当亡国奴，但也无力再给遍体
鳞伤的中原开出什么医治的药方了。他毅然决然抛家舍业，带着夫
人和两个女儿（阎萍、阎颖），一同找到在晋南驻扎的儿子阎建寅
所在的部队，参加革命。

　　他们当时所在部队是抗日青年决死二中队，教官是八路军老五
团的团长钟人仿，他后来成为了阎崇礼大女儿阎萍的丈夫。性格耿

直的老中医阎崇礼毕竟年纪已大，无法成为一名战士，就重操旧业，以随军家属的身份为部队首长和战士看病，终于把家庭医院搬到了抗日战线。

父亲的出走，对阎达寅触动很大，他后来也去了山西赵城找哥哥，由于去得匆忙，他仍然穿着邮局的长大褂，虽然他又回到平遥的邮局，但参加革命的决心已定。思念家人，投奔革命，一同在同一战壕战斗的热望在胸中燃烧。

## 二、从抗大学员到银行的经理

1938 年，阎达寅经过一路艰辛，顺利到达心中一直向往的延安，进入抗日军政大学学习。

1939 年，阎达寅在抗大学习期间加入了中国共产党。

1939 年 12 月，"晋西事变"发生，阎锡山动用晋绥军进攻山西新军及抗日救国同盟军，死伤惨重。阎达寅的父母及小妹妹阎颖一家三人与晋南部队失散，身陷山西灵石、隰县等地的敌占区。直到 1943 年，他们逃出敌占区，来到陕西米脂县解放区，终于找到了大儿子阎建寅和大女儿阎萍。在阎萍及丈夫钟人仿的帮助下，阎达寅的父母及小妹妹阎颖一家三人前往延安，他们本打算投奔在延安的阎达寅，但此时，阎达寅已到了太行山根据地。阎崇礼一家三人便留在中央保健社，为中央机关首长做保健服务工作。阎氏这一家人充满传奇色彩的经历，闪动着一家人心向延安的义举，延安成为他们一家人精神的圣地和生生不息的摇篮，他们一个个光辉的名字构成了阎氏红色族谱。

阎达寅从抗大毕业后在太行山八路军民运部工作，其间当过连队政治指导员。1945 年后，调到晋冀鲁豫边区银行，也就是后来的冀南银行工作。

冀南银行员工合影。

瑞华银行员工合影。

1946 年，为了更好地适应形势发展及加强对敌斗争，迅速恢复遭战争破坏的工农业生产，搞活市场金融，调剂社会资金，解决群众生产中的困难，以促进工农业商业发展，中共晋冀鲁豫中央局指示胡景澐化名胡竹轩，发起募集 5 亿元冀钞，筹建民营性质的瑞华银行。

1946 年 4 月，胡景澐在《新华日报》刊登《瑞华银行募集股金启示》，并由冀南银行出面在长治、晋城、邯郸、邢台、临清、南宫、菏泽、济宁等地同时募集股本。6 月 11 日，瑞华银行在邯郸成立，总经理胡景澐，下设邢台、临清、南宫、长治 4 个分行。

瑞华银行的经营方针是"开放存放款业务，发展汇兑，运用社会游资，扶助工农商业为主"。瑞华银行还经营金银买卖、工商业投资、有价证券买卖、外汇和开办仓库业务，业务经营有存、放、汇三大类。利用仓库存储大量边区军民生产生活所需和支援解放军南下所需的物资。组织大批土特产，如太行山区的桃仁、花椒，冀南、冀鲁豫平原的棉花，以及土布等，卖到北平、天津等地，从敌占区换回大量的黄金和外汇。

瑞华银行培养了一大批银行人才，有的成为中国人保的创始人。除了行长胡景澐外，还有第二任行长孙继武后来成为中国人民保险公司首任副总经理，放贷处主任阎达寅后来成为中国人民保险公司办公室主任。

冀南银行和瑞华银行在中国红色金融史上的地位，是非常重要的。冀南银行是八路军的银行，是抗日根据地的银行，是中国人民银行的前身。瑞华银行是解放区的第一家民营银行，从其诞生到结束，虽然只有短短的三年时间，却在中国经济金融事业的初始阶段进行了探索和试验，在中国金融发展史上留下了精彩的一笔。因此，有人说它是中国金融的"祖庙"，也是中国人民保险公司的"先坛"。

1947 年 11 月，石家庄解放，晋冀鲁豫和晋察冀两解放区连成一片。

1948 年 5 月，冀南银行与晋察冀银行合并，成立华北银行，这便是成立于石家庄的中国人民银行的前身，瑞华银行总行也随之迁往。

在今天的河北省石家庄市中华北大街 55 号，有一幢建筑俗称"小灰楼"。1948 年 12 月 1 日，中国人民银行在此宣告成立，并发行了新中国第一套人民币，从而掀开了具有划时代意义的、中国货币史上的新篇章。南汉宸担任中国人民银行总经理，胡景沄和关学文任副总经理。二楼右手依次为三个人的办公室，因此当时流行一句话："到银行办事，必过南胡关。"其实，在办公室工作的阎达寅才是真正的为行长把门的人。

1949 年 1 月 15 日，天津解放。当时的天津解放北路有 49 家国内外银行，其中 12 家国内银行总部设在这里，有"旧中国华尔街"之称。为了搞好对天津的金融接管，胡景沄亲自率领中国人民银行特别成立的金融接管处赴天津开展工作，孙继武、阎达寅一同前往，参加军管接收工作。

1949 年 2 月，中国人民银行总行已迁入北平。1949 年 10 月 19 日，中央人民政府正式任命南汉宸为中国人民银行行长，胡景沄、关学文为副行长。当时，人民银行的行长办公室就在西交民巷西头的清朝户部银行旧址，阎达寅作为行长秘书，在北京开始了新的生活。

## 三、太行山下的爱情

1946 年，阎达寅和李进方在太行山根据地邯郸的阳邑结婚。

李进方出生于山西省清徐县的一个中农家庭，父母都是农民。她经常在旷野中奔跑，从小养成了泼辣豪爽的性格。

1943 年 10 月，李进方听说大姐夫等一大家子人要通过敌占区去找大姐李从方，不惧危险的她决意要一同前往。

李进方见到解放区的天格外明媚，心怀畅想，似乎在这里开始了新的生活。李进方的大姐在太行山八路军战地医院当院长,李进方在大姐的影响下,一边在医院帮忙,一边开始补习文化,进入邯郸第一完小读书。

此时,在邯郸瑞华银行工作的阎达寅因业务关系,经常和同事到医院,一来二去就认识了李进方的大姐。

李进方的大姐看见妹妹已到谈婚论嫁的年龄,于是便张罗着给妹妹介绍男朋友。似乎当时有三位男士进入了大姐的视野:一个是她们医院的一个大夫;一个是阎达寅的同事,也在银行工作;再一个就是阎达寅。

多年以后,孩子们问母亲李进方,为什么当初选定了阎达寅?李进方说,阎达寅那时条件稍好些,是个科级干部。据说阎达寅的那位同事新中国成立后在中央组织部工作,任了副部长,还经常与阎达寅家有来往。

其实,阎达寅早也注意到了这个活泼的妹妹,她的美貌已深深地植入了阎达寅的内心,他们的爱情变成了水到渠成的好事。

李进方学习毕业后,进入瑞华银行工作,任出纳。从此,开始了与阎达寅步调一致的生涯。

1947年,他们的大女儿在邯郸出生。由于要随部队转移,他们只好将女儿寄养在老乡家,直到新中国成立后,才接回北京。

## 四、拉起中国人民保险的风帆

纵览那个时代的银行、保险创始人的人生轨迹,就可以发现这些先驱者之间的交集和重合,并呈现出线性的脉络。从人生经历上说:大多是商户的后代;投奔革命;投奔红色政权中心;筹建银行;接管金融体系;创建保险。从地理上说:山西(甘肃);延安;太行山;邯郸;石家庄;天津;北京。从单位名称上说:商家;国民军;

阎
达
寅

1958年，中国保险代表团成员阎达寅在莫斯科红场。

20 世纪 50 年，代人保公司工会会员证。

新中国成立初期，人保公司干部的持枪证。

20 世纪 50 年代，《人民日报》为人保公司的作者发送的稿费通知单。

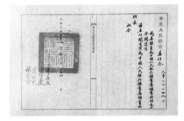

新中国成立前夕，华北人民政府对金融干部的任命书。

新中国成立前夕，晋冀鲁豫边区政府对财经委干部的委任状。

1949 年，人保公司筹建人员的胸章。图为天津市监事管制委员会金融处阎达寅同志的证章。

中国人民保险公司早期营业及办公地点位于天安门广场西侧西交民巷 108 号。图为当时营业部干部合影。

八路军；冀南银行；瑞华银行；中国人民银行；中国人民保险公司。从职务阶梯上说：行长；副行长；总经理；副总经理；办公室主任；秘书。从人物一线传递上说：南汉宸；胡景沄；孙继武；阎达寅。

1949 年 9 月 25 日至 10 月 6 日，由中国人民银行总行组织的第一次全国保险工作会议在北京召开。在这次会议合影的老照片中，阎达寅坐在前排右起第四位。在当年人保的工资表中，可以见到阎达寅的职务是秘书室主任，在公司排名第六位，工资是第三档，小米 720 斤。

应该说阎达寅是从延安抗大起就追随孙继武，随之瑞华银行、天津金融接管、人民银行入驻北京，再到保险公司创建一路下来的，成为孙继武的亲密战友、忠诚的秘书。

在保险公司开创初期，各种文件、汇报如山。在西交民巷办公楼里，人们可以见到阎达寅伏案工作、奋笔疾书的身影，作为秘书室主任的他撰写了大量报告、讲稿，在公文纸上新写出的墨水字迹，常常被他额头掉下的汗水所冲淡。

阎达寅先后参与撰写了胡景沄总经理 1950 年 9 月 7 日在第二

次全国保险会议上的报告《八个月来保险工作基本总结及今后的工作方向》，吴波总经理 1952 年 10 月 20 日在总公司成立三周年纪念会上的报告《三年来人民保险事业的成就》，孙继武副总经理 1952 年 7 月 10 日在人保直属分公司经理汇报会议上的报告《为贯彻一九五二年全年方针，争取超额完成计划，降低业务成本，准备进入长期建设而努力》，中央财政部副部长王绍鏊 1952 年 12 月 8 日在总公司农业保险工作汇报会议上的报告《保障农业生产安全促进农业生产发展》等。阎达寅还为《人民保险》杂志撰写了大量稿件。

1950 年，中国人保依据苏联办保险的经验，向中央人民政府提出强制保险的建议。1951 年 2 月，中央人民政府政务院作出了《关于实行国家机关、国营企业、合作社财产强制保险及旅客强制保险的决定》。同年 4 月，中央财经委核定批准了中国人保拟定的 6 种强制保险条例，各地分支机构迅速行动起来，积极开展承保工作。

此时宣传和思想发动工作显得十分重要，保险公司通过各种渠道和方式向全社会宣传解释强制保险的意义和具体规定。作为保险公司的第一支笔杆子，阎达寅积极撰写宣传材料，联系渠道发表。1951 年 2 月 13 日，《人民日报》发表《必须实行强制保险》的社论，对强制保险推广进行了舆论主导。这篇社论就是主要由阎达寅亲自撰写的初稿。这也是中国人保第一次在《人民日报》上发表社论，可见当时人保公司宣传力度之大。20 世纪 80 年代以后，人保公司依然延续了在党报宣传的传统，只是再发表社论就不容易了，而且一些软文也要收费了。

1951 年，阎达寅与周作民、谢寿天、林震峰、孙文敏、丁雪农、顾濂溪一起成为公私合营的太平保险公司的常务董事。

1956 年，阎达寅赴苏联学习考察。就在这次访问中，带回了一本莫特廖夫著的《苏联国家保险》一书，中国人民保险公司总公司领导决定以《苏联国家保险》作为总公司和中国保险公司总管理处

20 世纪 50 年代，《人民日报》发表的有关保险工作的报道。

全体工作人员的业务学习材料，从 1954 年 2 月 8 日起开始学习。办公室主任阎达寅立刻组织公司懂俄语的人将书译成中文，由经济出版社出版，公司人手一册，在内部组织学习和辅导报告。人保前任总经理秦道夫在自己的回忆录中说："这本书是我踏进保险业大门的第一本保险专业书，对我的影响很深。"

　　就在我写作这篇文章时，阎达寅的儿子阎建平发给我一张他珍藏的父亲等人与毛泽东的合影照片，说时间地点都不知晓。我发现照片中的古建柱子上有"花照耀菖蒲"字迹，便上网查，原是清代著名书法家李文田题写的中南海丰泽园颐年堂的对联："榴花照耀菖蒲岸竹影扶疏翡翠亭。"原来是 20 世纪 50 年代初毛泽东在自己住地接见阎达寅等人。这应是至今发现的毛泽东与人保员工最早的合影照片，无比珍贵。

1954 年 1 月，阎达寅的夫人李进方也调到人保公司机要科工作。当时机要科就两个人，另一人是打字员。当时是保险公司初创时期，各地纷纷成立分公司。她们每天都要印制很多通知、文件，并寄送到各地分公司。

阎达寅后来成为人保公司办公室主任，并先后兼任中央财政干校教研室主任、清华大学保险专修科主任、中央财政金融学院财政教研室主任，成为保险业内著名的专家学者。

1958 年，保险公司停办国内业务，阎达寅依依不舍地离开了保险公司，到《大公报》北京分社工作。

1958 年，阎达寅的夫人李进方下放到河北永宁县李沟劳动，1959 年调入北京市工业品进出口公司从事劳资人事工作，直到 1984 年离休。

## 五、用学者风范画上人生的句号

1960 年，阎达寅担任财政出版社图书编辑部主任、副社长。阎达寅在"文革"中受到冲击。

20 世纪 70 年代之后，阎达寅先后任中国财政经济出版社党组成员、副社长；北京市人民出版社领导小组成员，总编辑；中国社会科学出版社副总编辑。

1984 年，阎达寅离休后，仍然发挥余热，组织一些老同志编写有关编辑出版工作的图书，并应聘为中国展望出版社理事，中国市场出版公司、中国展望出版社展望丛书特约主编、编审，北京大学出版社特约编审等，并亲自参加筹建、恢复、组建中国财政出版社、北京人民出版社、中国社会科学出版社，为出版事业的发展作出了贡献。

2002 年 2 月 13 日，阎达寅因病去世，享年 84 岁。在中国社会科学出版社为阎达寅撰写的悼词中对其评价到："阎达寅工作任劳任怨，兢兢业业，作风严谨，为人正派，团结同志，待人热情。"

阎达寅的儿子阎建平向我介绍，阎达寅为人随和，从不会为自己主动去争取什么。他生活朴素，给人印象最深的是他那件呢子大衣和礼帽，还是当年出国由国家给配置的。阎达寅是一位慈父，他家在府前胡同居住时，赶上国庆节放礼花，他还带着孩子在街上捡礼花头给孩子放。六一儿童节时，他开玩笑似地要和孩子各出一半钱买礼物。

1999 年，编辑《人保 50 周年纪念画册》时，我骑车到阎达寅在永安路的住地拜访。阎达寅清瘦儒雅的风范给我留下了深刻的印象，他无私地给我提供了他早年的工作证、持枪证、军官的胸章、日记、甚至当年给《人民日报》投稿的稿费通知单等珍贵的史料，这些材料曾被公司历年各种画册反复使用。正是在这种传承中，阎达寅的生命意义得以永存。

# 赵济年

天真倔强的老人——记中国人民保险公司秘书室第一任秘书

赵济年是中国保险业著名的『老保险』，是保险系统的元老级人物。他还有一个著名的称号，就是北岛的父亲。而且，他的弟弟赵延年还是中国著名的版画家。

赵济年是中国保险业著名的"老保险"，是保险系统的元老级人物。他还有一个著名的称号，就是北岛的父亲。而且，他的弟弟赵延年还是中国著名的版画家。

## 一、赵家祖传的一根反骨

湖州盛产的湖笔，是中国"文房四宝"之一。或许是环境使然，使得赵济年的身上一直留有中国南方知识分子的典型形象，清秀和聪慧中又透着几分木讷。

其实，赵济年祖上也是名门之后。据北岛在其怀念父亲的散文《给父亲》中记述："1974年夏天，父亲买来中华书局刚出版的繁体字版《清史稿》，共48卷，书架放不下，就摞在他床边地上。我发现他总在翻看同一卷，原来其中有不少我们祖上的记载。"

康熙年间，赵家第27代赵承恒由原籍安徽徽州休宁县迁至浙江归安县（现湖州一部分）。赵家祖宅清澜堂坐落在湖州竹安巷，最早的主人赵炳言官至湖南巡抚、刑部右侍郎。三子赵景贤早年师从俞樾的父亲俞鸿渐，乡试与俞樾同榜考中举人。按俞樾的说法，"自幼倜傥，虽翩翩公子，而有侠丈夫风，呼卢纵饮，意气浩然"。后捐巨款买官封为知府，但并未上任。

太平军兴起，赵景贤在湖州组织民团操练，并用青铜包住西城门（湖州至今沿称青铜门和青铜桥）。1860年2月，李秀成大军逼近湖州。赵景贤固守湖州两年多。这是清史上著名的湖州保卫战。清政府为保存将才，另有委任，令他"轻装就任"，但他决心死守，与城同在，最终弹尽粮绝，1862年5月城破被俘。

据《清史稿》记载："景贤冠带见贼，曰：'速杀我，勿伤百姓。'贼首谭绍洸曰：'亦不杀汝。'拔刀自刎，为所夺，执至苏州，诱胁百端，皆不屈。羁之逾半载，李秀成必欲降之，致书相劝……秀

赵家祖宅清澜堂坐落在湖州竹安巷。

成赴江北，戒绍洸勿杀。景贤计欲伺隙手刃秀成，秀成去，日惟危坐饮酒。二年三月，绍洸闻太仓败贼言景贤通官军，将袭苏州，召诘之，景贤谩骂，为枪击而殒。"

　　湖州城破，赵家死的死，逃的逃。长子赵深彦在湖南闻此噩耗，饮毒酒自杀，年仅 12 岁。咸丰皇帝得悉赵景贤死讯，下诏称其"劲节孤忠，可嘉可掬"，按高规格予以抚恤，在湖州专立祠堂，并关照国史馆立传。

　　多年后，俞樾成了一代经学大师。一天，他在苏州曲园家中沉坐，有人求见，来者正是赵景贤的孙子赵鈜。他拿来祖父遗墨，包括湖州告急时让人带出的密信。俞樾展读赵景贤的几首五言律诗，长叹不已，其中有李鸿章在奏折中引用的名句："乱刃交挥处，危冠独坐时。"可见，北岛的写诗也是家传。

　　次子赵滨彦，也就是北岛的曾祖父，因父殉职而被封官，深得湖广总督张之洞信任，主管广东制造局，后张之洞调任两江总督，他任上海制造局督办及两淮盐运使和广东按察使等职。由于国乱并与上司不和，他以年老多病辞职，在苏州定居。数月后，武昌起义爆发，在推翻大清帝国的革命功臣中，居然还有北岛的外公孙海霞。一家人的渊源如此之深。

赵家曾富甲一方，妻妾成群，支脉横生。俗话说，富不过三代，到北岛爷爷赵之骝那辈就败落了，靠典卖字画古董度日。

轮到北岛父亲赵济年，恐怕连辉煌的影儿都没见过。他四五岁时母亲病故，12岁那年父亲辞世，成为孤儿。赵济年有两个哥哥，一个弟弟和一个妹妹，不得不由舅舅收养。赵济年不得不中辍学业，从15岁起就出来闯荡，靠抄写文书糊口，还要帮助抚养弟弟妹妹。因此，赵济年写得一笔好字。

赶上兵荒马乱，赵济年被卷在逃难的人流中，走遍中国大半个南方。在桂林时，有一天日本飞机俯冲扫射，他慌张中撑起雨伞挡子弹。那年头命不值钱，周围的人一个个倒下，他却奇迹般活下来。边打工边自学，他终于考进重庆中央信托局。

## 二、重庆珊瑚坝机场的邂逅姻缘

赵济年的夫人孙美丽，出生在一个有基督教文化背景的家庭，是浙江绍兴人。她的父亲是辛亥革命的著名人物，曾做过重庆电报公司的局长，孙美丽当时在上海护校上学。

当时因为抗战，孙美丽的父母已分开七八年了。抗战胜利后的1946年，她陪母亲乘飞机到重庆看望父亲。在重庆珊瑚坝机场下飞机后，想在机场电话亭打电话给父亲，但不知如何拨通，无意中发现一个年轻英俊的小伙子也正在打电话，她妈妈让她上前请教。这个小伙子便是赵济年，此时，他在调往北京工作的途中。赵济年本

赵济年夫妇新婚照片。

赵济年全家合影，后排中为北岛。

赵
济
年

是一个热心人，面对前来请教的又是一个年轻美貌、极有教养的小姐，而且还是老乡，小伙子自然会热心相助，两人一见钟情。

赵济年帮助打完电话，有心计地记下了孙美丽父亲的电话号码，借故打过电话去，接上了联系。接下来之后便是鸿雁传书，两地相思。后来赵济年来上海求婚，黄浦江见证了他们的百年之好。赵济年年轻时英俊潇洒，兴趣广泛，他喜欢摄影、音乐，还爱打乒乓球。而夫人的美丽沉静，雍容大方，也使赵济年怦然心动。他们婚恋的罗曼史，在上海曾一时传为佳话。

"文革"期间，赵济年夫妇带着小女儿姗姗去了人民银行位于湖北的"五七"干校。女儿姗姗为了救一个落水的小孩，献出了自己的生命。此后赵济年陪伴着夫人孙美丽走过了那段极为悲痛的日子，或许是这让人绝望和紧张的岁月，使得赵济年的家庭也出现了不和谐的声音。

据北岛讲述："那场风暴紧跟着也钻进我们家门缝儿——父母开始经常吵架，似乎只有如此，才能释放某种超负荷的压力。转眼间，父亲似乎获得了风暴的性格，满脸狰狞，丧心病狂，整个人都变了。我坚定地站在母亲一边，因为她是弱者。"

就像中国所有的家庭一样，矛盾的起因都是鸡毛蒜皮的小事，要说也并非都是赵济年的错。比如他喜欢买书，有一次买来城砖般的俄汉大词典，他正学俄文，买本词典本无可厚非，但那词典定价12.9元，是北岛当时见过最贵的书，对五口之家的主妇来说还是有点难以接受。那是家庭政治中最晦暗的部分，负责操持家庭的夫人肯定是不高兴的。

人有时就是怪，在北岛及他母亲已原谅爱发脾气的赵济年时，老年的赵济年却再也不会发脾气了。进入晚年，夫人腿摔断了，赵济年亲自蹬着三轮车一趟一趟地送她去医院治疗。而在赵济年临终前的那段时光，夫人又总是亲自做点可口的饭菜，送到赵济年的病床前，用关爱缓解赵济年的病痛。赵济年很喜欢玩电脑，他用电脑写了不少日记，夫人一直都好好地保存着，并要帮丈夫整理出来。

那时，我有时去看望北岛的母亲，阿姨在谈起赵老时，她总是能够非常平和，对赵济年充满理解。阿姨十分坚强，在赵老去世后多年，一人坚守淡定的生活。面对日渐消瘦的她，总让我感觉，她身上那失缺的不是脂肪，而是一生的泪水。如今，他们两人已在天堂团聚，令人缅怀。

## 三、在冰心身边工作的尴尬

北京解放前夕，赵济年利用工作职权，协助身为上海地下党的堂哥收集全城粮食储备等情报。一天晚上，国民党宪兵挨家挨户搜查，由于顶撞宪兵队长，他被抓去关了一夜。"那时母亲已怀上我。"后来说起，赵济年幸福地说，他在昏暗的牢房里彻夜未眠，盼着一个孩子和新中国的诞生。可见，赵济年的政治觉悟是很偏向的。

据北岛讲述，1957年夏秋之交，赵济年调到中国民主促进会（以下简称民进），担任中央宣传部副部长，那完全是虚职。谢冰心在民进中央挂名当宣传部长，凡事不闻不问，赵济年身为副部长，定期向她汇报工作。这本是官僚程序，而他却另有使命，那就是把与谢冰心的谈话内容记录下来交给组织。赵济年每隔两三周登门拜访一次，电话先约好，一般在下午，饮茶清谈。回家后根据记忆整理，写成报告。

让北岛好奇的是，赵济年能得到什么真心实话吗？赵济年曾对北岛摇摇头说，谢冰心可不像她早期作品那么单纯，正如其名所示，心已成冰。每次聊天都步步为营，滴水不漏。只有一次，她对赵济年说了大实话："我们这些人，一赶上风吹草动，就像蜗牛那样先把触角伸出来。"看来她心知肚明，试图通过赵济年向组织带话——

别费这份心思了。

这个有如电影情节的镜头不能不让人触目惊心，让我想起了前些时候张诒和暴露的有关黄苗子告密、冯亦代卧底的相关话题。章诒和先生一篇《卧底》，中国文坛仿佛起爆了重磅炸弹。冲击波鼓荡开来，又戳伤了多少敏感的神经。冯亦代、黄苗子这些大家，在众人眼里，一直是光芒四射的文化名人。他们著作等身，文化学术的贡献光辉耀眼。就是说做人，谁曾经怀疑过他们的作为？一个"卧底"，揭示了他们形象的另一面。原来多年了，他们一直领命监视民主党派的诸位要人。这一代知识分子的两张面孔，双重人格，卧底事件创造了当代最为刺目的纪录。

据赵济年回忆说，中国大多数知识分子是主动接受"思想改造"的，基本形式有两种：一是小组学习；二是私下谈心。像谢冰心这样的人物，自然是"思想改造"的重点对象之一，把私下谈心的内容向组织汇报，在当时几乎是天经地义的。

首先要感谢北岛在此大度地写出历史真相，更要感谢北岛的父亲在病重期间向北岛交代此事。这是一根针，拔掉了才可以看见在不堪回首的那个年代的疤痕，提醒我们这一切都不应忘却。

与赵济年的角色相反，那年的签名，北岛又一次把谢冰心卷进一个巨大的旋涡中。环环相扣，谁又能说清这世上的因果链条呢？父子两代人与谢冰心老人结下的恩怨，正是一种历史的轮回？

## 四、帮助对右派俞彪文的平反

20 世纪 50 年代，赵济年一家住在月坛北小街的保险公司宿舍，他和公司办公室的俞彪文一家合住四室的单元，每家各两间房间，共用厨房和厕所。那年夏天，俞彪文被划成右派，跳楼自杀。

俞彪文（1926—1957），毕业于上海沪江大学国际贸易系，在上海国民政府资源委员会中央信托局从事保险业；因从小受其父俞颂华的影响，崇尚民主进步，积极参与社会活动；1949 年拒绝随国民政府去台湾，受中共指派前往北京，参加开国大典，参与创建中国人民保险总公司并任办公室副主任、中国民主促进会财政部支委负责人；参与我国保险政策和各项业务规章的制定，组织历次全国保险工作会议。俞彪文为人坦诚，工作勤奋，政绩卓著，曾受到时任财政部长李先念等领导和同事们的好评。1956 年以后，保险业在我国被一些人认为是资本主义的产物，社会主义不需要保险，致使业务发展时起时落。1957 年，俞彪文响应党的整风号召，提出改进保险工作的意见：保险公司现在处在危险状态。新中国成立以来，保险公司的领导只满足于一些方针政策性的问题和一些理论问题的探讨，对当前的实际业务工作不够重视。1953 年以前，保险公司的业务工作方法都是旧社会的一套。"三反"以后，这一套全盘被否定了，对苏联的一些先进经验的学习又采取了教条主义的态度。农业合作化以后，公司里许多人对在社会主义国家里是否还需要保险的问题发生了动摇。在这个问题上也有着各种不同的看法，所以使公司的业务工作在执行中也产生了各种意见和矛盾，对工作的影响很大。他认为，在社会主义国家里是否还需要保险的问题是一个值得探讨的问题，但是，绝不能因此影响到当前的实际业务工作。在保险公司里，党群关系长期以来是不太协调的，党员对一些"老保险"专业人员有讽刺和不尊重的现象。

俞彪文的发言，切实而中肯，即使在当年也根本就没有任何错误。但最终，俞彪文被打成"反党反社会主义右派分子"。同年 7 月 22 日，不忍屈辱，含冤去世，终年 31 岁。俞彪文去世后，北岛记忆深刻的是他在北京市保险公司工作的遗孀郑珍经独自带两个男孩，凄凄惨惨戚戚。后来一家人搬回到上海，投奔祖母钱梅先。

1979 年，中国人民保险复业。俞彪文的遗孀郑珍经携子俞梅荪多次上访，找到时任国内业务处处长的赵济年，请求帮助。赵济年两次带他们去求见时任公司副总经理的林震峰。几经争执与周折，在赵济年等人的抗争下，终于在俞彪文的结论中写下了"含冤去世，平反昭雪"，由财政部和中国人民银行总行在八宝山革命公墓举行追悼大会，全国政协副主席胡愈之、财政部副部长戎子和、中国民主促进会副主席徐伯昕等数百人到会。此举成为突破中共中央对右派分子只"改正"而"不平反"的一个先例。

## 五、半个世纪的保险生涯

当我遇见一些曾在赵老身边工作过的同志时，询问起有关赵济年生前的印象，他们的介绍大多是概念性的，没有什么"生动"的故事。似乎赵济年给人留下的印象是工作勤奋、做事认真，并且在平日里，是位一般不苟言笑、表情严肃的人。

赵济年 1949 年前便在上海参加了金融系统地下党组织的革命工作，参与筹建中国人民保险公司。新中国成立后，赵济年先在人民银行总行工作，1952 年回到中国人民保险公司，赵济年是新中国保险业创始人之一。

在那张著名的 1949 年中国人保第一次工作会议的合影中，可以找到赵济年的身影。前年，北岛的夫人甘琦在参观人保万春园陈列室时，还特意翻拍了这张照片，发给北岛。

在新中国成立后填写工作履历表时，赵济年为了和旧社会划清界限，在填写有关参加革命工作时间的栏目上，写下了 1949 年 10 月 1 日，以示革命。由于这一念之差，以致赵济年退休后，一直没有享受"离休"的待遇。前年，北岛在办理父亲住房的遗产时，住房面积超标，要交一大笔过户费。我帮助北岛找到人保财险人力部，找到了公司后来追加给赵济年的局级待遇的证明，才符合了房屋面积要求。

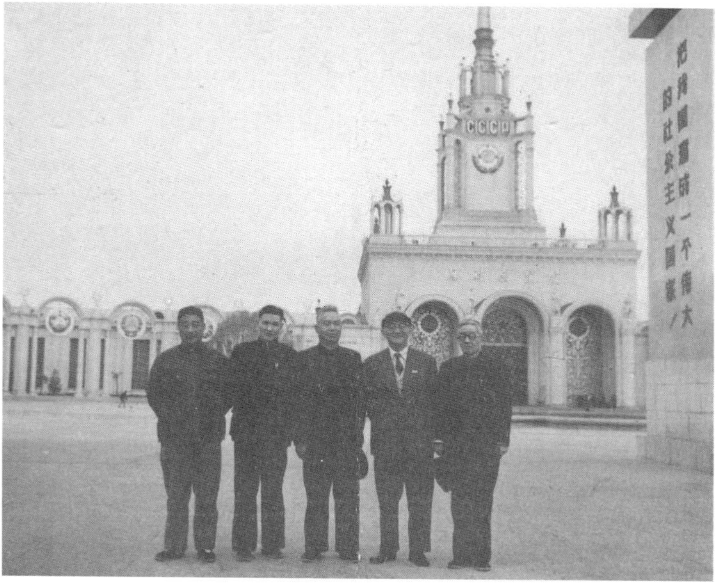

20世纪50年代中国人民保险公司总部员工合影。

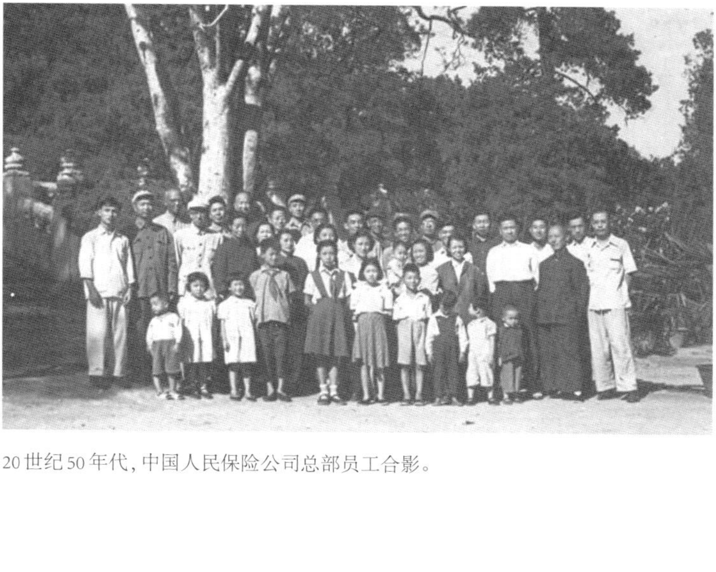

20世纪50年代，中国人民保险公司总部员工合影。

北京西交巷民 20 世纪 60 年代的街景。

20世纪80年代，赵济年（左二）与总公司人员出差。

在20世纪50年代时，保险业百废待兴。赵济年凭借在上海滩的保险专业经历，为中国人保保险业务各种条款的设计和实施付出了艰辛的努力。赵济年拥有工作热情，也有为人处世的耿直。我听孙美丽亲自讲过一件事，50年代，赵济年的领导出国，回来让他负责写出国调查报告。赵济年一口回绝："你出国，我又没出国，凭什么我替你写呀！"

20世纪70年代末，人保公司恢复国内业务时，赵济年从民进调回公司，任国内业务处主持工作的副处长，凭借他早年创办保险的经历，他招集许多"老保险"又回到了人保公司，其中，叶奕德、林增余、楼茂庆等人便是被他动员来的。那时人保公司百废待兴，他的工作非常繁重。他招集保险知名人士举行南北两次座谈会，制定保险条款，组织年轻的同志到上海等地实习，熟悉业务。并为1979年恢复国内保险业务后召开的第一次全国总经理会议做了大量的准备工作。北岛记得那时父亲"整天飞来飞去，开会调研，忙得不亦乐乎。"

赵济年由于自己文字水平非常高，所以要求手下的人书写报告也非常严格。据现已退休的徐福林介绍，当初他刚参加保险工作，那时还没有电脑打字一说，赵济年看见他写的字不行，便让他抄写元代宋濂的《送东阳马生序》练字，并且让他一下抄写了多遍，让人觉得赵济年简直就像一个老账房先生。

赵济年是 2003 年春天去世的，享年 82 岁。那年春天，北京正闹"非典"，但在赵老的遗体告别仪式上，仍来了许多人，包括人保公司前任总经理秦道夫。

2017 年春节，中国保险学会特地向北岛发放了慰问信和礼物，感谢赵济年作为中国保险业的创建者所作出的贡献，高度肯定了赵济年在中国保险史上的地位。

## 六、双重性格的点点滴滴

北岛早年和父亲关系一直很紧张。北岛成为朦胧诗的领袖以后，父子的冲突愈加升级。这些时代先锋，当时一个一个衣冠不整，须发长乱。赵济年多次拒绝《今天》杂志的编辑们进门。诗友给北岛临了一幅表现主义的油画，挂在床铺上方，赵济年终于爆发，咆哮着命令北岛把油画取下。北岛不肯，父亲一把从墙上扯下，撕成两半。数次争吵，都以北岛出走结束。

可以看出，赵济年对北岛的指责，不尽是家庭伦理冲突，其中更多的是不同的政治生活造就的文化性格。一个守旧服从，在旧有的社会秩序里生活习惯了的老人，遇上了一个青年一代的叛逆领袖，老一代的生活方式完全被颠覆，他当然要习惯性地保护早已获得的安全感。

赵济年晚年在国外。

一直到 1990 年赵济年退休，这父子二人依然互相看不惯，闹别扭，当然不争吵了，但冷战并未休止。最后到了晚年，父亲似乎才更加看明白了世界，也更加理解了北岛。特别是作为诺贝尔文学奖多次候选人的北岛，父亲也给予了承认。在病危时期，已经说不出话来的赵济年，大哭着抱住北岛，喊出了"我爱你"的呼声，这种情节可以感动所有的人。北岛的震撼当然也是我们的震撼，谁相信一个软弱的人会承担如此心灵重负。

正如北岛所描写的那样，赵济年性格非常固执，但又特喜欢新东西，从 20 世纪 50 年代的电子管双波段收音机，到 70 年代的电视机，到 80 年代的双声道音响，90 年代的电脑，赵济年都曾鼓捣过。甚至在病重期间，我还看到老人使用过刚出来没多久的手机，难怪北岛说父亲是一个技术至上的人。

其实，赵济年时常也像一个天真的孩子，有着不同的颜色。有

　　两件事给我留下深刻的印象。在赵济年病重期间，我带女儿高山流水到医院探视，赵济年的心情非常暗淡。女儿对他说："爷爷，你要有信心，会好起来的。"赵济年听后，精神一下好了许多，并说"孩子的话是真心的"，还马上拿出巧克力给女儿吃。

　　赵济年住院期间，想起一位公司领导和他同是浙江老乡，当年出差时，在浙江曾见过几次面。赵济年总希望再见上领导一面，由此，也可见赵济年的一片单纯。

　　受病痛折磨的赵济年，身体日渐衰弱，幽默感却日渐增长，而且这种幽默感经常伴着儿童式的撒娇和老人式的机智，甚至有时玩笑开得有些生硬。一次有位护士给他病房开窗户通风，赵济年便说："是不是要把我扔到外边呀？"吓坏了小护士。一次服务生为他倒的洗脚水有点烫，他便说："你是不是想烫死我呀？"有时朋友给他带点水果，吃不了的他都藏在床头小柜里，交给阿姨带回家吃。

　　生命是真实的，更是可爱的。赵济年或许不会领会到自己一生的"荒谬"，但他在生命的最后一刻，不想把沉甸甸的记忆带到另一个世界去，他想要轻松，再轻松的感觉，甚至要比北岛的诗句还要轻松。

俞彪文

比晚霞更惨烈的人生——记中国人民保险公司财产保险科第一任副科长

1949年，中国人民银行在北京主持召开了第一次全国保险工作会议。留存的那次会议的合影，成为了中国人保成立的标志性图片。在那张合影中，最后一排右起第五位先生，个子不高，戴着眼镜，一脸斯文，他就是俞彪文。

1949 年 9 月 25 日至 10 月 6 日，为筹建中国人民保险公司，中国人民银行在北京召开了第一次全国保险工作会议。留存的那次会议的合影，成为了中国人保成立的标志性图片。照片中的每一个人，作为中国人保的创业者，而被载入史册。在那张合影中，最后一排右起第五位先生，个子不高，穿着西装，打着领带，戴着眼镜，一脸斯文。他是合影中少有的年轻人，他就是俞彪文。

## 一、名门望族的传承

太仓自古为底蕴丰富的文化之乡，元代时期漕运开通，刘家港成为"天下第一码头"。"漕运文化"促进了"娄东文化"的发展，被誉为"百戏之祖"的昆曲和优美动听的江南丝竹源自太仓一带。明清园林之盛，有"太仓园林甲东南"之誉。太仓建州后学堂、书院盛极一时，民间读书成风。张溥兴社，王世贞兴文，吴伟业兴诗，陆世仪兴学，"四王"（王时敏、王鉴、王翚、王原祁）兴画，使太仓文化闻名于世。

太仓自古也是军事重镇。汉代及三国时期吴国在此建仓屯粮，1367 年朱元璋设置太仓卫，1379 年（洪武十二年）增设镇海卫，也是郑和七下西洋的起航地。史载：1553 年，倭寇"连舰数百，蔽海而至"，数万倭寇在上海县、镇 5 次洗劫，烧杀抢劫，一次比一次惨烈。上海县署有一半街市为火所焚几成焦土，劫后余生的百姓流离失所。

明世宗朱厚熜调总兵俞大猷率俞家军奋勇杀敌，征战七年，沪海和江浙的倭患终于渐渐平息。俞大猷的住家院落，在太仓城西北角的镇海卫南侧武陵街，俞家后人世代居住。2003 年按原样修旧复旧地搬迁到太仓弇山园内，成为园林大院里的一景。

俞大猷的后裔在太仓属名门望族，人才辈出。俞棣云为清末秀才，曾任上海电报局总办，后为电报学堂总办，是我国电报事业的先驱之一。

俞棣云次子俞颂华曾留学日本，后长期从事新闻工作，曾与瞿秋白等赴苏联采访，是我国少数见到过列宁、托洛茨基、莫洛托夫等苏联领袖的新闻工作者。他还曾赴延安采访过毛泽东、朱德、周恩来等，采写了大量有历史价值的新闻报道，是我国早期新闻界杰出的代表之一，被黄炎培誉为"新闻界的释迦牟尼"。

1926 年，俞颂华的儿子俞彪文出生。俞颂华虽然身为著名报人，但家境并不宽裕，属于"宁要书本，不要田地"之人。俞彪文从小苦于读书，随在《星洲日报》任主笔的父亲在新加坡居住，曾在当地中学知识竞赛中获全校第一名。抗日战争期间，俞彪文随父亲颠沛流离，在重庆和上海勤工俭学，分别毕业于上海沪江大学商学院国际贸易学系和东吴大学法学院。

## 二、红色的保险生涯

1946 年，俞彪文大学毕业后，通过钱币司司长戴明理推荐，到国民政府资源委员会的中央信托局产物保险处任办事员，从此开始保险生涯。由于俞彪文扎实的专业学识和敬业的精神，很快成为保险业务骨干。

俞彪文从小受俞颂华的影响，崇尚民主进步，积极参与社会活动。他曾随父亲应周恩来之邀，到重庆曾家岩中共办事处做客。俞彪文热心关注革命，逐步树立了对共产党的认同。

1949 年初，国民政府迁往台湾，中央信托局总局随行。俞彪文拒绝一同前往，坚持留在上海，迎接解放。5 月，上海军管会接管金融业，俞彪文开始投入新中国保险业的转制工作。9 月，俞彪文受中国人民银行总行调遣，与上海保险业一大批专家一同前往北京，参加筹建中国人民保险总公司工作。

1949 年 9 月 25 日至 10 月 6 日，为筹建中国人民保险公司，中

20 世纪 50 年代，俞彪文与人保公司员工合影。

国人民银行在北京主持召开了第一次全国保险工作会议。参加会议的有参与筹建的总部人员、人民银行总行各处代表，还有华东、华中、东北、西北、西南、京、津等保险分公司人员。俞彪文作为创业者，参加了会议。

　　1949 年 10 月 1 日，俞彪文与人保公司的同志一起从位于西交民巷的办公室步行到天安门广场，出席了开国大典。似乎一切都是新的，俞彪文也以崭新的姿态，开始了在北京的新生活。

# 三、人民保险的拓荒者

1949 年，那是保险事业百废待兴时期，俞彪文积极参加中国人民保险总公司的筹备工作，历任国内业务处火险科长、秘书处秘书、办公室副主任等职。俞彪文协助主任阎达寅，全身心地投入办公室工作中。他高涨的热情如飘扬的旗帜一般，令人鼓舞。俞彪文经常加班加点地在灯下翻译国外保险资料，参与制定相关国家保险政策，撰写各项保险业务规章条例，组织历次全国保险工作会议，并撰写总经理的工作报告。俞彪文为人坦诚，工作勤奋，成绩卓著，曾受到时任财政部部长李先念等领导和同事们的好评。

在中国人民保险初创时期，俞彪文就非常注重公司的标识设计和推广，他请公司善写隶书的财险处处长薛志章书写了公司标准字，并请专家设计了司徽。在新中国早期的国营企业中，同时拥有公司的标准字和司徽是很少见的。俞彪文将公司的标识很快应用到公司保险单上，为保证质量，安排在印刷技术好的上海印制，并亲自到上海坐镇监制，运回一个火车皮的保险单，发给全国各地保险公司使用。

《人民保险》杂志创刊后，俞彪文既是编者又是作者，亲自撰写许多保险理论和务实的文章，指导基层开展业务。

# 四、让爱情来得更加纯粹

1951 年，在组织全国保险会议期间，俞彪文认识了北京分公司的一位叫郑珍的女同志。郑珍是温州人，也是出身于书香门第，毕业于重庆大学商学院保险学专业，是马寅初的学生。人保成立后，急需保险专业的人才，她见到报纸上的广告，就报考了。

据当时公司人事处的工作人员秦道夫回忆："当时公司还登报

俞彪文与夫人合影。

俞彪文与夫人合影。

招收有保险经验的人才，在我的办公桌上经常堆满了来自各地、用挂号信邮来的各种毕业证和就职证。这些证明文件上都印有国民党时期的国旗。我们这些从解放区来的干部，特别是跟国民党军队打过仗的干部，看到这类证书感到特别不顺眼。现在回想起来，那就是一个时代。一个时代结束了，它的印记还会存在。"或许秦道夫当时还过眼过郑珍的毕业证呢。

俞彪文敬佩郑珍的人品，也迷恋于她的美貌。在会议期间相互接触的几天里，两人眉目传情，心有灵犀，产生了感情。

郑珍看着很年轻，但她比俞彪文大六岁，这在那个时代毕竟是少见的。俞彪文的母亲极力反对这桩婚事，但俞彪文坚持自己的选择，因为他相信，爱情就是这个时代最清新的自由。看着他俩留存的那个时期的合影照片，充满温馨和爱意，真让人羡慕，怎么也不会想到最终的结局是那样惨淡，不禁唏嘘。

其实，俞彪文从小就喜欢接触比他大、比他成熟的朋友，这或许是他从小形成的内心脆弱的原因。

## 五、惨烈的人生结局

中国人民保险公司成立以后，一直有人存有偏见，认为保险是资本主义的产物，社会主义不需要保险业，致使那时保险业务发展出现时起时落的反复。

1957年春，俞彪文到上海出差，回到江苏路480弄76号母亲家中，与姐姐俞湘文彻夜长谈保险业存在的问题，姐姐是《新闻日报》记者，充满着理想主义，她鼓励俞彪文积极参加整风运动，提出改进工作的意见。回京后，俞彪文响应党的整风号召，积极提出改进保险工作的意见。

1957年5月19日《人民日报》第二版发表题为《像在家里谈心

20 世纪 50 年代，人保员工在办公楼前合影。

一样——财政部党组邀请民主党派人士座谈》的报道："中共财政部党委于 18 日召开座谈会，财政部副部长胡立教说，整风的目的是改进工作，希望大家对中共党组织的缺点提出批评，要做到'知无不言，言无不尽'，这个会议就像开家庭会议一样。"专题发言《俞彪文说：保险公司现在处在危险状态》如下："民主促进会财政部支部副主任委员俞彪文说，保险公司现在处在危险状态。新中国成立以来，保险公司的领导只满足于一些方针政策性的问题和一些理论问题的探讨，对当前的实际业务工作不够重视。1953 年以前，保险公司的业务工作方法都是旧社会的一套。'三反'以后，这一套

俞彪文与人保员工家属及其孩子们游玩时合影。

全盘被否定了，对苏联的一些先进经验的学习又采取了教条主义的态度。农业合作化以后，公司里许多人对在社会主义国家里是否还需要保险的问题发生了动摇。在这个问题上也有着各种不同的看法，所以使公司的业务工作上在执行中也产生了各种意见和矛盾，对工作的影响很大。我认为，在社会主义国家里是否还需要保险的问题是一个值得探讨的问题，但是，绝不能因此影响当前的实际业务工作。在保险公司里，党群关系长期以来是不太协调的，党员对一些'老保险'专业人员有讽刺和不尊重的现象。"

俞彪文的发言切中时弊，说出了许多老保险想说而又不敢说的心里话，受到广泛好评。

1957年6月8日人民日报社论《这是为什么》，把响应党的号召而建言献策，诬为"反党反社会主义"而上纲上线。俞彪文在5月18日的发言成了罪证，受到全面围攻和批判。7月19日下午，保险公司召开大会，批判俞彪文。俞彪文想到当年辛辛苦苦到上海监制并运回一个火车皮的保险单，在前年的"三反""五反"运动中被诬为贪污大老虎而挨整且自杀未遂，这回又被冤枉而万念俱灰，满腔的报国热情总是被诬陷而遭屈辱，绝望之情席卷而来。他中午回到总公司对门的月坛北小街五号财政部宿舍的家中吃饭，悄悄爬到自家所在的第一宿舍四楼阳台，纵身跳下。

俞彪文的儿子俞梅荪最近曾在微信中对我讲起，他对父亲的长相，记忆模糊不清。他唯一的记忆就是父亲的死。就是1957年7月19日中午，他从宿舍大院里的托儿所回家吃午饭，看见父亲躺在地上，痛苦挣扎，那时他才4岁。

俞彪文被送到白塔寺人民医院抢救，当时母亲带着他到白塔寺人民医院的昏暗病房看望父亲，俞彪文全身绑着白色绷带格外醒目。但3天后，俞彪文终因内脏被震错位，含冤离开了人世，终年31岁。俞梅荪常在夜半时，听到母亲那撕心裂肺的哭声。

20 世纪 50 年代俞彪文（后排左二）与人保员工在八达岭游玩时合影。

　　也曾在月坛宿舍居住的叶奕德的儿子叶骅对我说，俞彪文触目惊心的死，是他有生以来第一次亲自见证的死亡。他对死亡的概念，在很长一段时间内，就是有人从楼上跳下来。

　　俞彪文最终被打成"反党反社会主义的右派分子"并开除公职。俞彪文的遗孀郑珍把两个孩子送到上海，投奔孩子的祖母钱梅先。郑珍独自回京，作为右派家属，被送到农村劳动改造，多年后被分配在北京清河毛纺厂当工人。

20 世纪 50 年代月坛北角街 5 号人保公司宿舍楼。

　　赵济年的儿子——诗人北岛在《给父亲》一文中记载："那年夏天，俞叔叔被划成右派，跳楼自杀。他的遗孀独自带两个男孩，凄凄惨惨戚戚，也给我们的生活蒙上阴影。在我记忆中，父母从那时开始吵架，几乎与俞彪文事件同步，尽管两者并无必然联系。"

　　北岛在《三不老胡同 1 号》一文中还写道："那时我们和俞彪文叔叔一家合住四室的单元，每家各两间，共用厨房厕所。俞叔叔跳楼自杀了，那天中午听到这消息，我懵了，完全超出我的理解能力。他身后留下寡妇和两个男孩，老大俞梅苏比我小三四岁，整天跟在我屁股后面转，老二仍在襁褓中。寡妇半夜在隔壁独自啜泣，那留在历史深处的哭声，除了在黑暗中支起耳朵的我，还有谁能听见？那凄凄惨惨戚戚，也给我们的生活蒙上阴影……"

　　1979 年，春天来了。郑珍领着俞梅苏找到西交民巷 22 号保险总公司要求解决俞彪文右派平反问题。在门口遇见了赵济年，一别 20 年，感慨万千。赵济年多次帮他们引见公司领导。

几经争执，公司终于在俞彪文的结论中写入"含冤去世，平反昭雪"，成为突破中共中央对"右派分子"只"改正"而"不平反"的先例。

由保险公司原属上级财政部和现属上级中国人民银行总行联合在八宝山革命公墓大礼堂举行追悼大会，全国政协副主席胡愈之、财政部副部长戎子和、中国人民银行常务副行长李飞、中国民主促进会副主席徐伯昕等数百人到会。保险公司总经理冯天顺致悼词。俞彪文的骨灰也从老山墓地移出，迁入八宝山革命公墓。在人力部张秀苒的帮助下，俞梅苏也到人保公司国内业务处工作。

俞彪文从小喜欢集邮和摄影，1956 年撰写并出版《邮票上的莫斯科》一书。俞彪文心地善良，喜欢小动物，不让宰杀自家养的鸡禽。为人坦诚慷慨，凡和同事外出吃饭，总是抢着埋单。俞彪文文质彬彬，洋派风格，据说因为他那时经常去莫斯科餐厅吃饭，那里的服务员都认识他。

据俞梅苏讲，母亲搬家后，再也不忍回到月坛北小街宿舍。2007 年，在父亲去世 50 周年之际，俞梅苏曾到这里祭奠父亲，他曾试图到楼顶阳台看一眼父亲跳楼的地方，但通往楼顶露台的门早就死死地锁住了。我说，这就像把那段凄惨的历史给彻底隔断了一样，往事不堪回首。

俞彪文

297

# 从上海小开到保险大咖——记中国人民保险公司保险研究所第一任所长

## 李嘉华

十多年过去了，中国人保的老人们，每每提到李嘉华时，仍然津津乐道。有道是：你不在，江湖一直有你的传说；而当你回来，江湖仍是你的江湖。

# 一、养尊处优的青年时光

1923 年 8 月 23 日，李嘉华生于上海。

据李嘉华生前好友魏润泉讲述，李嘉华的父亲是上海的资本家。但其初始家境并不宽裕，以摆摊售鲜鱼为生。由于长期从宁波进海鲜水产，故需大量冰块用来保鲜。后来，李嘉华的父亲业务做大了，与一家英国公司携手，在上海成立了和众冷藏设备公司，并入股中国保险公司，逐步成为上海赫赫有名的资本家。

李嘉华的父亲一共有八个儿子，老大和老二去世得早；主要是老三继承了父业，后来也成了上海十大资本家之一；老四在美国留学，主攻航天科技，在美国航天博物馆有他的铜像；老五是李嘉华；老六是上海一家医院院长，在"文革"时和夫人含冤自杀；老七是工程师；老八是医生。可见这是一个人才辈出的家庭，不愧翘楚。

李嘉华位于八个孩子的中间，也形成了在这个家庭中养尊处优的地位。他从小养成了大少爷的气派，用上海话叫"小开"，没事在父亲的公司里玩耍。

那时，中国人保的创始人林震峰、王永明等人，都曾先后在中国保险公司工作，并在那里掌握了保险技能，也学会了所谓"洋泾浜"英语。

林震峰那时是上海保险业地下党，在灯红酒绿的上海滩，上演着一幕幕惊心动魄的革命戏剧。林震峰在李嘉华父亲的公司里，一方面用这个身份掩护开展地下党工作，另一方面在遇到危机时在这里躲藏。

上海解放的前夜，为保存实力，林震峰离开保险业，在李家老三继承开办的冷藏公司担任会计。

作为少东家的李嘉华当时和林震峰混得较好，有时林震峰他们玩麻将，三缺一，还要叫上李嘉华凑手。而李嘉华缺零花钱时，还会向林震峰讨要。

　　在经历了小学、中学之后，李嘉华并不满足于膏粱子弟的生活：
在自己的圈子里如鱼得水，走出家族的庇护就处处碰壁。李嘉华还
想着如何拥有更广的学识，以更好地出人头地。

　　1942 年，李嘉华在上海东吴大学学习法律专业。

　　1944 年，为躲避战乱，李嘉华选择在昆明西南联合大学就读。

东吴大学旧影。

民国时期，中国保险公司员工合影。

民国时期，上海街景。

李嘉华

李嘉华年轻的时候。

李嘉华与夫人董桂玲在船上合影。

其间，他为参与滇西抗战的美军做过翻译。

抗战胜利后，李嘉华到英国伦敦大学继续深造法律专业，并在那里获得法律学位。就是在那里上学，李嘉华还带着男佣，照顾他的起居生活，可见他生活自理能力之弱。

## 二、异国风情鼓动下的浪漫爱情

李嘉华走出上海的一片天，如跳出石库门天井中的七星荷花缸里的鱼，开始在大海中畅游。

作为白马王子的李嘉华，不是要重蹈上海男人偏爱的小家碧玉的俗剧。就像所有浪漫的爱情一样，李嘉华的爱情也是从船上的相

李嘉华与夫人董桂玲在欧洲游览。

知开始航程的，这让我想起《围城》里方鸿渐在船上邂逅苏文纨，《泰坦尼克号》里杰克遇见露丝；在开往异国他乡的轮船上，似乎在慢的进程中，才会产生爱的缠绵。

女主人公名叫董桂玲，英文名字叫 Florence。她的老家是山东蓬莱，她父亲早年在美国留学，拿到学位后，做了牧师，回国后带领全家从事教会和传教事业。他收养了两个被人遗弃在教堂门前的婴儿，加上兄弟的孩子，他一共有十个孩子，因此，生活很拮据。抗战爆发后，全家从青岛移民到香港。

董桂玲从小沐浴着神圣教义的爱抚，在严格的家教培养和熏陶中，形成富有修养和知书达理的气质，并弹得一手好钢琴，经常参加教堂唱诗班的演出和礼拜。董桂玲后来一直做钢琴家教，也帮人用英文打字，赚取供弟弟读书的费用。

董桂玲和班里一位姓蔡的女生要好，女生的父亲是香港一家生产针具工厂的老板，女生把自己的哥哥介绍给了董桂玲。双方订了婚，并且在香港大公报登了广告。

后来，蔡先生到英国留学，董桂玲也随之前往，并在英国皇家学院深造钢琴专业。李嘉华和蔡先生是同校同学，也就认识了董桂玲。

1950 年初，同学们相约一起乘轮船游历欧洲，但蔡先生因为需准备论文答辩，只好放弃一同前往。李嘉华和董桂玲同在一个船舱内，面对眼前这个气质高雅、谈吐不俗的知性女孩，李嘉华被从未有过的一种吸引所主宰，特别是她成熟、端庄的样子正是李嘉华所追求的。而李嘉华此时身穿西装，也是风度翩翩。

李嘉华和夫人董桂玲老年时合影。

在漫长的航程中，李嘉华对董桂玲呵护有加，他们交流甚欢，日久生情，双双坠入情网。

李嘉华疯狂地展开了对董桂玲的追求，一路上他们在法国凯旋门前漫步，在意大利阿马尔菲海岸等待日出，在德国慕尼黑街头畅饮啤酒。大胆的他们在回程的船上，就迫不及待地举行了婚礼，全船的游客见证了他们浪漫的爱情。

董桂玲的父母极力反对他们出格大胆的行为，蔡家也指责她的逃婚，导致董桂玲和家庭的决裂。在回国时，他们乘船都没经过香港，直接回到了上海，这使她在内地一个亲人都没有了。

他们完全西化的性格在上海的家庭中也不适应，因此在短暂停留后，又一起北上到了北京安家。董桂玲回国后，在中央音乐学院钢琴系担任副教授，她参与了中央音乐学院钢琴系的创建，为国家培养了许多钢琴专家。施万春当年无钱上课，董桂玲出于爱才，免收了他的学费。

李嘉华当年人保宿舍时的老邻居杨佩在微信里向我介绍，董桂玲为人文雅，大家都叫她董老师。李老和董老师的感情很深，相爱到老。单位里的人都知道李老脾气不太好，但在董老师面前，他从来没脾气。李老基本没有什么生活能力，日常起居都是董老师照顾。

1990 年 2 月 17 日，董老师因患癌症去世。他们的女儿因为临近生产，儿子则因为签证问题都不能回国处理丧事。当天是杨佩陪着李老到医院帮逝者净身更衣。此时的李老没有了平日里的嚣张跋扈，只是拉着董老师的手不停地流泪。医院很体谅老人的心情，让我们在病房里多停留了些时间。

李嘉华夫妇夫唱妇随，同甘共苦。在李嘉华受到不公待遇时，董桂玲一同与他面对艰难，担当凌辱。

据李嘉华女儿讲，她的名字中的"琳"字，与母亲的好友，也就是蔡先生的妹妹英文名字同音。我觉得这可能是董桂玲对失去的一种友情的纪念，或是对蔡先生一种歉意的表达。

李琳说："我父亲是出于爱国回来的，母亲出于爱父亲，才和他一起回国的。而作为他们的子女，如今选择的是更爱自己一点，我和哥哥都选择了出国。"

董桂玲的妹妹同样优秀，但她却选择了不同的道路，她嫁给了民国政府公路局局长胡美簧，去了台湾。

## 三、挑起中国人保法律运用的重任

1949 年 10 月，中华人民共和国成立，天安门广场升起的那面红旗，如同可以覆盖整个地球一般，在其表面拂过，刮起一股呼啸的风。回归祖国，一时间成为海外游子翘首以盼的情怀。

1950 年，已经在伦敦著名的劳合社保险公司工作的李嘉华，偕夫人董桂玲毅然决然地选择了回国。他们新婚不久，又向往着新生活。李嘉华放弃的是英国的学业，而夫人还放弃了与家人的团聚。在归国的船上，还有一位李嘉华的好友，在英国伦敦通用再保险公司工作的王恩韶，他的父亲也是上海保险公司的大老板，因此，他们同属于大家阔少，此时，他们又一同在一条船上开启命运的航程，他们意气风发，保持着劈波斩浪的势头。

其实，李嘉华的归国，还和当时在刚刚成立的中国人民保险公司担任要职的林震峰、王永明等老上海同仁的举荐有关。李嘉华成为公司急需的法律人才，他在经营国外业务的中国保险公司工作。

李嘉华一回国，便遇上了中国人保成立以来的最重大赔案："海后轮"事件。

1951 年 2 月，我国租用巴拿马船籍"海后轮"，从国外进口橡胶等军用物资，价值 107 万英镑。在回国途中，被台湾当局拦截，劫掠到基隆港扣押。

该轮保险均由中国保险公司上海分公司承保，出险后，中国保险公司立即将出险经过电告伦敦合约再保险人，审核了装上"海后轮"数以万计的物资的全部单证，核定确切的损失数字，要求支付现金赔款。伦敦方面，先以"运载物资的船舶改变航程未获通知，保险期限自卸载孟买港终止"为理由，不同意赔偿。中方以"物资未到达目的港，出有'在孟买中转续运'的批单，同意继续航程，不能终止保险契约"，驳回对方的拒赔理由。对方又以"海后轮"未遭双方交战，保险条款不包括劫持责任为由，企图再次拒赔。

李嘉华的法律专业得到了施展的机会，他与同事研究对策，在国际法律条款中寻找对策。他们以理据争：船舶与货物是在暴力劫持下遭受的损失，保险人应按条款规定的"海盗"责任给予赔偿。最终，分保全部摊回。

周恩来总理知道此事后，非常关注。中国人保史称"百万英镑"事件。

1956年，中国保险公司在国内停止经营国外业务，李嘉华转到中国人民保险公司工作。他在国外业务处下设的再保险科合同组，与张鉴、周庆瑞、韦向辰一同工作。

1963年，李嘉华等人在科长王恩韶的带领下，负责了"跃进轮"保险的分保合同的起草。"跃进轮"保额120万余英镑，人保自留20万，其余100万英镑主要是通过Willis在伦敦市场分保。在"跃进轮"出航前的那个星期，王恩韶通知Willis办理分保。Willis接到分保电传后，就拿着分保书在劳合社开始安排分保，各个承保人（underwriter）接受了就写个数字签个名。由于这是中国第一艘万吨巨轮，国外保险专家考虑的时间都较长，起航之前总共分出了80万英镑。

由于这是中国自建的第一艘万吨级巨轮，也是人保出具的第一份海轮保险单，很多技术问题需要逐一核实，所以出单比较晚，但能分出80万英镑已是不幸中的万幸了。而且，120万英镑保额是比

1952 年，中国人保发行的宣传挂历。

310

较高的，一是因为此轮国内造价高，二是此轮是按苏联巡洋舰的规格造的，钢板标准比普通商轮高。Willis 当时也说国际上都没这样高的价格，人保以水险保单是定值保单为由，阐述足额承保并无不妥。其实，这个金额，当时可以在西方船舶市场买两艘同样的轮船，可见其政治意义之大。

"跃进轮"沉没一个月后，"跃进轮"赔款陆陆续续都摊回来了，总共 104 万英镑。人保公司获得了周恩来总理的表扬，人保公司名声大噪，李嘉华同样感到无上的光荣。

## 四、有口难辩的法律专家

按李嘉华女儿李琳的说法：父亲在中国各种运动中，终于成为了老运动员。

因为，李嘉华在年轻上学时，曾糊里糊涂参加过复兴社，向蒋介石的像宣过誓，因此，很早就成为"不可靠分子"，一直不能担任实职。

在"反右"中，因为他是资本家出身，是浪荡公子哥儿，需要接受思想改造。

在"文革"中，因为他在云南为第二次世界大战盟军做过翻译，被打成为美帝国主义效劳的反动派，最终被抄家，并挨了造反派的耳光。

在国内保险业务停办时期，李嘉华更成为了靠边站的人。据李嘉华好友魏润泉讲，在那个时期，李嘉华是最早下放到河南淮滨农场劳动改造的人，他在那里养猪。就是回到北京，他不是在南口种桃树，就是在公司食堂负责做人造肉和豆腐。

昔日一个法学专家，端着猪槽子，满身污垢；昔日一个文质彬彬的知识分子，扛着桃树枝走在荒山上；昔日一个最讲面子和派头

李嘉华（左二）出席国际保险会议。

李嘉华（左二）在国际保险会议上发言。

的少公子，竟在造反派面前威风扫地。可以想象，这是一幅多么尴尬和屈辱的场景。

那个时期，魏润泉经常与李嘉华喝咖啡，听听音乐，一起交流经历，长吁短叹。他俩脾气相投，还合作著书，他们共同度过了那个艰难时期。

李嘉华作为一个爱国民主人士，从一个很富有的家庭出走，其实就是要革自己的命，这在当今是不可想象的事。但李嘉华的悲剧是，在"文革"时期，最终又一次被革了命。

"文革"结束后，李嘉华原谅了造反派对自己的虐待，不再提起旧事，显示出大度的胸襟。

## 五、春风化雨育新人

1979 年，恢复国内业务后，李嘉华是第一批回归人保公司的人。他任调研处的处长，公司的法律事务也归在调研处。

据李嘉华的弟子孟兴国介绍，1982 年，他从人民大学毕业，经"文革"时期中国保险总经理李绍禹的儿子介绍，当时人保公司委托人民银行金融学院开办保险专业研究生班。上学后孟兴国成为李嘉华的学生，李嘉华的著作也成为他研读的教材。李嘉华清晰务实、沟通顺畅的讲课风格给他留下了深刻印象。最终，孟兴国、王育宪、魏迎宁、陈宪平、刘渝、郑培明六人，成为新中国保险业第一批保险专业研究生，他们日后也成了中国保险业的中坚力量。

像中国人保的王真、王健、陈彩芬等一大批保险人才，可以说都是李嘉华的学生和弟子。

1984 年，李嘉华任中国保险研究所首任所长，他是中国保险学会的重要奠基者。他一上任，便努力加强研究所的建设，积极开展保险学术领域的研究，完成了许多保险事业发展的重要课题。

正是由于李嘉华的所在，公司把一些国际保险会议都交给研究所承办。有一年，研究所组织大陆保险代表团到台湾地区交流访问，总经理李裕民带队，由于李嘉华是国务院参事，不能随团到台湾地区，他还笑言，共产党都去了，我这个民主党倒去不了。

身为九三学社社员的李嘉华，还担任着高级经济师、研究员等职。1988 年 12 月被聘任为国务院参事，1990 年被聘任为中国人民保险公司法律顾问。他先后任中国国际法学会、中国法学会、中国国际金融学会、中华全国律师协会理事，并任中国保险学会常务理事、中国海商法协会副理事长、北京市律师协会副会长，兼任中央财经大学人民银行总行研究生部、湖南保险学院等大学客座教授，以及中国国际贸易促进会海事仲裁委员会和经济贸易仲裁委员会仲裁员、美国中美保险公司董事。

李嘉华作为国内知名的保险法专家，有许多著作和译著，主要有《防止海上污染的国际公约》《海上船舶碰撞》等，还与人合著了《保险概论》等。

李嘉华组织和参与了保险方面的立法工作，还负责起草了《财产保险合同条例》《保险企业管理暂行条例》，参加制定《中国保险法》《海商法》。

为了迎接"复关"，中国人民保险公司在 20 世纪 90 年代初成立了保险法草拟委员会。小组成员都是保险元老和骨干，其中包括中国最有权威的保险法专家李嘉华教授。

## 六、无法让人抹去的记忆

1989 年，我到人保工作，在西交民巷 22 号昏暗的楼道里，经常和气宇轩昂的李嘉华不期而遇。他那锐利的目光总是能从远处投射过来，可以一直抵达我的内心。有时是充满冷峻的寒意，让我不禁

李嘉华（左一）与外国友人合影。

望而却步；有时是洋溢着睿智的温暖，让我萌生敬意。虽然，没有
直接的工作接触，但他不俗的故事总有耳闻，如说他是舞场的高手
云云，可以说他是我记忆中人保公司最洋派的人。我相信，他当时
对我这个留着长发，身穿文化衫，一副另类形象的保险新兵，也应
该有着内心的交锋。

　　据李嘉华的部下童伟明回忆，当时保险研究所私底下称李嘉华
为"老爷子"，是一种极高的敬慕。像对待家长一样尊重他，李嘉
华也像家长一样关心下属的生活和成长。有人的配偶在海外工作，
他就为该人员争取海外机构派驻的机会，解决两地分居；有人在学
术上有造诣，他就为其创造条件，送往英国皇家保险学会学习；有
人在保险条法方面基础好，他放手使用，参与国务院保险相关条法
的起草；有人想去总经理室或业务部门工作，他就创造条件给予支
持……只要你有愿望，"老爷子"就比你还上心。

李嘉华极聪明，从未见过他伏案读书，但你问不倒他。

工余休息时，李嘉华更透着"老爷子"的范儿。那时研究所午休兴玩桥牌，"老爷子"时常背着手站在后面看几眼。一次"老爷子"忍不住发话了："打桥牌哪能用中文叫牌，一个红心应叫 one hard。"他开始教大家用英语叫牌。至今研究所老人还记得他的名言"second hand always low"（二家永远放小）。

当年研究所的冉海琼在电话中对我讲，李嘉华的形象总让她想起上海滩的阔少，或者是国民党的军官，但他又有着一颗赤子之心，报效国家，服务人保。那时她与葛丽、顾祖芬等经常去他家做客，品尝董老师的菜肴。她记得李嘉华爱干净，有时单位收取工会会费，李嘉华都让她从他的钱包里取出钱币，自己不沾手。他长期不习惯吃火锅，忌讳筷子在锅里涮来涮去。

顾祖芬回忆，李嘉华平日布置工作思路清晰，批评人时，显示出绝对的权威性。有时与人吵急了，也会甩出两句英文。

人保月坛北小街宿舍的薛铁华在微信群中见到大家叙旧，回忆起与李老夫妇的往日情谊，特作文怀念："李叔叔是性情中人，豪爽、风趣、诙谐。常爱与我们开玩笑，混熟了还时常叫我们去他家小坐。李叔叔满腹经纶，尤其谈及保险业时，他兴致盎然，娓娓道来，话里话外彰显着他对保险工作的老道及娴熟。董阿姨的个头不高，身材微胖，一副大框眼镜透出母爱的善良，言谈举止得体，一看便知是出自大家门户。"

20 世纪 90 年代末的一天，李嘉华在从西交民巷的保险研究所去地下通道时迷了路，他记不得当晚是怎么回的家。这个消息震惊了单位。杨佩讲，尽管大家不愿相信，但还是不得不承认，以往那个潇洒自信、才华横溢的专家，真的患上了阿尔兹海默症。

2000 年 2 月 20 日，也是董老师逝世 10 周年忌日刚过 3 天，李嘉华在北京逝世。

薛铁华在文章结尾还写道："悲恸是人人都经历过的，个中痛楚不言而喻。只是触景生情，今日想起李叔叔、董阿姨两位长者已经仙逝多年，仍旧悲从中来。"

十多年过去了，中国人保的老人们，每每提到李嘉华时，仍然津津乐道。有道是：你不在，江湖一直有你的传说；而当你回来，江湖仍是你的江湖。

走进中南海汇报保险赔案的人保员工——记中国人民保险公司再保险科第一任科长

王恩韶

2015年，中国人民保险集团公司启动老人保口述历史纪录片的摄制工作，讲起跃进轮的赔付事件，王恩韶老人侃侃而谈。从老人深邃的目光中，我似乎看见了在人保历史的时光隧道中那前仆后继的身影，是每个人的生命体征重合的体现。

2015 年，中国人民保险集团启动老人保口述历史纪录片的摄制工作，对系统内健在的 60 多位老人进行了采访。退休关系在中国再保险公司的王恩韶老人主动要求接受采访，但不久他因病住进了医院。6 月 17 日，摄制组来到解放军 304 医院急诊部，在病房里完成了对王恩韶老人的采访。老人的子女及从美国特意赶回来的孙子，一同在病房聆听了老人对自己一生的回顾。

王恩韶老人斜靠在病床上，手里拿着准备好的手稿，似乎有点紧张。我鼓励老人放下手稿，直面镜头，讲自己的故事。讲起跃进轮的赔付事件，王恩韶老人侃侃而谈。这个故事我已多次听老人讲过，但只有这次让我深深地触动。从老人深邃的目光中，我似乎看见了在人保历史的时光隧道中那前仆后继的身影，这是每个人的生命体征重合的体现。

10 月 20 日，是人保成立 66 周年的日子，在当天举行的司庆活动中，口述采访纪录片获得了大家的好评。但是，王恩韶老人在 10 月 19 日刚刚去世。其实，就在那天，我们还在加班修改有关王老的几个镜头。似乎冥冥之中，老人看见自己的镜头改好了，才放心地离去。

在我参加完王恩韶老人的遗体告别仪式后，王老的女儿王家莹送给我一瓶老人生前珍藏多年的红酒作为纪念。我品味着醇厚的美酒，似乎已把老人的谆谆教导点点滴滴地融化在我的血液中了。

## 一、保险世家的传承

王恩韶作为新中国保险事业开疆拓土的名士，其父亲王伯衡是民国时期多家著名保险公司的总经理，这在人保历史上绝无仅有。

王伯衡的祖上是苏州的大户人家，至今王家的祖坟还在那里。1894 年，王伯衡出生于上海。

王伯衡清华大学毕业后，远渡重洋。先后获美国普林斯顿大学学士、哥伦比亚大学硕士。回国后，曾任大陆银行上海分行副理，国华银行南京分行经理。

1929 年 11 月，号称当时"北四行"之一的金城银行独资创办太平水火保险公司，注册资本金 100 万元，实收半数，办理水、火、船壳、汽车等保险。

上海人民出版社 1983 年出版的《金城银行史料》中刊载了 1933 年 3 月 27 日董事会会议记录，周总经理报告云：本行所附设之太平保险公司，数年来办理尚能稍获余力，唯一家做此，声势究竟不壮，遇有大宗生意每不能做。去年本拟改由四行合办，乃商量之际，因主张归储蓄会办理及另立机关，结果未能一致。此次改组则系本行与中南、大陆、交通、国华五家共同组织，各出资本壹佰万元，设董事五人，推黄奕柱君为董事长，总经理一职，公推周作民担任，丁雪农君为协理，并拟推王伯衡君亦为协理。

保险历史研究专家王珏麟在《王伯衡的保险生涯》一文中介绍，王伯衡在其回忆录《从太平保险公司到太平洋保险公司》一文中记载了他本人到太平保险公司从业的情况："我参加太平公司工作是 1933 年 9 月，也就是 6 家银行增资改组的时候。这是第一次新董事会议决，除了总经理由金城银行董事长周作民充任，协理由前任经理丁雪农升任外，另添置协理一人，但这一协理的人选，经各董事数次提名，均不能得到全体同意，最后由钱新之把我提出竟获通过（我从 1919 年至 1927 年任北京银行公会秘书，因此与各银行巨头，包括太平新公司的各董事在内，俱系熟识，所以较易通过）。我在无意中得到这个待遇优厚的职务，凡属友好皆向我道贺，其实我内心不胜惶恐，因为我对保险业务一窍不通，必须从头学起。"

《金城银行简史》中也有记述："从金城独资创办太平保险公司至与同业联营，都由周作民担任董事长，实际负责营业的经理丁

王恩韶

321

20世纪30年代太平保险公司员工合影。

王恩韶的父亲王伯衡。

太平保险公司广告。

太平保险公司广告。

太平保险公司保单。

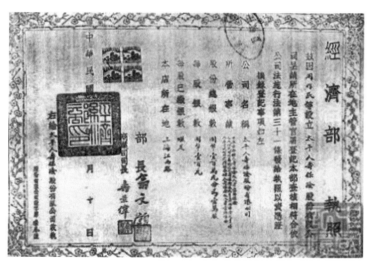

太平人寿保险公司执照。

雪农和协理王伯衡都是保险业中的佼佼者，培养了不少人才。"

1941年12月，太平保险成立太平分保集团。此时，王伯衡与周作民、丁雪农等领导层在公司与国外分保公司取消分保契约、集中收购合并同业公司等经营决策意见上分歧较大，工作也不顺心。于是，王伯衡辞去了太平保险公司的所有职务。

王伯衡到重庆拜访交通银行董事长、大陆银行常务董事钱新之，欲谋求回归老本行任职。钱新之劝诫他："银行的黄金时代业已过去，大陆银行不必改组，你也无须当它的经理。倒是我们交通银行需要另办一个保险公司，你可以着手组织筹备工作。"

1943年12月8日，太平洋产物保险公司在重庆成立。关于公司名称有说是来自太平洋战争之意，有说是来自开拓海外业务之意，我觉得可能也有想超越老东家太平公司之意。

王珏麟介绍：筹建太平洋保险公司，用王伯衡的话讲："第一步就是进行分保出路的探索。"王伯衡对重庆中外资保险公司分析后，与世界上最大的分保公司瑞士再保险公司的总经理阿尔提亚和伦敦商务分保公司的总经理考尔朋两人电报联系，取得了他们的支持。

1943年，重庆四联分保办事处成立，它是由中国、太平、宝丰、兴华4家保险公司组成的，是一个再保险（分保）集团。办事处把所有国外的分保限额全部集中在一起，并且还同伦敦市场洽商订立了一份具有600条的分保合约，把伦敦市场上的分保限额全部包括在内。王伯衡认为，四联分保办事处的成立，完全是针对太平洋保险公司的做法，属不正当竞争。

1944年7月，王伯衡促使太平洋产物保险公司与伦敦保险经纪处签订了预约分保合同。太平洋保险公司已经接受国内同业水火险固定分保者共18家。

太平洋公司的大多业务骨干是王伯衡从太平保险公司挖来的，也有从各地保险界中物色来的，可见当时市场竞争之激烈。

太平洋保险公司所有分支机构的经理，大多由当地交通银行经理兼任。总公司则派遣熟悉业务的人员前往协助处理业务技术工作。保险机构均附设在交通银行内，太平洋保险公司成为当时四大官僚保险机构之一。

1944年，太平洋、中国农业等四家官办保险公司组成了新"四联"。

抗战胜利后，王伯衡回到上海。1947年4月，王伯衡在上海创办了交通产物保险公司。该公司是原太平洋产物保险公司利用福利基金组建起附设的保险企业。浦心雅任董事长，王伯衡任总经理。

1948年，王伯衡出任裕国产物保险公司董事长。裕国产物保险公司成立后，加入川盐保险的地盘竞争。裕国产物保险公司还曾联合永兴、中兴等20余家民营保险公司共同投资发起创办了中国再保险公司。

1946年7月，中国保险业联合会举行成立大会。这次会议共选出理事29人，监事10人，并由理监事会议选出常务理事9人。理事长为罗北辰，常务监事有王伯衡、刘聪强和郑鹤春3人

1949年10月20日，中国人民保险公司成立。王伯衡出任中国人民保险公司华东区公司的专门委员、上海市分公司秘书。此前，在接管时，王伯衡因"隐匿人民财产"，曾被法院处以罚款。

## 二、早期非凡的保险经历

1922年1月27日，王恩韶出生于上海。人保退休老人魏润泉特地给我写信介绍王恩韶的情况，按魏老的说法，王恩韶出身于"白领家庭"。

在这个金融世家的环境中，王恩韶自小接受了良好的教育，加上父母的严加管教，使王恩韶从小就体现出良好的修养气质。当然，这种修养也会带来中国知识分子特有的执着和清高的习气，这些在

20 世纪 40 年代，瑞士风光。

王恩韶身上，几乎可以说影响了他的整个一生。

1938 年，王恩韶以优异的成绩考取了上海东吴大学的经济系。东吴大学是 1900 年由基督教监理会在苏州创办的，是中国第一所西制大学。它的中文校训为"养天地正气，法古今完人"，可见校风格调之高。王恩韶上学时，正是该校适应潮流，弱化神学传统，加大西学知识结构建设，硕士体系日渐完善的时期。

1942 年，王恩韶大学毕业之后，在其父的举荐下，在上海分保集团工作，子随父业，开始了保险生涯，而且是再保险的专业生涯。

1936 年，太平保险上海分公司副总经理陶听轩到欧美考察保险业，可以说他是中国保险业最早到国外保险公司考察的人。陶听轩被选为英国保险学会会员。1938 年，太平保险创设太平人寿公司，业务迅猛发展，太平保险遂成为全国著名的数一数二的华商保险公司。

在这样一个发展快速的公司里，王恩韶的业务能力也随之快速地提高，其父王伯衡利用一切机会，为他提供锻炼的机会，在王恩韶的身上，他寄予全部的希望，甚至是太平公司的未来，如同对待祖上的家业一般。

在保险职场上，王恩韶过人的学识特别是外语的优势，在再保险市场上得到了发挥。很快，王恩韶就担任了太平洋保险公司的科长、襄理，在那个时代，他可以说是最年轻的保险领导层人士。

1948 年 10 月，王恩韶被太平公司选派到瑞士再保险公司考察。瑞士再保险公司于 1863 年成立，位于苏黎世，是世界上最大的人寿与健康险再保险公司。王恩韶在这里获取了中国保险业早期的国外经验。紧接着王恩韶又在英国伦敦通用再保险公司工作，这种优越的职业生涯条件，在民国时期是罕见的，王恩韶日后成为新中国再保险的领军人物也是必然的。

## 三、中国人保最早的再保险专家

1949 年 10 月，中国历史在翻动这一页的时候，中国人民保险也一同翻开了崭新的一页。而王氏父子的人生同样面临新的抉择。

民国时期的著名保险专家王伯衡选择留在中国人保上海分公司，其儿子王恩韶到了北京，进入人保总公司，父子俩依旧是同在一家保险公司。

1951 年 7 月，王恩韶担任中国人民保险公司计划室副主任。说起人保创立初期的经历，王恩韶记忆犹新的是中国保险意识形成的曲折路程。

王恩韶说，以前，去宣传人寿保险业务时，老百姓一听说"人死了保险公司就赔钱"，非常忌讳，说："我活得好好的你让我死啊？"于是就把业务员给赶出来了。我参加保险工作后，有时也接到电话问：

王
恩
韶

1955 年，中国人民保险公司、中国保险公司的牌匾挂在了北京月坛北小街的新办公楼。

20 世纪 50 年代，中国人民保险公司总部员工及子女合影。

1956 年，越南部长给王恩韶颁奖。

"你保险公司是干什么的？我买个保险柜怎么样？"那时即便我们的领导，对保险的保障功能也不了解，更多的是把保险当成累积和上缴资金的工具，所以主要任务就是抓怎样赚钱、怎样上缴。

由于过分强调保险的财政手段，一些地方出现强迫命令拉保费的现象，败坏了保险的名声。那时，农村保险主要是养猪养牛。有一次村干部正在开会，听说保险公司的人来了，说句"散会"，便拉着牛躲到山上去了。

王恩韶说，人保成立初期，保险公司的主管单位换过好几次，如同走马灯。最初是由财政部领导，后来是由人民银行领导，后来又划到财政部。为什么？就是因为对保险的保障功能不完全了解，导致这种轮换。

王恩韶还记得当时的总经理张蓬有一次调研回来，在公司大会上说，他认为保险不是火腿肉，连包火腿肉的纸都算不上，只能算是捆火腿肉的绳子。这意思是说，保险的油水实在不多。所以，保险公司的任务就是要多累积、多上缴资金。

由于保险被视为财政或人民银行长期累积资金的工具，上缴金额又相对较少，所以大家认为保险不是块肥肉。也因为这个观点，人民银行和财政部都不是十分重视，因此在新中国成立以后很长一段时期没有在内部设立管理保险的专职部门。

在人保成立初期，苏联和新兴的社会主义国家的保险业务由中国人民保险公司做，西方资本主义国家的业务由中国保险公司做，这种按社会制度和政治立场决定保险公司由谁负责的现象，是中国独有的特色。

王恩韶在回忆录中说，当时中国保险公司的对外分保业务主要通过伦敦保险经纪人公司 Willis 安排，只有分出，根本没有分入。人保在伦敦设立了一个机构，叫人保驻伦敦联络处，中国银行伦敦分行的一名英国人，名叫 Noble，他负责和当地客户打交道，这是中国人保最早的涉外机构。

中国当时没有自己的远洋轮船，租用苏联的又太显眼，因此，经常租用悬挂希腊、巴拿马等国旗的轮船，方便进出口货运，以免受到干扰。

1951年2月，我国租用巴拿马船籍"海后"轮，从国外进口橡胶等军用物资，价值107万英镑。在回国途中，被台湾当局拦截，劫掠到基隆港扣押。中国保险以战争险向伦敦索赔，但伦敦方面以双方并未交战，不能算战争险为由拒绝。中国保险认为该事件属于海盗行为，理应赔付。对方又争议轮船回国航线发生绕航，属于除外责任，中国保险以出具批单，属手续正常而据理力争。周恩来总理知道此事后，非常关注，这或许使他第一次对保险有了深刻的印象。

王恩韶当时在伦敦考察，帮助伦敦代表Noble搜集情报，开展研究。最终，分保全部摊回。中国人保称此为"百万英镑"事件。

1954年9月，人保设立国外业务处，下设业务科、再保险科和海外科三个科。王恩韶担任再保险科科长，成为中国人保第一代再保险的专职领导。

1957年，慕尼黑再保险公司派出水险部经理访问中国人保，施哲明、秦道夫、王恩韶和他们进行了谈判。慕尼黑再保险公司是人保历史上第一家来访的西方保险公司。由于人保在伦敦市场又找了几家保险经纪人，不再是一家公司控制，因此，国际保险经纪人之间也有了竞争局面，纷纷来中国开展交流。

但人保还肩负着为社会主义国家支持保险建设的任务。1954年，朝鲜国家保险局到人保考察、学习，秦道夫、王恩韶向他们介绍了再保险情况，毫无保留地将办理国外业务经验传授给他们，后来，朝鲜才开始有了国外保险局。

1956年，中国政府支持埃及收回苏伊士运河，保险也要配合，人保积极参与他们的轮船分保。1959年，王恩韶访问埃及，当地

Misr 保险公司总经理请他到家共进晚餐，总经理夫人感激中国的支持。她说，当时合同被取消，谁都不敢接，试试中国吧，没想到中国很快就同意了，而且是照单全收。说着眼泪都流下来了。

1959 年，人保代表团到开罗出席亚非保险再保险联合会会议（FAIR），林震峰副总经理作为中国保险的代表出席，王恩韶作为业务人员兼翻译随行。

王恩韶记得，林震峰参加完专业会议，过两天开保险监管会，他又参加了。外国人感到奇怪，一位埃及再保险公司总经理对他说："你一人又是业务又是监管，你是在用左手管右手，管得了管不了？"林震峰副总经理也没法多说，反正事实就是这个样子，回来以后就向上级汇报。第二年再开会，人保就加派了李聘周，他是人民银行的人，以保险监管身份参加监管会。林震峰以保险业务的身份只参加业务会。王恩韶依然作为翻译出席会议，但他只是跟着林震峰跑。李聘周那儿没人陪着，正好省得别人想跟他了解监管情况。

1963 年，越南政府要求人保派专家去帮助组建国外保险业务。施哲明、王恩韶、陶增耀三人先后去了两次，共 9 个月，他们帮助越南翻译英文条款，就连公司的名称"保越"也是他们帮助起的。当时胡志明还在，越南政府给他们发了友谊勋章。

阿尔巴尼亚、罗马尼亚等国，也都接受过人保的帮助。以致在"文革"期间，有人提出要建立"北京国际再保险中心"以适应中国充当世界革命中心的畅想。

## 四、"跃进"轮赔案成为浓墨重彩的记忆

1963 年 4 月 30 日，我国自己建造的第一艘万吨级海轮"跃进"轮首次出航，它装载 1 万多吨玉米，从青岛出发首航日本。第二天在经过韩国海域时，意外触礁沉没，成为轰动一时的大事。

走进中南海汇报保险赔案的人保员工——记中国人民保险公司再保险科第一任科长

王
恩
韶

1960 年，中国第一艘自主生产的
万吨货轮"跃进"轮下水。该轮
由中国人民保险公司负责承保。

1963 年，"跃进"轮在日本海沉没，图为中国人保公司开出的船舶险赔款通知书、
赔款支票存根及中国远洋运输公司赔款收据。

当时王恩韶负责"跃进"轮的分保，合同组还有张鉴、李嘉华、周庆瑞、韦向辰 4 人。"跃进"轮保额 120 万余英镑，人保自留 20 万英镑，其余 100 万英镑主要通过 Willis 在伦敦市场分保。在"跃进"轮出航前的那个星期，王恩韶通知 Willis 办理分保。Willis 接到分保电传后，就拿着分保书在劳合社开始安排分保，各个承保人（underwriter）接受了就写个数字签个名。由于这是中国第一条船，国外保险专家考虑的时间都较长，起航之前总共分出了 80 万英镑。

5 月 1 日，放假在家的王恩韶几个人正在月坛北小街宿舍里打桥牌。突然，国外业务处的施哲明处长敲门进来，说不得了了，"跃进"轮沉了！这下大家都很着急，马上开始商量该怎么办。

他们主要有两个顾虑：第一，虽然伦敦方面发来电传，告知已经安排了 80 万英镑的分保，但并没有出保单，会不会赖账。第二，我们要求分保 100 万英镑，才分出 80 万英镑，那 20 万英镑算不算数。几个人整整商量了一下午。

王恩韶即给 Willis 发电传说：关于"跃进"轮分保事宜，相信你方已全部安排完毕，请出具保单。对方回电道：我方收到分保申请后，即去劳合社安排，因时间所限，只分出 80 万英镑，并已通知你方，这 80 万英镑没有问题。本当继续安排所余 20 万英镑的分保，但目前我方一进劳合社，劳合社的"卢丁"钟就响了，报告了沉船的坏消息。所以非常抱歉，20 万英镑未能再行分保。

由于这是中国自建的第一艘万吨级巨轮，也是人保出具的第一份海轮保险单，很多技术问题需要逐一核实，所以出单比较晚，但能分出 80 万英镑已是不幸中的万幸了。而且，120 万英镑保额是比较高的，一是因为此轮国内造价高，二是此轮按苏联巡洋舰的规格造的，钢板标准比普通商轮高。Willis 当时也说国际上都没这样高的价格，人保以水险保单是定值保单为由，阐述足额承保，并无不妥。其实，这个金额，当时可以在西方船舶市场买两艘同样的轮船，可见其政治意义之大。

当时意识形态对峙非常紧张，人们第一反应是：一是被美帝潜水艇打沉，要不就是被台湾特务炸毁。其实是我们自身原因，导致触礁沉没。船舶持有人中国远洋运输公司在工作安排上比较仓促忙乱，船长是老船长，可是没有开过这么新的船，船长对船的性能、途经海域情况比较生疏；选择路线也是个问题，由于敌情观念太强，有意选择了一条难走的路线，躲避美帝的破坏；再加上轮船质量也有问题。这些情况虽不影响再保立案和承担赔偿责任，但也极易被分保接受人找碴儿赖赔。

周恩来总理在中南海主持开会，分析"跃进"轮出事原因。交通部在汇报工作时说"跃进"轮有保险。周总理听说后，立刻叫办公室打电话给人保公司，让派个领导和具体做业务的人去国务院开会。

于是林震峰副总经理带着王恩韶赶忙过来，王恩韶用布袋装了一大堆资料，包括条款、保单、海上保险的书籍等。进了怀仁堂，王恩韶就把布袋放在座位下，但警卫人员出于安全考虑，很快就给拿走了。

周总理见面就问，"跃进"轮沉了，保险公司赔不赔？他们答，赔。周总理问，都什么情况下赔？他们答，如果是触礁搁浅等海上风险。周总理又问，如果是让美帝国主义打沉了呢？他们答，也赔。

参加会议的罗瑞卿将军用浓重的川音说，哪有这样的好事哦？如果是美帝打沉的，英帝还能赔钱？他好像不相信。他们介绍道，"跃进"轮保了两种险，一个是 MarineRisk（航运险），另一个是 WarRisk（战争险），按保险责任，都会按合同办理。周总理听说后，暗暗松了一口气，要求人保公司抓紧对外索赔，并请外交部条法司的专家配合，争取早日要回赔款。

一个月后，"跃进"轮赔款陆陆续续都摊回来了，总共104万英镑。

1986 年，中国人民保险公司代表团参加西欧六国巡回保险研讨会，探索学习国外
保险公司先进的管理经验，前排左起：丁运洲、王恩韶、程万铸、沈喜忠。

王恩韶（前排左一）与保险法起草小组在国外访问。

据说，周总理在总结的时候说，"跃进"轮沉没，船长有问题，其他相关部门也有这样那样的问题，唯有保险公司立了功，挽回了经济损失。而交通部长孙大光曾说，别人来找他必须先通报，保险公司的来人，他可以直接见。

通过这件事说明，人保公司很是风光。

## 五、再次走出国门的保险生涯

"文革"期间，中国人保遭到重创。军代表根本不懂保险，那时保险公司搬了六七次家，"婆婆"换了三四次。人保设在中国银行内部，成了科级单位。人保只留下9个根红苗正的人，组成看摊的工作小组。已任人保办公室副主任的王恩韶被下放到外地劳动改造。但保险小组经常涉及共同海损等专业问题，于是下去没3个月的王恩韶被借调回来，说是"当个拐棍使使"，但后来还是回到干校补课去了，说是锻炼得不够。

1970年9月，王恩韶借调到中国国际贸易促进委员会，协同筹建中国海损理算会，制定"共同海损北京理算规则"。

1979年10月，王恩韶任中国人民银行国际货币基金处处长。1980年11月，王恩韶任华盛顿国际货币基金中国执董办公室顾问、副执行董事。

1985年8月，人保和中国银行两家出资在伦敦设立了中国保险（英国）有限公司，并于1985年10月1日签发了第一份保单。王恩韶出任人保驻伦敦联络处首席代表、中国保险（英国）有限公司以下简称英中保险董事长兼总经理。

王恩韶曾介绍，英中保险规模并不大，每年的保费收入也就是一两百万英镑。可人保在伦敦有一件事是做对了，就是没有接受责任保险。当时在国际市场上，责任保险是一种新的业务，在美国特别吃得开，英国伦敦劳合社当时也在逐步地开展。人保当时对责任保险具体情况不了解，国内也没有，所以就决定先看看再说。

经过一段时间的观察，发现责任保险保费是很多，可是赔款更不得了，主要有两项，一个是石棉污染责任，另一个是雇主责任。尤其是石棉污染责任，房子刚一盖好的时候看不出来，但是石棉本身有问题的话，以后的赔款就理不清了，而且是个"长尾巴"责任，美国很多保险公司就是因为石棉保险赔了钱，关门了。后来又发展到经理人责任保险，这也是一个扯不清的官司。英中保险没保责任险主要是出于两个原因：一是对于中国来说，这些"责任"不好理解；二是人保在技术上也不熟悉。所以就缓了缓，一看前景不好，英中保险就始终没有接受责任险业务。所以，英中保险虽然保费收入数字不大，但没有给国家造成损失，在当时英国保险市场上也是为数不多的能够赚钱的保险公司之一。

1991 年 5 月，王恩韶退休回国。

1991 年 10 月，王恩韶参加由中国人民银行领导的中国保险法起草小组，任副组长。他曾到美国考察，为新中国第一部《保险法》的诞生立下功劳。

王恩韶任中国国际贸易促进委员会海事仲裁委员会海事仲裁员，中央财经大学保险系、西南财经大学保险学院、湖南中国保险学院客座教授，享有国务院颁发的专家特殊津贴。退休后，任中国平安保险公司、泰康保险公司高级顾问。2017 年，以中国保险法制建设奠基人之一的王恩韶先生命名的"恩韶基金"正式成立，以纪念中国保险界元勋王恩韶先生持续资助贸大学子 16 年。

2015 年 10 月 19 日，王恩韶在北京去世，享年 93 岁。

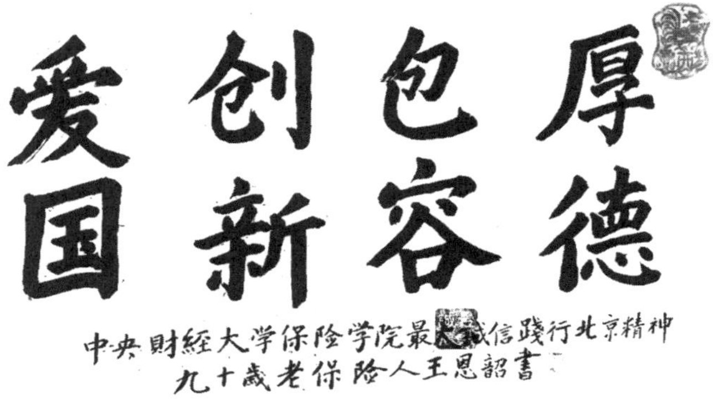

厚

德

包

容

创

新

爱

国

中央财经大学保险学院最┅诚信践行北京精神
九十岁老保险人王恩韶书

王恩韶书法作品。

## 六、丰富多彩的个性生活

在 20 世纪 50 年代，人保的民乐队还是很有名的，经常被邀请到财政系统演出，乐队经常在休息日组织大家合练，其乐融融。王恩韶是乐队的琵琶操手，琴技高超。他培养的女儿，也是中国民乐团的著名乐手。

有一年，王恩韶发现陈逸飞有张油画画的弹琵琶的姿势不对，认真的他，还写信给陈逸飞，指出问题。

王恩韶不仅善于弹琴，还爱唱戏，是京剧花旦的票友，一直到 80 多岁，还坚持演唱。

王恩韶还有一嗜好是平日喜欢喝酒，主要是红酒一类的洋酒。据他生前的酒友王安回忆，王恩韶喝酒时主要是聊天，并不讲究菜，主要是西式的小饼干一类，爱喝瑞典的起司。

王恩韶因长期在国外，自然养成一些西式的做派。西装领带就不用说了，英语更是不离口，遇人总是彬彬有礼。记得多年前，泰康公司搞庆典活动，王恩韶和在协和医院工作的夫人在舞台上还跳了一段华尔兹，让人赞叹。

1986 年，人保王真女士成为英皇特许保险学会会员，这是中国保险业第一位女士获此殊荣。英女王伊丽莎白二世在劳合社新大楼落成典礼上亲自接见了正在攻读 CII 课程而考取了劳合社奖学金的三位中国学员。对方要求中国学员穿盛装出席并施屈膝礼，王真那时连正装都没有，临时借了人保伦敦代表处王恩韶夫人的一件旗袍，并改了一下，才算应付过去。王恩韶仔细向王真介绍了一些西方礼仪，并特意告知，屈膝礼就免了，因为社会主义不能向资本主义低头，云云。

王恩韶有着知识分子特有的耿直和认真，似乎和官场上的一些习气格格不入。虽然他没有担当更高的职务，但他用扎实的业务功底和为人保作出的巨大贡献，获得了人们广泛的敬重。

他在中国的版图上行走了一个圆圈——记中国人民保险公司中国保险公司理赔科第一任科长

# 林增余

中央财经大学保险学院院长郝演苏在林增余遗体告别仪式上的致辞中讲：『林增余编写了恢复国内保险业务后的第一本保险教材，主持并参与了恢复国内保险业务后的第一批保险业务条款及业务操作流程的设计和起草。』

# 一、望族门后的沪上学子

中国文明在近代发展的进程中，与一些著名家族的担当是分不开的，如广东的梁家（梁启超、梁思成、梁从诫等），天津的查家和海宁的查家（金庸、穆旦），天津的周家（周淑涛、周一良、周钰良、周与良），无锡的钱家（钱基博、钱钟书、钱玄同、钱三强、钱伟长），河南的袁家（袁世凯、袁克文、袁家骝），浙江的蒋家（蒋百里等），福建的林家（林则徐、林森、林同济）等，他们的历史贡献，有目共睹。

福州林浦位于南台岛东北隅，乃林姓族人聚居之地，已有千余年历史。从"林浦"的名字可以看出当地林氏望族的人文源脉和这里洲渚绵延、河浦交织的自然风韵。

至今可见明代"尚书里"的石牌坊，其上记载了明朝林元美及其子孙"三代五尚书，七科八进士"的荣耀。最著名的一副对联是"进士难进士不难难是七科八进士；尚书贵尚书非贵贵在三代五尚书"。

家庙前的池塘不仅形成既开阔又宁静的环境空间，而且与家庙一起构成一种"礼乐并重，天人合一"的村落环境。寂静的浦江水见证了历史的沧桑，无言的古榕述说着无尽的前尘往事。

在林氏望族中，不少人属于典型的文人或士大夫阶层，长期浸透在儒家传统之中，以"读书"为至关重要的事情，强调学习儒家经典并由此成功进入仕途。这是一种典型的"学而优则仕"的家族。福州尽管在地理上远离中原，比较偏远，但至少自南宋以来，正由于此类家族的存在，蔚为知识分子和学者活动的中心之一。

林增余的祖上有人曾做过太保，监护与辅弼国君的一品官。林增余的祖父是当地著名的教书先生。林增余的父亲林灿训学业有成，在上海的邮政局担任职员，后回到福建建阳县担任邮政局长。林氏家族中的名人林福贻有长子林斯澜，当年曾在奥地利学习邮政通信，不知林增余的父亲从业是否和这有关。

林增余

"尚书里"的石牌坊。

林家祠堂。

林增余少年时期。

林增余 1924 年出生在上海，当他幼小的身影在上海的里弄里奔跑时，远处十里洋场的霓虹灯不知道将给他的未来涂抹上怎样的色彩。母亲过世早，父亲又忙于公务，使林增余自小就有了自强好胜的性格。

1937 年 8 月 9 日，日本官兵乘军用汽车冲进上海虹桥机场，上海

林家祠堂小学。

沦陷。林增余一家原来就住在日本的租界地内，少年时的林增余在和日本小孩一起玩时，不怕强势，一次因为和他们打架，手指受了伤。

1936—1942年，林增余在上海租界中的由张志让创办的私立大中中学读完了初高中课程。因日寇占领南京，教育部无法行使职权，他的初中毕业证发的是"毕业证明书"；而高中毕业的最后一个学期，又遭遇"珍珠港事变"，高中毕业证是汪精卫政府认证的，林增余找了一张印有国民政府主席，也是自己本家的林森图像的印花税票贴上了。

## 二、飞越山城的保险生涯

1942年夏，林增余考取了南京中央大学。时值日军占领"孤岛"上海，洋溢着爱国热情的热血青年，有的奔赴延安，有的奔赴重庆。林增余最终放弃了南京伪政权的大学录取通知，选择去了重庆，这成为他人生的转折。

　　林增余历经长途跋涉，冲破日军封锁线，用了两个月时间到达了重庆。但一时生活无着落，充满迷茫。

　　1943年5月，林增余在一同来到重庆的同学叶谷馨与他在中国保险公司重庆分公司任会计主任的小舅顾润兴的介绍下，通过了公司钱仰之经理面试，考进了中国保险公司总管理处当练习生，开始了一生的保险生涯。

　　林增余白天工作，夜间在重庆东吴、沪江联大读商业系，学习经济学、英语等课程，还要躲避日军飞机的战略轰炸。

　　那时，练习生食宿由公司供给，每周两次"打牙祭"，清洁卫生、衣物、被褥有专门工友照料。18岁的林增余开始了独立的生活，全身心投入业务学习。他被分配到分保部门负责打分保账单。他在保险先辈帮助下，很快熟悉了各部门工作流程和操作。特别是他很快学会了使用英文打字、珠算等，并牢牢记住了分保用的"飞归"口诀。

　　当时，中国保险公司内，有许多员工成了日后中国人民保险公司的创建者，如薛志章、萧胜林、张永平、刘仁忠、俞彪文、吴丹荪、赵同生、沈秉模等。

　　当时公司有着非凡的凝聚力。在珍珠港事变后，海外同仁远涉重洋，千里迢迢地回归公司。新加坡的王化南渡海时家人全家遇难，他只身来到重庆；此外还有南亚的潘华典，曼谷的余恭坡，香港的张俊卿、张俊成兄弟，曾国葆等。

　　正是在这些保险精英的培育下，使林增余学会了做保险、做事、做人，感受到亲密无间、团结友爱的公司氛围和情谊。林增余工作一年半后转为助理员，后被调任理赔室办事员。

　　林增余生前在自己写的传记《我的保险生涯》中讲道："在保险前辈培育下亲身经历了许多重大赔案，使我体会到保险是个'雪中送炭'的行业，保户利益是第一位的。在我从事赔款工作的十年中，出险后力争减少保户损失，以公估为准绳处理赔款，遇争议平等协商交付双方认同的仲裁人仲裁，不与保户对簿法庭，这是中保'保户第一'传统所决定。"

抗日战争胜利后，中国保险公司总管理处迁回上海四川中路 270 号，与上海分公司会合，总共有 100 多人。公司的业务来源主要是各地中国银行的押汇、放款业务中的抵押物的保险，及其投资的厂矿企业和仓库的财产和物资，这是中国保险公司的基础业务，也是别家保险公司难以抢走的业务。公司还通过接受分保的手段，将许许多多小保险公司围绕在自己周围，成为无"血缘"关系的"卫星"公司，也就形成事实上的中国保险公司的集团实力。

1946 年 1 月，为解决抗战后的房荒问题，由上海市参政会、市商会、工务局、地政局和营造业公会联合主办发行奖券，建造义卖房屋。当时包玉刚在上海市银行工作，他的内弟黄均乾来中国保险公司找林增余，要为建造义卖房屋投保火险。林增余本想将业务介绍永中保险公司，因它们的费率折扣比中保要低 5%~10%，结果他们只要中国保险公司的保单，董事会上好交代。这件事让他认识到中国保险公司在市场中的品牌价值。

1948 年 12 月 3 日，"江亚"轮在铜沙洋面爆炸沉没，"'江亚'轮惨案善后委员会"统计罹难者多达 3000 人以上，远远超过"泰坦尼克号"海难。遇难家属披麻戴孝来中国保险公司围困总经理和赔款室。当时"江亚"轮出事原因无法取证，公司争取伦敦再保险人的同意，支付了数以千万港元的船舶险赔款，帮助保户招商局渡过难关。"江亚"轮出事原因：据史料称，当时国民党上海海军航空兵的轰炸机飞往海州执行任务后返回上海高昌海军基地，在吴淞口外上空，机上悬挂的一枚 500 磅炸弹因安放欠妥而脱钩坠海。"江亚"轮此时恰好驶经这片水域，结果被炸沉没。但是事过境迁，保险履行了"为保户忠诚服务、和谐社会"的功能。

## 三、亲上加亲的婚姻

林增余的夫人谢雪琼是他的亲表妹。谢雪琼也出生于望族之家，她的父亲曾任海南海关总督，会多国外语，在当时实属罕见。她的父亲坚守儒道，热衷学业，常年资助家乡的多名孩子读书学医，在乡里有很高声誉。

谢雪琼在很小时父母先后因病去世，她成了孤儿。曾被她父亲资助上学的一个家庭，出于感恩，照顾她。最终谢雪琼的堂姐做了她的家长，并把她带到上海上学。但这终是寄人篱下的日子，她一直孤苦伶仃，这或许是她日后钟情于表哥的一种因素，她似乎只有在亲上加亲的家人那里，才可以找到温暖的情怀和踏实的安慰。

林增余与谢雪琼从小两小无猜，青梅竹马。谢雪琼在上海上大学时，已经回到上海工作的林增余经常在家族聚会时与她见面。他们水到渠成的情感，让他们纵身于爱情的海洋之中。花前月下，他们漫步在黄浦江畔的外滩，在公园里，他们经常在一起轻歌曼舞，合唱的歌声让音符化作黑夜的星辰，美轮美奂，相得益彰。面对这对金童玉女的恋人，周围的人好生羡慕。

但这对美好的姻缘却遭到了谢雪琼家人的极力反对，他们出于爱护遗孤的理由，嫌弃林增余收入低。但他们勇敢抗争，忠贞爱情，婚礼如期举行，虽然没有女方家长的祝福，但在同志和朋友的帮助下，他们婚姻生活的帷幔，终于在 1947 年开启了。

为写此文章，我从北京打电话到西安采访林增余的遗孀，我开始还担心已 90 岁的谢雪琼能否顺利回答我的提问。当我问起她当年为何选择林增余时，老人充满感情且思路清晰地说，她当年选择林增余，正是由于在老林的身上，体现出了真善美的价值。老人如数家珍地向我讲述林老真、善、美三方面的代表事例。

谢阿姨讲到，林增余为人为事业都求真诚，认真得有时已到较

林增余和谢雪琼的新婚照片。

林增余和家人合影。

林
增
余

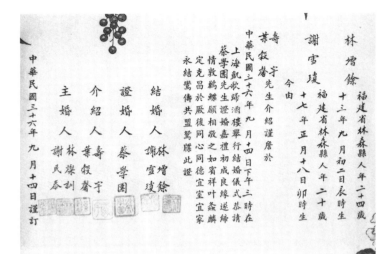

林增余和谢雪琼的结婚证。

20 世纪 80 年代，林增余（左二）出国考察。

真的地步。到晚年，公司领导见林增余太投入教学工作，当他出远门教学时，特意让家人陪同。

谢阿姨还讲到，有次林增余在家楼下的早点摊买早点，听见摊主说自己的小孩考上大学，还差 400 元学费，他便回家取了 400 元，给摊主送去。

我惊讶的不是 90 岁老人的思维敏捷，我惊讶的是，一个时代已经逝去，他们一路走来的艰辛，并没有降低她对一个男人一生的选择，如此的坚信。

## 四、把中国保险公司的牌子从上海扛到北京

1949 年 5 月 25 日，上海解放，军管会派军代表孙文敏宣布接管中国保险公司，派遣陆自诚、吴越、廖国英、施哲明联络员先后进驻公司。经上海军管会批准，随着"中国银行"经中央批准复业，原为中国银行投资的"中国产物保险有限公司"和"中国人寿保险公司"即改组为"中国保险股份有限公司"，为恢复国民经济、保障物资运输与外贸保险的需要，并争取中国保险海外机构为国家服务，于 6 月 20 日首先复业，较中国人民保险公司成立整整早 4 个月。

在中国人民银行第一任行长南汉宸的授意下，孙广志赴香港礼请宋汉章先生回内地。宋汉章虽因某种原因未能成行，但中国保险公司第一届董监事联席会议上，仍被推选为董事。

1949 年夏，国民党政府派飞机轰炸运送战略物资的"飞剪 Flying Allow"轮，中国进出口华东区公司经理石志昂亲自挂帅组织港务、航运、海关、银行、保险等全力协同打捞。林增余作为中保理赔人员参与了全过程，给老百姓抢救物资支付打捞费，迅速处理残损物资，减少损失，支付赔款补偿外汇，并通过再保险合约向英国摊回分保赔款。

9 月 2 日，重庆朝天门一带发生一场震惊中外的大火灾，烧毁房

他
在
中
国
的
版
图
上
行
走
了
一
个
圆
圈
—
记
中
国
人
民
保
险
公
司
中
国
保
险
公
司
理
赔
科
第
一
任
科
长

林增余获奖奖章。

1953 年，中国人民保险所属中国保险公司的工作人员在北京南长街办公室前合
影。第二排左二为林增余。

屋 8119 间，死亡 2500 多人，财产损失约 4200 余万银元，保险财产损失约 150 万银元。林增余代表公司一面指令香港派公证行前往重庆实地查勘和估损，另一面电告英国伦敦再保险人立案。香港三义公证行提出勘估报告，重庆分公司将赔案卷宗报总驻港处转总管理处审批。该案最后通过香港拨付款项给予赔付，并摊回巨额再保险赔款，维护了保险的信誉和人民的利益。正是这段时光的忙碌，使林增余具有了保险实务家的功底。

1949 年 10 月，中国人民保险公司华东区公司在上海开业。为保障生产，保护财产安全，贯彻"以防为主"的方针，华东区公司决定由朱元仁抽调一些理赔干部组织防灾培训班，林增余作为理赔专家参与此事，结业时，他写了《防火基本常识》一文，连载在公司的《保险园地》上。

1950 年夏，林增余在中保业务处长孙广志及陶听轩、王永明的指导下，与李嘉华等一起具体处理了一笔震惊中外的"海后"轮赔案，共计 700 多万英镑赔款，并向英国再保险人摊回 600 多万英镑，为国家赢回当时非常珍贵的外汇资金。

该轮保险均由中国保险公司上海分公司承保，出险后，中国保险公司立即将出险经过电告伦敦合约再保险人，审核了数以万计的物资装上"海后"轮的全部单证，核定确切的损失数字，要求支付现金赔款。伦敦方面，先以"运载物资的船舶改变航程未获通知，保险期限自卸载孟买港终止"为理由，不同意赔偿。中方以"物资未到达目的港，出有'在孟买中转续运'的批单，同意继续航程，不能终止保险契约"为由，驳回对方的拒理理由。对方又以"海后"轮未遭双方交战，保险条款不包括劫持责任为由，企图再次拒赔。林增余等人以理据争：船舶与货物是在暴力劫持下遭受的损失，保险人应按条款规定的"海盗"责任给予赔偿。

1951 年 9 月 25 日，根据中国保险公司第一届董监事联席会议决议，中国保险公司从上海迁至北京。为办理迁京事宜，公司组织了迁京委员会，委员会下设秘书、运输和眷属 3 个组，分别负责有关事宜。

林增余在《我的保险生涯》中回忆："当时公司在京上无片瓦、下无立足之地，全靠购买民宅作为办公和居住之处，公司在天安门西侧南长街南口 44 号购买的一套旧王府的三进四合院办公，职工宿舍全城东南西北都有，留给我最深印象的是给每个四合院内都专门安装了冲水便池，这是南汉宸行长为了照顾上海来的同志的生活习惯专门嘱咐修建的。"

中国保险公司总部迁到北京后，公司设秘书室 (张信甫任主任)，业务室 (蒋炳麟、朱瑞堂、景吉森分别任正副主任)、会计室 (廖国英任主任)、设计室 (潘华典任主任，朱元仁继任，王恩韶任正副主任，李嘉华、周泰祚任研究员)、人事室 (阎文康任主任)。业务室设运输险 (王仲石任副科长)、火险 (黄承宏任科长)、人寿、意外险 (沈才伯任科长)、分保 (张伯勋任科长) 和理赔 (林增余任科长) 6 个科。

1951 年，林增余被公司评为二等劳动模范。1954 年，公司学习《苏联国家保险》时，他撰写的《如何测定保险业务的财政稳定性和计算均方差》一文，发表在总公司《人民保险》刊物上。

为给新成立的广州分公司培训新员工，林增余与王恩韶等赴广州，"手拉手"培养当地员工。他们出发时都带了冬天的衣服，北京只有通往汉口的火车，他们背着沉重的行李摆渡到武昌换车到广州。林增余与员工同吃同住，一起开拓珠江航运货物运输保险，亲自带同当地员工与各方洽谈，共同享受展业成功的喜悦。当林增余见到珠江两岸的北回归线特有景色时，他心中涌动着充满人生希望的喜悦。

# 五、在大西北对人生旅途坐标的测绘

1955 年 11 月，中国保险公司总管理处撤销建制。1956 年 1 月，林增余等被调入地质部测绘局。吴震修、孙广志总经理亲自为他们送行。其实，后来人保停办国内业务，有的员工被解散到青海劳改局，境遇更加艰苦。

一纸调令，让林增余一家 7 口都去了西安，在首都钢厂工作的爱人也一同前往。夫妻俩担心西部医疗卫生条件差，临行前带着正在换牙的小女儿到医院里把所有牙齿都拔光了，好让牙重新长出来。

1956 年，为了支援地质部开发柴达木、祁连山矿藏，林增余随之调到测绘部门从事财务工作。在大西北戈壁的荒蛮地区，来自南方的林增余克服了水土不服，怀揣着坚定的理念，内心从没有干枯，夜晚的星光照耀着他的前程。

野外测绘，经常去的是没有人烟的地方，有时候需要分头行动，如果走失了，没有粮食和水，就会饿死在里边。林增余曾说过，测绘队每年都要丢几个……有一次，林增余和测绘队队员为了找寻一条从甘肃通到青海的路，费尽周折，甚至用骆驼储水才保证了他们最基本的生存。

林增余之所以会被选中前去大西北，与其外语特长和金融从业经历是分不开的。林增余在大西北接到的第一份工作是任国家测绘总局第一分局财务科长，而他的另一项重要工作内容就是配合来华的苏联专家开展工作。

林增余生前曾说过："当时的选择决定你的命运，而国家的命运决定了你的一切。"在他的生命轨迹中，每一次在中国版图上的迁徙，都是听从国家召唤的结果，他总能义无反顾，心甘情愿，也从不言悔。这对于今天的年轻人来说，简直是不可思议的事情。

1961 年，林增余被国家测绘总局评为红旗手，并任命为局一分局财务处科长。1964 年 6 月，林增余编写了《测绘财务》教材，并在国家测绘总局财务干部培训班上授课，为实施测绘事业企业化管理培养了一批财务骨干。

"文革"期间，林增余被莫须有地扣上"漏网右派"的罪名，关了两年"牛棚"。为寻求精神寄托，他把精力用于探讨英语语音教学改革上，钻研英语《原文标音法》。北京大学英语教学小组特意给他写信，肯定了他的研究。

1972 年，林增余被下放到陕棉十二厂，担任基建办公室副主任、财务科科长。他针对老厂缺乏更新改造资金，撰写了一篇《折旧与更新、基建与挖潜的关系》加以论述，为织布车间新厂房争取了大笔投资。林增余就是这样，不管客观环境如何，总以专业的精神、忘我的情怀，为企业发展作出自己的贡献，实现人生价值最大化。

# 六、回归保险续写辉煌的句号

1980 年 5 月，林增余奉调陕西省人民银行，参与筹建中国人民保险公司陕西省分公司。李嘉华、赵济年这些昔日的战友为他的归队起了决定性作用，他并没有贪图在公司中任以高职，只是踏踏实实做了许多具体业务。到 1984 年满 60 岁，他默默地退居二线。

林增余被中国人民银行专业技术职务评审委员会评审通过研究员。中国人民保险总公司聘请林增余为保险研究所特约研究员，中国保险管理干部学院、辽宁大学经济管理学院等聘为特约教授。他还担任中国保险学会理事、总公司教材编审委员会委员、《保险研究》杂志编委。

退休之后，林增余释放出了巨大的能量，他撰写了许多保险专著。其中《财产保险》被中央财经大学、辽宁大学、武汉大学、西南财经大学等用作保险专业教材。编写该书时，由于电大开学用书很急，

他在中国的版图上行走了一个圆圈——记中国人民保险公司中国保险公司理赔科第一任科长

2009 年，林增余（左一）获得"中国人保十大奠基人"称号。

暨中

总公司职教部要求 3 个月拿出书稿。当时正值酷暑，写书时尽管电风扇开着，手帕仍然是擦湿了一条又一条。

《财产保险基础》一书用剖析案例的方式，讲解保险原理和保险法规，并采用计量分析方法阐明保险费率和业务稳定性，填补了我国保险书籍在这方面的空白。1990 年该书被评为陕西省第三次社会科学优秀成果一等奖。林增余还曾担任我国第一部大型保险工具书——《保险大辞典》的副主编工作。

林增余对一些保险课题的研究，对中国保险业的发展产生了深远影响。早在 1981 年，他在中国保险学会研讨会上提出了《我国地震灾害与实施地震保险的可行性研究》，当中提出：我国是一个多地震的国家，一旦发生强震，将会动摇保险基础。因此，我们保险工作者如何认识和估算我国的地震危险，这对我们保险业务的财政稳定性具有十分重要的意义。建立起一笔相当巨大的保险基金才能应付这种灾害。

林增余还对出口信用保险、农业保险、健康保险、养老保险等政策性专业公司的成立提出了预见性的建议和调查报告。

林增余的主要论著还有《我国地震灾害与实施地震保险的可行性研究》《保护保险新成果的法律依据及实施方案》《社会统筹养老：前景不容乐观》《商业保险经营洪水风险的防范与化解》《"复关"与国际市场接轨中人保机制的改革》《树立"大农业保险"概念—实施农业产品产、供、销全程保险》《21 世纪健康保险的憧憬》等。

我在做《中国人保》杂志时，多次请教林老并向他约稿。有时稿子都要付印了，他还在电话里十分认真地校改着自己的稿子。令人敬佩的执着精神，可见一斑。

林增余还受聘中国平安、中保财险等公司的高级顾问。许多在保险监管、保险公司和保险教育领域发挥过重要作用的人，如魏迎宁、马明哲、郝演苏等，都聆听过林增余教授的课程，阅读过他编写的教材和著作。他教过的保险培训班，成为了培养保险总裁的摇篮。因此，林增余是我国当之无愧的保险"教父"。

林增余的儿子林景群讲：有一年，保监会副主席魏迎宁到西安出差，首先去看望林增余，以叙师生情义。林增余在家准备了西安小吃葫芦头粥，可惜飞机晚点，他热了一遍又一遍。

1993 年 10 月 1 日国务院根据《政府特殊津贴第 03 号》向林增余颁发了"表彰为发展我国社科研究事业作出突出贡献"证书。2009 年，在中国人民保险成立 60 周年时，林增余在北京获得"中国人保十大奠基人"称号，受到褒奖。

2013 年，林增余在西安病逝，享年 89 岁。

中央财经大学保险学院院长郝演苏在林增余遗体告别仪式上的致辞中讲到："林增余编写了恢复国内保险业务后的第一部保险教材，主持并参与了恢复国内保险业务后的第一批保险业务条款及业务操作流程的设计和起草。培养了恢复国内保险业务之后的第一批财产保险及相关保险的专业人才。正是由于林增余教授的杰出贡献和杰出努力，使他成为中国保险业第一批正高职的研究员，是我国保险业第一批获得国务院特殊津贴的专家。"这几个第一，总结得真好。

郝演苏用"生命不息，战斗不止"一词形容林增余对保险事业的追求精神，让保险后来人不得不为之震撼。

# 叶奕德

## 为了恢复保险 他三次上书中央——记中国人民保险公司国内业务处科长

我印象中的叶奕德总是一身西装，打着领带，老派知识分子的模样，高度近视的眼镜后，闪动着似乎可以穿透镜片的睿智目光。叶奕德的一生可以说是痴情保险的一生，他把满腔的热情都奉献给了保险事业。他除了对待保险问题执着、较真外，平日里总是为人随和，善解人意。

2007 年，中国人保恢复中国人民保险公司品牌，在北京饭店召开的复名大会上，首次为在人保工作满 25 年者颁发纪念奖章。当时有一位已退休多年的老同志，他曾参与人保的创建，在人保停办国内业务时，他被分配到外单位工作，人保恢复时，他归队不久又到了退休的年龄。因此，前后加起来，他不够 25 年，没有获得奖章。老人耿耿于怀，多次找公司理论。我深深理解他不是在意这个镀金的奖章，他在意的是自己对人保归属感的情怀。他就是叶奕德老先生。

## 一、充满激情的青春年华

1927 年 12 月 26 日，叶奕德出生在江苏的吴县。吴县位于长江三角洲中部，太湖之滨，号称"水乡"与"鱼米之乡"，是吴文化的发祥地。

叶奕德祖上是做买卖的小业主，后来生意做大了，举家迁到了上海。叶奕德在这个殷实的家庭中，过着衣食无忧的生活。在读完小学之后，顺利地考取了上海著名的大光中学。

叶奕德中学毕业后，考入上海中华工商高等专科学校工商管理系。由于他刻苦学习，成绩突出，享受奖学金待遇。

叶奕德在学校里认识了有着"校花"之称的马承钿。马承钿来自富贵人家，家宅号称"马家大院"，当时，学校里追求她的人很多，但她更看好踏实好学的叶奕德。马家以两家地位悬殊为由，极力反对这门婚事。但叶奕德、马承钿坚守忠贞的爱情，他俩决定趁着日本占领上海的战乱，离家出走，逃到了香港，此时他们还没有读完学校课程。在香港他俩过上甜蜜的新婚生活，但身为大小姐的马承钿，就连简单的做饭都要从头学起。

1947 年，叶奕德偕夫人一同回到阔别多年的上海。叶奕德经人介绍，进入上海中央信托局产物保险公司任办事员。

上海大光中学毕业生合影。

叶奕德和马承钿的结婚照片。

叶奕德与家人及金瑞麒女儿在北京天坛公园合影。

1949 年，解放军百万雄师逼近长江。有人劝说叶奕德到台湾，重操旧业。然而，也有人在争取他留在大陆，开创保险的未来。叶奕德在单位的对桌，是一叫陆传文的女士，她就是上海保险界的地下党。陆传文看好叶奕德年轻有为，青年才俊，有着一腔热血，因此，一心指引他走上革命道路。

1949 年 9 月，中国人民保险公司在北京紧锣密鼓地开展筹建。上海军管会保险组兵分两路，即留守上海和支援北京，郭雨东与陶增耀、姚乃廉、戈志高 4 位党员带领从接管单位挑选出的 30 多位思想进步、业务熟悉的中青年积极分子奉调先期赴京，参与筹建。随后又动员了第二批中青年骨干分子 20 多人去北京，叶奕德就是这一批的成员之一。

## 二、坚持办保险的一片痴心

1950 年，叶奕德来到北京公司总部工作，任国内业务处办事员、科长。夫人马承钿在人保北京分公司财务室任会计，与孙继武的夫人张庭月成为同事。他家当时住在南长街，与薛志章住同一个院。

在人保开创者中，叶奕德应算是年轻的保险专家，朝气蓬勃，斗志昂扬，从那时他在北京的照片中，可以看见他意气风发的精神气质。

叶奕德响应公司的号召，积极推广苏联强制保险模式。虽然强制保险不需要花大力气去展业，但对国家机关、企事业单位、合作社要进行保险宣传。叶奕德在工作中认识到，对单位的保险宣传落到实处，便是加大防灾防损的力度，他经常到水利、公安、消防部门，与他们合作推出防灾宣传和开展防灾检查，让保户得到实惠。

在农村保险中，实行的也是强制定额保险。但考虑到农村的实际情况，叶奕德每次下乡前都要把保险条款进行修改，尽量使保险条款文章通俗易懂，去掉那些从国外翻译过来的难懂的词句。

1953 年，有的政府部门提出保险公司开办的汽车公众责任保险会增加肇事，不利于交通安全，应当停办。当时负责此项业务的叶奕德主张继续开办，他建议领导在《人民保险》杂志上开展讨论，以获得更多的支持。他专门写了支持开办的文章，但是主张停办的占多数。到了 1954 年，总公司还是停办了此项业务。虽然事与愿违，但叶奕德一直属于开办派，成为保险的坚持者。

1956 年，第五次全国保险工作会议召开。为配合农业合作化高潮，会议提出"保险业务的重点应转向农村，并要为在农村中逐步实行强制保险创造条件"。有些地方竟出现民兵站岗，不投保不散会的过激行为。

1958 年初，叶奕德随总经理贝仲选去湖南出差，对"养猪三包"进行调研，同行的还有贝仲选的秘书白镜。所谓"养猪三包"就是"平时包防疫，病时包治疗，死时包赔偿"，这一办法得到湖南省委的推广。叶奕德又马不停蹄地到上海、江苏等地调研，回来撰写了大量的调查笔记，极力推广这一革新办法。

但是，当财政部领导向毛泽东主席汇报有关农村保险情况时，毛泽东说："愿意保就保，不愿保就不保。"周恩来总理也在旁边说："过去办得急躁了，冒进了，要谨慎。"这相当于一盆冷水，一下子浇在了热心推广保险的人头上，叶奕德的苦闷可想而知，在强大的指示面前，他也无法坚持了。

1958 年 9 月，在长沙刚开完养猪保险现场会议的叶奕德，来到郑州参加财政部的工作会，万万没想到的是，会议宣布：人民公社如火如荼，保险工作已经完成历史使命。

这一切，让叶奕德猝不及防。11 月，他带着抵触情绪到陕西、四川了解保险停办情况，见到有许多保户不愿退保，还要靠强迫手段退保。这又让他内心对保险的热情死灰复燃，向领导表达了对停办保险的意见。

人保公司除了做国外业务的部分人员由财政部划归中国银行国外局领导外，其余大部分人员转业到西南、西北等地。叶奕德本来是要被分配到贵州三线工作的，但业务股股长罗高元劝他留在北京，发挥写作的能力。最终，叶奕德到了朝阳区呼家楼中学，担任语文教师。夫人马承钿到了外贸工艺品进出口公司担任会计。

叶奕德虽然转业至学校，但仍然心系保险，曾先后三次向中央写信，主张恢复保险。1962年中秋节，叶奕德到同住月坛北小街宿舍的贝仲选家做客，向他提出，国家现在说人民公社是"共产风"，保险就是被"共产风"刮掉的，建议其向中央建议恢复保险。贝仲选答应他向上级转达。叶奕德回到家，连夜写了建议书，一式两份，一份请贝仲选通过财政部转递，另一份请林震峰通过银行转递。

过了一段时间，保险公司留守的人员告诉叶奕德，他的建议书中央有了回复，时任国务院副总理兼财政部部长的李先念批示是"暂缓办理"。尽管如此，叶奕德认为中央并没有否定，恢复还有希望。

## 三、为保险复业一路奔波

1978年7月的一天，叶奕德参加完人保第一任副总经理孙继武的追悼会，在回家的路上，遇到同行的林震峰。林震峰此时担任准备复业的人保公司的领导工作，他问叶奕德愿不愿意回人保工作，因为保险业务如果一时恢复不了，涉外业务也要添人。叶奕德毫不犹豫，当即表示愿意归队。

1978年11月，恢复国内保险已经内定，但叶奕德的调职手续还没有办好，但时间不等人，叶奕德先离开学校，回到阔别20多年的人保公司上班。

1979年2月，中国人民银行全国分行行长会议正式作出恢复国内保险的重大决策，老保险们奔走相告，群情激奋。叶奕德也成了中国保险业的三朝元老，见证了中国保险业的发展。

1979 年 5 月，在人民银行总行与北京市教育局的直接协调下，叶奕德正式接到调令，办理了手续，成为人保员工。

此时，叶奕德早在人保干了半年多了，没有办公室，就在自己家里办公。据叶奕德的儿子叶骅回忆：当时，叶奕德把自己在月坛北小街人保宿舍楼的两室一厅的房子，拿出一间做临时办公室，他经常和魏润泉、李嘉华、李锵等筹建小组人员在一起讨论保险条款，研究国外保险最新动态，遇到一些细节问题，经常争吵。叶骅印象最深的是一次讨论战争险条款中有关不明飞行物撞击需不需要赔款时，大家争论了好久。当时他们经常通宵达旦地工作，以致屋子里因为吸烟而乌烟瘴气。

人保工作恢复后，叶奕德作为国内业务处处长，总是下基层开展调研，遇到发生大的灾难和理赔事件，他还要提起包就走，到现场指导查勘理赔，在当年的许多照片中，可以看见叶奕德消瘦的身影。

叶奕德后任国内业务部副总经理、人保公司设计委员会副主任等职。

1992 年 4 月，叶奕德接到一个从台湾打来的电话，原来是他早年在中央信托局产物保险公司的同事范广大，其 1949 年去了台湾，从此音讯全无。范广大当时已是台湾航联产物保险公司总经理，他要组织台湾保险业代表团访问大陆，约叶奕德在北京见面。

在叶奕德积极策划下，1992 年 5 月，台湾代表团抵达北京，实现了海峡两岸保险业首次接触，开启了海峡两岸保险业务及学术的一系列交流活动。1994 年 1 月，叶奕德随中国保险学会代表团到访台湾，在一次联欢会上，叶奕德即席填词并仿《何日君再来》曲调登台高歌："海峡两对岸，本是一家人，英雄来论事，交流意义深。"

# 四、书写保险历史的绿皮书

前几天，某保险文化机构策划评选中国保险业历史研究专家，我向他们提到了叶奕德。叶奕德应该算是新中国保险业第一代保险历史研究专家，是当代中国保险历史研究的开创者和领军人物。

早在 1959 年，中国人保停办国内业务，许多人被迫转业。叶奕德和另外 3 名同事临时留下来，撰写《中国国家保险 10 年总结》。在写作期间，总经理贝仲选曾对叶奕德说，如果他对保险停办有看法，可以保留并反映，不要有顾虑，但总结还是要写好，对得起历史。可以说，此部总结，就是中国人保最早的司史，为后来保险历史梳理留下了宝贵资料。

1991 年，中国人保在中国保险学会基础上成立了《中国保险史》编审委员会，叶奕德担任编写组主编，正式启动了中国保险业历史的这一首创工程。

为了编写好这部史书，编委会组织了上海保险史志办公室、中国保险管理干部学院，以及具有丰富保险经验和熟悉保险史的老同志共 20 余人参与编写工作，他们在叶奕德的带领下，不辞辛苦，几乎跑遍了全国各大城市图书馆、档案室、人保资料室，搜集了数以万计的零散资料，经过去粗取精，去伪存真，细致筛选，反复论证，然后提交编委会论证，再由十余名专家执笔撰写，经数次讨论，多次易稿，印出 200 册"征求意见稿"分送全国保险机构及保险界老同志审阅并提出修改意见，最后将修改稿送编审委员会主任委员审定，整整历时了 6 年之久。

叶奕德本着对保险的热爱及历史负责的态度全身心地投入历史撰写中，他亲自指导，策划章节布局，还亲自撰写部分章节，他一笔一画写下的手稿就有厚厚的一摞。

《中国保险史》是中国第一部保险史书，其中中国保险业起源、

1979 年，中国人保恢复国内业务首次召开保险会议。

中国古代保险原始形态等章节都是开创性的梳理。

　　有史以来，其实也是有始以来，当下对中国保险的历史研究，有着前所未有的热潮，从一开始，便倾注了一代又一代研究者的心血。

　　保险史毕竟比银行史发展要晚，保险史的研究也同样短暂。1989 年上海社科院出版了《中国保险史志》;1998 年中国金融出版社

出版了《中国保险史》；2005年当代世界出版社出版了《中国保险
业二百年》；如今，2015年社会科学文献出版社出版了《保险史话》。
一路下来，在有关中国保险史研究的书籍中，丰富、立体地呈现出
了史志、史书、图史、史话等各种文本。

　　特别是《中国保险史》，它是当代中国保险史研究的拓荒性的

著作，是以叶奕德为代表的老保险从业者的开山之作，当时由几十位颇具威望的保险前辈和保险史志专家、学者，经过六年的努力，在几乎是完全空白的情况下，完成了中国第一部有关保险史的著述，让我们这些后来人受益匪浅。我们如今都习惯将《中国保险史》称为"绿皮书"。它的出版，在中国保险史研究上有着里程碑的意义。

叶奕德在年逾古稀之时，还心系人保，经常为人保新员工讲授保险史课程，且笔耕不辍，经常撰写有关保险历史的文章。我那时在做《中国人保》杂志，经常和叶奕德老先生沟通约稿，他总是热情地为我们写稿。在2009年人保成立60年之际，叶奕德为《中国人保》纪念专刊撰写了《为恢复业务三次写信给中央》的专稿，还亲自到万春园来送稿子，并无私提供宝贵的历史资料。其实，我对人保历史的兴趣，是受叶奕德老先生的影响，可以说他是我的启蒙老师。

2012年，叶奕德还参加了人保司庆活动中有关人保历史大型纪录片启动的采访拍摄活动。

## 五、晚年的教书先生

叶奕德1986年退休，但又在公司保险研究所干了近10年，这种情况是很少见的。

2014年1月5日，叶奕德刚刚过完自己的生日，还曾笑迎前来庆生祝福的宾客，就匆匆告别了人世，告别了他钟爱一生的事业。

叶奕德在担任保险研究所副所长期间，曾任中国保险学会、中国金融学会副秘书长，并受聘任中国人民保险公司第一至第三届高级职称评定委员会委员。

善为人师、寓教于乐的叶奕德在晚年就像一支燃烧的蜡烛，给后来者带来光芒。他在多所学院担任教师，是中国人民银行研究生部兼职教授、硕士生导师，首都经贸大学保险系客座教授，先后讲

1993 年，人保公司参加第一次海峡两岸保险研讨会叶奕德（左一）。

1985 年辽宁水灾，人保总公司叶奕德（左二）赴大连灾区处理洪水赔案。

叶奕德家老式收音机。

《中国保险史》是以叶奕德为代表的老保险从业者的开山之作。

授保险理论及财产保险课程达十余年，今日的许多保险大咖是他的学生，如李玉泉、王真等。

当年，太平洋保险公司成立时欲请叶奕德出山，委以重任，被他婉拒，他说当老师还是比当官好。

我印象中的叶奕德总是一身西装，打着领带，老派知识分子的模样，高度近视的眼镜后，闪动着似乎可以穿透镜片的睿智目光。

叶奕德的一生可以说是痴情保险的一生，他把满腔的热情都奉献给了保险事业。他除了对待保险问题执着、较真外，平日里却为人随和，善解人意。

叶奕德的儿子叶骅记得小时一件事，父亲给他们兄弟几个买了一个铁积木，可以拼装各种玩具。那时这种玩具非常罕见，引得院里的小朋友纷纷来他家玩，其中一个小朋友爱不释手，离开时顺走了一个车轱辘。回家后被他老妈发现，一顿臭揍，带着他把轱辘还了回来，并赔礼道歉，他妈还买了一套新玩具赔给他们，但他父亲死活不肯收下。

那年我去月坛北小街叶奕德老人家拜访，见到他家极简单的家具和陈设，他向我炫耀着他那装满保险资料的书架，似乎在介绍一件他最钟情的传家宝。叶奕德的夫人马承钿老人非常低调、朴素，一看就是典型的南方持家的妇女。

尽管如此，在"文革"中，叶奕德还是不能躲过迫害，似乎从旧时代过来的人总是不清白。造反派抄过叶奕德的家，说他家的一台捷克收音机是发报机，叶奕德是台湾特务。

我们今日梳理人保历史的时候，得知当年叶奕德为了人保事业的传承，自发地连续三次给中央上书，恳请恢复保险的事迹，怎能不相信叶奕德是一个大公无私、光明磊落的人！

用歌声点燃山城的保险——记中国人民保险公司西南区公司业务股第一任股长

# 赵同生

2009 年 8 月，我为征集人保文物，到访重庆人保公司。公司介绍，有一位老保险，叫赵同生，是重庆保险的活化石。这是我第一次听到这个名字。

2009 年 8 月，我为征集人保文物，到访重庆人保公司。公司介绍，有一位老保险，叫赵同生，是重庆保险的活化石。这是我第一次听到这个名字。

在沧白路人保公司不远的地方，是人保 20 世纪 80 年代的宿舍楼，楼道陈旧昏暗，几乎家家都是老式的防盗门。赵同生老人的家可以说是家徒四壁，陈设简陋。当时已 90 岁的赵老一边给我们切着西瓜，一边张罗开电风扇。赵老从里屋拿出他自己编辑剪贴的自传体画册，供我挑选资料。阳光从窗外照射进来，像拂去历史的尘埃一般，照在赵老的画册上，我眼前的一切，似乎都变得明亮、清晰、亲切起来。

中午，赵老和我们共进午餐。看着他超出我们想象的饭量，我们都劝他别吃得太多，老人说，别剩下太多。饭后，我们要送老人回家，老人执意一人步行回家。让我记忆深刻的一幕是：在昔日闻名的朝天门码头，老人的背影转瞬之间便已融进了熙熙攘攘的街头。我脚下碧绿的嘉陵江水与褐黄色的长江水在交汇的激流中撞击着，那清浊分明的旋涡，如同在历史的化解中，滚滚地逝去。

## 一、从东到西、从南到北的辗转迁回

赵同生 1921 年 4 月 9 日出生于江苏镇江市一个破落的书香门第之家。他父亲这一代，已只是银行的普通职员，母亲是家庭妇女。就是这样，有时父亲也会失去工作，全家八口，仅靠保险金维持一段生活。

赵同生上学的时候，还穿着由短衫加长改制的粗蓝布长衫，经常被同学取笑。赵同生记得，那时他经常随父亲去当铺当旧衣服，可见生活难以为继。

1934 年，赵同生的父亲因为心情长期抑郁，从武汉回家不久便患病逝去，年仅 49 岁。13 岁的赵同生在小学毕业之后已考取了学校，

赵
同
生

20世纪50年代, 赵同生 (左一) 等同志参与创建中国人民保险公司重庆市分公司 (提供者: 赵同生) 。

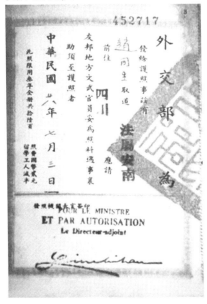

赵同生早年出国护照。

385

但也不能继续读了，于是就辍学了。

赵同生舍不得离开校园，他在一所中学的消费合作社一边当营业员，一边进行不算正规的就读。赵同生依然幻想着有一天重返校园，但无情的现实使他不得不了断继续深造的梦想。1936 年，赵同生到上海一家糖铺商号当学徒，提早步入了社会。在霓虹闪烁的大都市，赵同生一边做生意，一边自学文化，练就了一身自强自立的本领。

1939 年，上海沦陷。为了躲避日军战火，在远在重庆的哥哥的帮助下，18 岁的赵同生从上海乘船，辗转香港、越南，经昆明到了重庆。

赵同生在哥哥的介绍下，进入中国保险公司，成为见习生，开始了一生的保险生涯。作为一个小学毕业的人，可以进入中国保险公司，在当时来说，是一件罕见的事，可见赵同生自学的成绩也非常突出。

陈杰主编的《抗战时期重庆保险史》一书介绍："抗战时期中国保险公司在重庆上清寺中国银行办事处楼上办公，经理先后为钱仰之、卢逢清，公司直辖衡阳、桂林、贵阳、昆明等经理处。业务来源除人寿保险部分有少数险体的个人寿险外，财产保险部分主要承保当地中国银行押汇、放款业务及该行投资兴办的企业和仓库财产。还有一些官办大型企业的保险份额以及在当地吸收的少数分保业务。"

赵同生当时主要负责保险代理工作，他边干边学，逐渐对保险产生了兴趣，并很快成为了保险行家。

赵同生在接受保险历史研究专家陈国庆采访时回忆：当时，日本人空袭频繁。赵同生年轻气盛，不愿意躲进防空洞。中国银行有一个地下室，他就经常去那里躲避。有一天，重庆的警报非常响，气氛很紧张。后来办公大楼就被炸了，办公桌子、椅子都被炸飞了。爆炸现场离这个地下室只有几公尺，当时地下室瞬间一点光亮都没有了，出口完全被灰尘、砂石堵住了，一片漆黑，他和伙伴把出口一点一点扒开，才爬出来。

抗战时期交通不方便，货物也很不安全。为适应战争形势，增办了陆地兵险、运输兵险等。但运输兵险多数都赔了。

1941 年，赵同生到了湖北老河口工作，并在那里转为正式员工。1942 年，赵同生因为撰写的一篇业务文章触及了某些同事的利益，受到刁难，一气之下，他被迫离开，转而奔赴西安，主要负责中国银行系统抵押品保险。

由于工作勤奋，在一次薪资调整时，赵同生被调为最高等级，已经结婚的他，把母亲和妹妹从镇江接到西安，可见，他的生活也如日中天，走上正轨。

1949 年初，解放军兵临城下。赵同生和中国银行的同事举家从宝鸡乘汽车返回重庆，9 月被资遣。

## 二、燃起山城保险的星星之火

保险历史研究专家赵守兵在《赵同生：重庆保险业的活化石》一文中介绍：1949 年 12 月，解放军攻克重庆。重庆军管会金融部派人接管了原中国保险公司、中国农业保险公司等，组建中国人民保险公司西南区公司，在渝中区打铜巷 38 号营业。随后所属川东支公司、重庆支公司相继成立。

1950 年 1 月，赵同生参与西南区公司的筹备组建工作，他主要负责筹备江津县保险。1 月 15 日，西南区公司成立，管辖范围包括四川、云南、贵州、西康四省。作为中国人民银行重庆专行行长兼任负责人，赵同生先任业务股股长，后任防灾理赔科的副科长，1953 年 7 月，大区撤销以后，赵同生担任重庆分公司防灾理赔科科长。

从 20 世纪 50 年代重庆人保老照片中，可以了解重庆保险有关

用歌声点燃山城的保险——记中国人民保险公司西南区公司业务股第一任股长

1954 年，中国人民保险公司重庆市分公司的防火宣传车。

1958年底，中国人民保险重庆市分公司国内保险业务停办时的清理小组人员合影。

1958年，大跃进年代投保的木船于洪水期间在长江里翻船，所载生铁沉入江底。当时中国人民保险公司重庆市分公司组织员工打捞生铁220吨。图为报喜时抬横幅的情景。

防火防灾的宣传情况。重庆曾开展长江航运木船保险，在 50 年代洪水泛滥期间，木船翻船，所载生铁沉入江底，保险公司理赔员工参与施救，苦战一个月，打捞生铁 220 吨。照片中，见到保险公司员工向当地政府报喜。

1956 年，赵同生参加了中央财贸干校保险培训班的脱产学习。在近一年的学习中，他一方面提高了自己的业务水平，另一方面也见了一些世面。当时像赵同生这种已经熟悉保险业务的人还不太多，因此，他成为同学中的保险专业骨干。

最让赵同生难忘的是在毕业的时候，学校用汽车把他们送到中南海，接受中央领导的接见。1957 年 6 月 28 日，毛泽东、周恩来、朱德、陈云、邓小平等十几位中央领导一起接见了包括银行、财政、保险等系统的代表，这也是人保历史上保险员工受到的最隆重的接见。2009 年，在赵同生向我展示这张由转机拍摄的近两米长的长卷老照片时，老人激动的心依然如旧。由于他经常向人们指点自己在合影中的位置，所以在照片中他的身上留下了深深的指印。老人当时慷慨地把原版照片交给我带回了公司，如今这幅照片成为了人保陈列馆的镇馆之宝。

1958 年，国内保险停办。赵同生负责办理退保工作。当时规定，人身险有效的要退保险费，无效的也要退一部分钱。这个工作重庆当时搞得还是比较细的，整个退保工作历时一年多。

赵同生把 20 世纪 50 年代的保险业务资料及在中央财贸干校学习的保险教材一直珍藏着，因为他相信，保险总有一天是要恢复的。

## 三、恢复保险如同焕发青春

赵同生依依不舍地离开保险后，先在财贸职工业余文工团搞编导指挥工作。1960 年至 1979 年，赵同生在中国人民银行重庆支行主

赵
同
生

1966 年，中国人民保险公司重庆市分公司员工在北碚区同兴乡红岩大队参加四清工作。

要是做储蓄管理和宣传工作。

1979 年，重庆银行行长找到赵同生，让他负责恢复当地保险公司的工作。当时百废待兴，第一没有机构，第二没有人员，第三没有办公设施。

赵同生着手做了两个工作，一个是加强研究，另一个是抓人员建设，也就是遵循"以人为本，调研为先"的组建原则。当时他跟重庆财贸学校人员一起，到全国各地了解情况，看人家是怎么恢复的，吸取经验。赵同生首创在财贸学校举办保险研修班，培养员工。他们首先找到 38 个曾经做过保险工作的人，把公司建立起来。赵同生任中国人民保险公司重庆分公司副总经理，主持日常工作，总经理由人民银行重庆分行副行长兼任。

赵同生记得当时第一张保险单是他亲自动手油印的。而第一笔业务才 280 元，保户是商场经理，原来是跟他学唱歌的一个学生。当年重庆就收入了 412 万元保费，轰动了全国。

当时全国恢复业务的公司还不多，上海、江西、重庆等都是第一批恢复的。恢复半年以后，在上海召开保险工作会议，赵同生在会上进行了经验交流。

由于国内业务停办 20 年，当时的客观条件非常差。一方面社会上对保险的认知很模糊；另一方面，公司本身没有机构，缺少人员和专业设备，所以恢复工作的任务还比较艰巨。赵同生就是凭着"一张嘴巴两条腿，三个文件身上揣"，把工作开展起来的，"三个文件"就是指恢复保险的一些文件。

1981 年，重庆遭遇洪灾。洪灾后，赵同生首先了解水位，通报水情，接着指挥、协助搬运沿江物资，事后及时查勘理赔。有一个多月，赵同生都是在办公室睡板凳过的夜。

整个救灾过程社会反映非常好，《人民日报》发表评论说："通过这次四川洪灾，默默无闻多年的保险，现在是大放异彩。"所以第二年、第三年业务就逐步发展起来了。

重庆人保老宣传唐国纲在《重庆保险业的三朝元老》一文中说："赵老一生与保险结缘：年轻搞保险；中年做保险；壮年干保险；晚年讲保险。"

赵同生曾说，保险的宣传工作还是很艰苦的，但是一旦取得成效，为公司作了贡献，还是很高兴的。也就是说，如果热爱这个工作，就不会感到累。

# 四、用余热育人的老园丁

1983 年，保险公司升格，赵同生年龄也到站了。但他继续做保险研究工作，搞保险干部培训，着手创建重庆保险学会。

那时整个西南地区，甚至包括新疆地区，赵同生都参与了保险培训。他是全国保险系统的第一批高级工程师，参与了总公司最初的保险教材编写工作，参与多次保险理论研究，撰写了 100 多篇保险论文。

1982 年，赵同生到北京总公司，参加《保险概论》《防灾理赔》的修编工作。他们三个人编出了全国第一本保险概论和保险防灾理赔的书，这成为第一批培训保险人才的教材，第一版印了几万本，发挥了巨大作用，今日活跃在保险战线的一些保险大咖当年就是读着这两本书上阵的。

人保财险电子商务部总经理蒋新伟曾在重庆人保工作，对赵老怀有深深的情感。他在重庆上班的第一天，就接受赵同生的面试。他记忆深刻的是赵同生当时坐在一把破旧的竹椅上，目光充满殷切的希望。赵同生退休后，蒋新伟又是在他的手下编辑《重庆保险》杂志，可以说在蒋新伟的保险生涯中，赵同生深深影响了他。

赵同生曾说，最大的成就虽说不上，就是忠于保险事业，年轻时候就是想多为保险事业做工作，退休以后就是尽量多培训些保险干部，同时通过写保险论文提高大家对保险的认识水平。

赵同生不仅关心保险培训，还关注保险历史研究，他可以说是当代人保历史研究的鼻祖。2008 年，他撰写了《重庆金融史话》中有关保险的部分章节。在他生命的后期，他先后为人保集团、中国人寿、重庆保险学会捐赠了自己珍藏的保险资料和实物，被人们传颂。

2009 年，赵同生在人保成立 60 周年之际，赋诗一首：喜迎人保六十春，适逢国庆齐欢腾；神州处处凯歌扬，保险事业正兴盛；回首来时风雨路，几经坎坷犹奋进；两度创业成就显，辛勤耕耘几代人；改革开放结硕果，再创佳绩绣前程。并将之谱曲演唱。

2016 年 3 月 4 日，赵同生在重庆去世，享年 95 岁。

## 五、唱响情怀的歌声

赵同生曾经谦虚地说自己的一生只做了两件事：唱歌和保险。

赵同生年轻时在上海就爱好唱歌，但是当时并没有好的系统学习机会。到重庆生活以后，这边音乐会比较多，当时有个银行俱乐部，赵同生就参加了唱歌排练。

1939 年，《黄河大合唱》创作之后，在各地演出都比较多，但是重庆作为国民党的陪都，还没有演出。赵同生参加了重庆市第一次《黄河大合唱》的筹备工作，在当时银行政治部第三厅骨干的支持下，还是完成了这个排练。

1940 年 12 月，《黄河大合唱》在重庆市首次公演。在公演前，指挥家王运坚接到了恐吓信，不得已临时换了指挥。周恩来还出席观看了最后的演出，赵同生兴奋不已。

赵同生调到西安工作以后，业余时间参加了华夏合唱团，他的爱人也是这个合唱团的成员。当时的男团员大多是银行、铁路的工

20世纪50年代，中国人民保险公司重庆市分公司举办庆祝国庆歌咏比赛。

20世纪50年代，中国人民保险公司重庆市分公司举行歌咏比赛活动。

20 世纪 80 年代，中国人民保险公司重庆市分公司员工合影。

作人员，女团员一般是教会、学校的学生。他们在歌声中相识，在歌声中相知相爱，后来就在西安结婚了。

　　1986 年，重庆成立老年合唱团，赵同生就是第一批成员，他当过副团长，也担任过指挥。他经常跟一些退休的专业人士及业余爱好者合作，到重庆区县演出。

　　1996 年，文化部和中央电视台联合主办全国老年合唱比赛，赵同生率团参加比赛。第一次是在无锡，得了一个铜奖。后来，在北京等地又参加了几次比赛，都得了奖。

　　赵同生在歌声中不仅找到了知音，还找到了客户，培养了客户，用歌声展业，用歌声宣传保险。在歌声中，不仅使赵同生获得了生活的乐趣，而且使赵同生的生命和情怀得到了抒发和历练。

《保险概论》教材编组成员合影（后排左二为赵同生）。

赵同生展示任命书。

钟贤道

## 英雄迟暮　抱得美人归——记中国人民保险公司华东区公司运输保险部理赔科科长

钟贤道是中国航运交通的早期创始人、中国人民保险航运保险专业的翘楚，时光遮蔽了他的光环，历史记载的或许只是他那风花雪月的传说，这是历史的必然，也是人性的必然。

1942 年 4 月 4 日，在重庆百龄餐厅，时任重庆华中航运局经理的钟贤道与民国著名美女王映霞结为连理。婚礼极为隆重，婚宴搞了整整三天。贺客盈门，嘉宾如云，王莹、胡蝶、金山这些当时的大明星也前去赴宴。婚礼震动了整个山城，有说法称："钟贤道拐了个大美人！"

郁达夫的朋友、专栏作家章克标在《文苑草木》说："他们的婚礼是十分体面富丽的。据说重庆的中央电影制片厂还为他们拍摄了新闻纪录片。他们在上海、杭州各报上登载了大幅的婚礼广告，而且介绍人还是著名外交界名人王正廷，可见这个婚礼的规格之高，非常阔绰。"著名作家施蛰存还专门为王映霞赋诗一首："朱唇憔悴玉容瞿，说到平生泪迹濡。早岁延明真快婿，于今方朔是狂夫。谤书欲玷荆和璧，归妹难为和浦珠。蹀蹀御沟歌决绝，山中无意采蘼芜。"对于这次隆重的婚礼，王映霞本人也是念念不忘，1983 年她在《阔别星洲四十年》一文中回忆说："我始终觉得，结婚仪式的隆重与否，关系到婚后的精神面貌至巨。"此前，1928 年 2 月，王映霞与郁达夫在杭州西子湖畔大旅社举行的婚礼，同样引人瞩目，只是留下了是是非非的结局。因此，言钟贤道，必先从其充满传奇的夫人王映霞说起。

## 一、富春江上的爱情奇迹

王映霞，1908 年出生于杭州，她本姓金，小名金锁。"锁"，由金、小、贝三个字组成，意为金家的小宝贝，学名金宝琴。童稚时过继给外祖父王二南做孙女，易名为王旭，号映霞。王二南先生系南社社员，琴棋书画俱精，满腹经纶。王映霞自幼承欢在王二南先生膝下，春雨润物，受到良好的传统文化的熏陶。她先在外祖父开的蒙馆读《三字经》，后入教会学校弘道女校，1923 年考入杭州女子师范学校。

郁达夫与王映霞。

戴笠与王映霞。

杭州女师人才辈出，王映霞是她们中的佼佼者。且王映霞美貌出众，人送她"荸荠白"的雅号，誉为"杭州第一美人"。甚至当时有"天下女子数苏杭，苏杭女子数映霞"之说。

王映霞的班主任老师是位刚从北大毕业的文科生，他把五四新文学的清风带进校园。王映霞始知鲁迅、郭沫若，始知创造社有个郁达夫，在拜读其《沉沦》时，她对文中的大胆描写，觉得颇"有些难为情"。令王映霞做梦也想不到的是日后竟有机会邂逅郁达夫，从而使近代文坛演绎出一阕"风雨茅庐"的传奇情话。

1927年冬的一天，王映霞到上海尚贤坊里弄的世伯孙百刚寓所探望，恰巧孙百刚留日的同窗郁达夫前来拜访。郁达夫对王映霞"惊为天人"，王映霞也是一脸昭然若揭的窘迫，两人眉目传情，落花有意随流水，此地至今留有"玫瑰事件"的残留馨香。

其实郁达夫早在从日本回国省亲的1917年，就已奉母命与乡绅大户孙孝贞之女孙兰坡订婚。后郁达夫为孙兰坡改名为孙荃，意即孙家香草，爱惜与尊敬充盈其间。但郁达夫是位风流才子，在此前后，他与多名女子产生过荒唐的恋情。

郁达夫遇王映霞，一见倾心，遂求再见、三见。在他们相识之初，王映霞在犹豫、困惑、烦恼、兴奋中举棋不定，但终抵不住"欲撰西泠才女传"的郁达夫的苦心孤诣的追求，有心回应"红袖添香夜读书"。

在郁达夫一封封密集的情书中，文字呈现出颇为魅力的光彩。由竭力做"永久的朋友"，再到"我也不愿意打散这件喜事。可是王女士，人生只有一次婚姻，结婚与情爱，有微妙的关系，但你须想想当你结婚年余之后，就不得不日日作家庭的主妇，或拖了小孩，祖胸露乳等情形，我想你必能决定你现在所考虑的路。你情愿做家庭的奴隶吗？还是情愿做一个自由的女王？你的生活尽可以独立，你的自由，绝不应该就这样的轻轻放弃……"郁达夫更有情诗传诵：

王映霞。

朝来风色暗高楼，

谐隐名山誓白头。

好事只愁天妒我，

为君先买五湖舟。

郁达夫还在自己的新著《寒灰集》的序言中称："王映霞复燃了他行将熄灭的寒灰"。

1928年2月，王映霞与郁达夫在杭州西子湖畔大旅社举行婚礼，才子佳人，名动全城。那一年，她20岁，郁达夫32岁。当时柳亚子赠诗郁达夫，其中"富春江上神仙侣"一句传诵一时。

婚后王映霞发挥了妻子的柔情，竭尽所能与郁达夫共同建立一个爱的窝巢之外，还每天准备鸡汁、甲鱼、黄芪炖老鸭等补养餐饮，据她说"日子比鲁迅家过得好"。郁达夫也对她恩爱有加，并以"日记九种"的形式把他对王映霞的爱登在报刊上，使人们都知道他有一位贤淑、聪明、美丽的好妻子。

1933年，王映霞举家由上海迁到杭州，建了一座"风雨茅庐"居住下来。这里成为了上流社会交往的重地，极喜结交名人的王映霞也由此成为一颗交际明星。据当年曾去过"风雨茅庐"的日本历史学家增井经夫回忆："王映霞漂亮得简直像个电影明星，给我留下深刻的印象。当时她在杭州的社交界是颗明星，而她在席上以主人的身份频频向我敬酒，说'增井先生，干杯'时，就把喝干了的酒杯倒转来给我看，确是惯于社交应酬的样子。又有她那深绿色翡翠耳环和手镯，在灯光下摇曳闪烁的情景，至今还很清晰地如在眼前。"但谁又想到本是爱巢的"风雨茅庐"，最终成为了他俩的爱情坟墓。

# 二、爱恨情仇的戏剧

钟
贤
道

美人才子的结合，在文坛上往往是被传成佳话的。但自古多情浪漫的爱情，又多是剧烈凄惨的结局。

时间一长，王映霞、郁达夫之间渐生罅隙。首先，作为新女性的王映霞很介意名分，从一开始她就希望郁达夫与孙荃离婚后她再嫁，但郁达夫的矛盾与拖延，使她这一心愿没能达成。孙荃从北京的来信，都能让郁达夫深感不安。特别是 1932 年郁达夫在杭州养病题赠映霞的一首七律《登杭州南高峰》，其中还有意无意将王映霞视为"妾妇"：

> 病肺年来惯出家，老龙井上煮桑芽。
> 五更衾薄寒难耐，九月秋迟桂始花。
> 香暗时挑闺里梦，眼明不吃雨前茶。
> 题诗报与朝云道，玉局参禅兴正赊。

这里郁达夫以"朝云"比王映霞。朝云是苏东坡的小妾，也姓王，也是杭州人。朝云因此以古代文人侍妾的代名词而名世。

后来又发生了一件事，使王映霞的妾妇身份可谓"实至名归"：郁母七十大寿时，郁达夫带王映霞回富阳老家拜贺。寿堂前郁母高坐，在王映霞刚欲上前跪拜时，孙荃见状从左侧快步插入，抢在王映霞之先朝婆婆下拜了。郁母见状，从座位上立起身，以示拜寿结束。

王映霞对此不依不饶，由外公王二南先生出面让郁达夫写了"保证书"和"版权赠予书"。从此，郁达夫觉得王映霞把金钱、物质看得比什么都重，是一个未脱尽世俗的女子，于是"幻灭的悲哀"涌上心头。

但好戏还在后面。郁达夫又在家中发现了浙江教育厅厅长许绍棣写给王映霞的情书。此时刚刚丧妻的许绍棣与王映霞比邻而居，来往频繁。王映霞还曾把徐悲鸿的前恋人孙多慈介绍给许绍棣，但许绍棣心猿意马。

一天，郁达夫回家见王映霞未归，便在《大公报》上发表"寻人启事"："王映霞女士鉴乱世男女离合，本属寻常，汝与某男之关系携去细软衣饰金银款项契据等都不成问题，唯汝母及小孩想念甚殷，乞告以地址，郁达夫谨。"其实并非在许绍棣处的王映霞见了勃然大怒，回话：如请回家，必刊登道歉启事。无奈，郁达夫又来一遍："达夫前以精神失常，语言不合，致逼走妻王映霞女士，并在登报寻找启事中，诬指与某君关系及携去细软等事，事后寻思，复经朋友解说，始知全出于误会，兹特登报声明，并深致歉意。"可见那时，名人的家事也在报纸上公开撕逼，如今日在微信上互掐一样。

接着，"特工王"戴笠与王映霞亦有染，甚至王映霞在武汉为戴笠打过胎。郁达夫的生前好友、著名诗人汪静之撰文透露，郁达夫在外地时，他曾冒充王映霞的男人，陪她到汉口一家私人开的小医院里做了流产手术。

郁达夫与戴笠同为浙江老乡，还是前后同学。郁达夫在1936年2月14日的日记中记录："发雨农（戴笠字雨农）戴先生书，谢伊又送贵妃酒来也。"估计他们之间密切的交往，就是从这个时期开始的。但作为好色出名的戴笠，这可是醉翁之意不在酒，其真正目的是借机接近王映霞。

发现王映霞与戴笠的奸情后，郁达夫愤怒至极。见窗外王映霞洗涤晾晒的纱衫还挂在那儿，郁达夫拿笔饱浸浓墨在那纱衫上大写："下堂妾王氏改嫁前之遗留品！"并成诗一首：

凤去台空夜渐长，挑灯时展嫁衣裳；

愁教晓日穿金缕，故绣重帏护玉堂。

碧落有星烂昴宿，残宵无梦到横塘；

武昌旧是伤心地，望阻侯门更断肠。

　　"侯门"当指戴笠的府邸。这还不够，郁达夫在报上登出"警告逃妻"的启事，使得王映霞颜面尽失，肝肠寸断。于是戴笠通过中间人来做郁达夫的工作，郁达夫又在报上登出"道歉启事"，王映霞写了一纸"悔过书"，双方于是言归于好。这时武汉局势吃紧，郁达夫答应了新加坡《星洲日报》之聘，带着王映霞远赴南洋。

　　王映霞到了新加坡后，难舍远方的情人，天天与郁达夫吵架。郁达夫忍无可忍，便将《毁家诗记》寄到香港的《大风旬刊》发表。用 19 首诗和一阕词，自曝家丑。内容包括两年来郁、王婚姻触礁的点点滴滴，详细叙说王映霞与许绍棣红杏出墙的情事，并加以注释。用词尖刻，不留余地。使得王映霞品格扫地，气得七窍生烟。而王映霞也以《一封长信的开始》《请看事实》相回应。

　　他俩互揭疮疤，彼此心中都留下不肯愈合的伤口。其实那些蜚短流长的八卦，又有谁说得清。在报纸的推波助澜下，王映霞卒与"曾因酒醉鞭名马，生怕情多累美人"的郁达夫达成离异声明。

　　1940 年 8 月 2 日，王映霞归国后，郁达夫冷静下来，对她仍是思念不已，有诗为证：

大堤杨柳记依依，此去离多会自稀；

秋雨茂陵人独宿，凯风棘野雉双飞。

纵无七子为衷社，尚有三春各恋晖；

愁听灯前儿辈语，阿娘真个几时归。

　　郁达夫希望以母子之情去打动王映霞，妄想她幡然悔悟，然而

钟贤道与王映霞。

一切已无法挽回了。

　　一个爱情的神话，终于破灭。这对才子佳人，从萍水相逢到不欢而散，倒真戏剧性地印证了郁达夫婚前所言"我且留此一粒苦种，聊作他年的回忆"。

## 三、重启婚姻的航程

　　王映霞从国外回到重庆后，开始了新的生活。先后任妇女指导委员会保育院保育员、军事委员会特检处秘书、外交部文书科科员等职。王映霞在重庆的工作和生活，都得益于戴笠的鼎力相助。

　　王映霞清楚地知道，红颜易老，青春不再，她必须有效地把握自己犹存的风韵，而且还要尽量摆脱"郁达夫弃妇"的阴影。于是

钟贤道与王映霞。

努力重塑淑女的形象。据说王映霞在外交部上班的第一天，她便刻意地打扮了一番，穿着一身凹凸有致的花色旗袍，足登三寸高跟皮鞋，加上她那"荸荠白"的皮肤，确实是艳光四射。当王映霞款摆腰肢地走进办公室时，四座皆惊。

王映霞凭着她的家世、学识、美艳、机敏，再加上岁月的磨炼、爱情的波折、饱经的世故，已是左右逢源，人情练达。而且还总有贵人相助，因此日子过得顺风顺水。

1942年4月，曾代理民国国务总理兼外长、后任南京国民政府外交部长的王正廷做媒，王映霞与王正廷的学生、时任重庆华中航运局的经理钟贤道结成连理，再披嫁衣。自此，钟贤道开始走入了王映霞的人生世界。

而此后，王映霞生命中至关重要的两个男人都相继逝去。1945年，郁达夫在苏门答腊岛被日本宪兵杀害，有好事者猜测，多半是戴笠的军统趁乱世所为。1946年，戴笠因飞机失事而死。

婚前，钟贤道许诺："我懂得怎样把你已经失去的年华找回来，请你相信我。"钟贤道努力实践着他的诺言，他让王映霞辞去外交部的工作，专事家政。王映霞"三日入厨房，洗手做羹汤"。

## 四、航运保险的滩涂

钟贤道这位从此成为著名人物的新郎，1908年出生于江苏常州，在这个鱼米之乡的故里，钟贤道从小勤于读书，在"岁朝春""踏双忙"的习俗中，不负大好时光，在水光潋滟的稻田中，也可见他用力耕田的身影。

钟贤道毕业于北京中国大学，并成为王正廷的得意门生。王正廷晚年定居香港，任太平洋保险公司董事长的经历，是否和钟贤道日后从事保险也有所因缘，不得而知。

1942 年 4 月，钟贤道任职于重庆华中航运局，成为经理。此时，钟贤道拥有不错的地位与权力，风光无限。好事成双，外交部长王正廷做媒，钟贤道与王映霞结成连理。

1948 年，钟贤道偕夫人定居上海，安居乐业。上海航运与保险密不可分，钟贤道任航联保险公司经理，收入颇丰，日子过得安逸。

《中国保险史》介绍，1945 年 8 月至 1949 年 5 月，是中国海损事故频繁时期，也是国营轮船招商管理状况十分混乱的时期。据统计，1948 年共发生海损事件 209 起，为中国航运史所罕见。其中"江亚"轮"太平"轮沉没最为惨重，但都由于没有办理保险或不属于保险责任，而导致轮船公司宣告破产。因此，中国航联物和意外责任保险公司应运而生，上海成为航运保险的重镇和避风港。

1949 年初，解放军渡江的风帆高挂，国民党败局已定。上海达官显贵纷纷逃往台湾，钟贤道却退了预定的机票，坚持留了下来，迎接新生活。

在上海解放的当天，就正式成立了中国人民解放军上海军事管制委员会财经接管委员会金融处，谢寿天任副处长，与林震峰、沈文敏、吴越等人共同负责接管上海保险业。当时被接管的官僚资本保险机构共 24 家，其中就包括钟贤道所在的中国航联物和意外责任保险公司。

接管保险机构职工共计 777 人，其中职员 652 人，工人 125 人。按当时的政策，所有被接管的员工均保留原薪，并接受教育，统一学习有关政策法规及新民主主义的金融、保险政策，迎接复业。

钟贤道就是在这支队伍中成为中国人民保险公司的新兵。在保险公司任副处长，保持月收入几百元。钟贤道怀着矛盾的心理，静静地接受改造，他一方面要积极为恢复保险出谋划策，另一方面又要为人低调，保持重新做人的姿态。

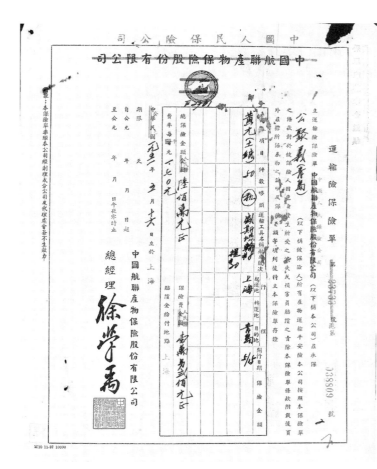

航运保险单。

英雄迟暮 抱得美人归——记中国人民保险公司华东区公司运输保险部理赔科科长

# 五、保险生涯的艰险

上海保险老人吴越介绍，钟贤道原系长江航运管理机构的负责人，是航运专家，被上海招商局领导邀请到上海新筹建的中国航联产物保险公司和中国航联意外责任保险公司担任襄理之职。新组建的公司于 1948 年底隆重开业，盛极一时。此时，钟贤道已经与王映霞结婚。

1949 年 5 月上海解放，因航联有官股，被上海市军管会接管，由于客观需要，南北通航，促进物资交流，被批准复业。当中国人民保险公司成立之后，中国航联的业务和人员都被并入中国人民保险公司上海市分公司。钟贤道被安排在人保上海市分公司运输保险部门负责理赔科工作。他对处理疑难复杂案件很有帮助。

钟贤道在中国人保中，变成普通一员，似乎失去了往日的风光，而且后来，远离了业务部门，只是担任总务室主任。钟贤道任劳任怨，整日忙于日杂工作。

钟贤道与王映霞婚后生活还算富裕，后虽然多次减薪，生活仍较安定。但他们这些民国旧时代的人物，身份情况复杂，是躲不过深刻审查的。因此，厄运一遭接着一遭。

1951 年，在"三反""五反"运动中，钟贤道被怀疑贪污，受到审查。后查实为冤案，平反恢复名誉继续工作。

1952 年，王映霞又突然被拘留，因她在重庆外交部工作时参加过国民党，幸只口头参加，没有党证，也没缴过党费，即被解禁。关押期间，钟贤道心急如焚，探视，送物，竭尽所能，关怀备至。回家后，钟贤道为了给王映霞"压惊"，在锦江饭店开了个房间，让她休养，又带她到苏州、无锡、常州各地旅游散心，"真像是一次蜜月旅行"。

1956 年，周恩来发表了《关于知识分子》问题的报告。王映霞曾与周恩来有一面之缘，那是 1938 年在武昌，郁达夫和她曾请周恩来、邓颖超吃过饭。王映霞便给周恩来写了封长信，表达了想参加工作的愿望。数月后，她便接到通知，参加市里的师资培训班。次年，50 岁的王映霞当上了小学教师。

90 多岁的上海老保险金荸华在电话中向我介绍，他对钟贤道印象最深的是停办国内保险时，他与钟贤道一同负责对公司存留的保险单据、账单进行分类打包，装箱。我想象此时依依惜别的封箱，预示着钟贤道保险生涯的封箱。

1960 年，随着保险机构的撤销，钟贤道到了人民银行上海分行综合组做文秘工作。

"文革"时期，钟贤道、王映霞自然无法幸免灾难的来临，被抄家、隔离、批斗。钟贤道因为娶了"反动文人"郁达夫的前妻王映霞，也成了"反动女人"的丈夫这莫须有的罪名而受到迫害。王映霞在学校一边受审查，一边当油漆工，漆门窗和乒乓球台，当清洁工打扫厕所，为串联的红卫兵洗被子。当时社会上被审查的对象自杀成风。儿子嘉陵和女儿嘉利生怕父母想不开，常常回家或写信恳求父母千万别自寻短见，他们还是终于挺了过来。

老人保孟庆树在信中讲道："钟贤道家在'文革'中遭批斗，人民银行造反派去他家抄家，见他家早已乱七八糟，原来公安部门的造反派已先来一步，因此没有获得什么油水。"

1968 年，钟贤道在人民银行黄浦区保险科退休，他并没有等来保险的复业。

## 六、聊以自慰的晚年

钟贤道为人忠厚老实，谨慎少言，喜欢诗词、书法，没有旧社会遗老遗少的恶习。

钟贤道在生活中对王映霞极为慷慨大方，对自己却非常节俭，王映霞对此心知肚明，感谢命运给了她这样一个温暖的港湾。钟贤道不抽烟，不喝酒，穿的衣服是家里最旧的。20世纪70年代，他给自己买的帽子也仅是五毛钱的便宜货。

当然，王映霞虽然曾是上海滩红极一时的人物，但她没有留下那些交际花人物的嗜好。她不抽烟，不喝酒，不看戏，不打牌，也不跳舞，连茶也可有可无，暮年更是如此，唯一有兴趣的是看看报纸、翻翻书。

钟贤道对王映霞非常体贴，要把王映霞失去的年华找回来，他让王映霞重新感悟到婚姻的幸福在于平和。王映霞经历了太多的感情波折，对婚姻、感情的认识也有了极大的转变。王映霞晚年在《郁达夫与我的婚变经过》一文中说："我想要的是一个安安定定的家，而郁达夫是只能跟他做朋友，不能做夫妻。所以同郁达夫最大的分别就是我同他性格不同……对于婚姻，对于女子的嫁人，那中间的辛酸，我尝够了，我看得比大炮炮弹还来得害怕。我可以用全生命、全人格来担保，我的一生，是绝不发生那第二次痛苦了。"所以她后来再婚，"既不要名士，也不要达官，只希望一个老老实实，没有家室，身体健康，能以正式原配夫人之礼待她的男子"。

1980年，与王映霞过了38年平静婚姻生活后，钟贤道病逝于上海，终年72岁。在钟贤道临别之际，他对王映霞遗言："谢谢你，家中的一切全托付于你了！"而在钟贤道的追悼会上，孟庆树曾对王映霞表达了一种复杂的心情："我们没有保护好钟老。"

2000年，王映霞病逝于杭州，终年92岁。她与钟贤道合葬于杭州南山公墓。

早在20世纪80年代初，王映霞在老朋友的劝说、鼓励下，曾为报刊兼写一些与郁达夫、鲁迅、许广平、陆小曼、丁玲和庐隐等交往的文字，并出版了一些著作。但这些著作也引来不少争议，有的说，她从未对过去的一切有过忏悔，全是对自己的洗白，对郁达

钟贤道与王映霞墓地。

夫的抱怨。

往事如烟，烟消云散，又有谁说得清。但对当事人来说，如烟的往事，又终会牵萦魂魄，挥之不去。

对于自己婚姻中的两个男人，王映霞晚年作了一个比较中肯的评价："如果没有前一个他（郁达夫），也许没有人知道我的名字，没有人会对我的生活感兴趣；如果没有后一个他（钟贤道），我的后半生也许仍漂泊不定。历史长河的流逝，淌平了我心头的爱和恨，留下的只是深深的怀念。"

王映霞曾对人说过："钟贤道是个厚道人、正派人。我们共同生活了38年，他给了我许多温暖安慰和幸福。对家庭来说，他实在是一位好丈夫、好父亲、好祖父、好外公。"言外之意，就是说钟贤道是一个老好人。但作为一个男人来说，在女人眼里，好人肯定不是最重要的，这就是钟贤道作为后来者角色的悲剧结局。

晚年的王映霞也肯定是会想钟贤道的，据说有一次在一家布店，王映霞见到一种白底红圆点的布，马上想到钟贤道眼镜片上的闪光点，于是一下子买好多这种布做床单、窗帘。当然，王映霞更多地会想郁达夫，因为他们毕竟产生过波澜壮阔的爱情。

王映霞在《王映霞自传》一书中对郁达夫和钟贤道都有所提及。只不过，全书一共五十四章，直接讲到钟贤道的只有五章，绝大部分篇幅还是围绕着郁达夫展开。郁达夫是进入她内心深处的非凡男人，曾让她心醉，也让她心碎，还让她到了生命终了也无法与其脱离干系。而钟贤道是带给她尘世幸福的平凡男人，只是和她共同经历生活风雨，只是和她相互扶持，只是和她平淡度日，只是像大哥甚至像长者一般，把她当作宝贝宠着爱着，却没有留下更多的故事。

钟贤道作为中国航运交通的早期创始人，中国人民保险航运保险专业的翘楚，时光遮蔽了他的光环，历史记载的或许只是他那风花雪月的传说，这是历史的必然，也是人性的必然。

# 清高只因学问高——记中国人民保险公司国外业务部第一任总经理

## 魏润泉

魏润泉应该算是中国人保承上启下的保险专家，在人保工作的时间跨越了近50个年头。在我刚进入公司的时候，就耳闻身为公司国外业务部总经理的魏润泉是一个专家学者型的领导，做派开明，气宇轩昂。

那时公司里的人都要对国外业务部的人高看一眼，似乎那个部门的人气质都要洋气一些。

魏润泉应该算是中国人保承上启下的保险专家，在人保工作的时间跨越了近 50 个年头。在我刚进入公司的时候，就耳闻身为公司国外业务部总经理的魏润泉是一个专家学者型的领导，做派开明，气宇轩昂。那时公司里的人都要对国外业务部的人高看一眼，似乎那个部门的人气质都要洋气一些。

## 一、在衰退的家境中试图浮出水面

1930 年 4 月 12 日凌晨，在上海山东路四马路口的上海仁济医院的产房里，一个男婴的哭声打破寂静的夜空。仁济医院是始建于 1844 年的著名医院，当时一般大户人家才舍得花钱在这里生孩子。

这名男婴是魏氏家族的长子长孙，说是掌上明珠一点不为过，这个孩子就是魏润泉。

魏润泉的祖上是浙江余姚县五夫镇孙魏村人，祖辈恪守耕读渔樵的传统生活方式。魏润泉的曾祖父是清时的举人，曾做过县太爷的师爷。

魏润泉的祖父年轻时离开家乡，到上海谋求发展，在一家经租房产的公司当总账房，日子殷实。祖父在家乡娶了头房，但生的全是女孩。为续香火，他又娶了二房。

魏润泉的父亲由于是独子，娇生惯养，到十来岁还不会穿衣服，自立性很差。魏润泉母亲的祖上是湖北鄂城人，世代务农。外祖父开始在武汉做瓷器生意，后来到上海城隍庙摆地摊，出售瓷器，难以糊口。魏润泉的母亲很早辍学，在家糊火柴盒缝补衣服，用于贴补家用。家境贫寒的她养成了自强自立的性格，使得婚后在家中，她倒处于主导地位。

魏润泉的父亲依靠堂舅介绍，在上海招商局任职，在南京港监督轮船调度。但由于能力太差，被下放到码头当仓库管理员，工资

魏润泉和父母、兄弟姐妹的合影。

下降了许多。最终还是靠母亲开了一个小瓷器店，勉强维持一家人的生活。

魏润泉作为长子长孙，从小身体多病，甚至有一次患伤寒病休克，差点被家人扔掉。一家人更是疼爱，在十二个孩子中，他越显金贵。用魏润泉自己在自传《天润心泉》中的话说："从此以后，我在家庭中的位置凌驾于弟妹之上，简直是一个'小王子'。这就养成了我一个不好的习惯，孤芳自赏，妄自尊大。"其实，魏润泉这种性格，在后来我接触他的时候，依然可见，当提到一些旧日同事的出身、学识等时，他常流露出嘲讽的口吻。

魏润泉的小学和中学都是在教会学校里就读的，因此，他从小就是在西方文化氛围中成长的。他记忆最深刻的是 15 岁那年，为躲避战乱，他随堂舅一家从上海乘船到屯溪，再步行到景德镇。

抗战胜利后，魏润泉回到上海，到上海商学院就读商学，后由一大学教授推荐，他又转到上海法政学院保险学院就读，就此与保险结下了终身因缘。


## 二、命里注定的婚姻

魏润泉给我的印象是一个清高、洋派的人，我想象他的婚姻应该是属于超凡脱俗的那种。但事实并非如此，可以说他的婚姻完全是听从父母之命的结果，可见他内心深处还是一个本分、现实的人。

1950 年，魏润泉还在上大学。他舅舅的长子和南京大瓷商的千金喜结良缘，婚礼办得热热闹闹。魏润泉的母亲在婚礼上深受感染，也被触动神经。她想到自己的儿子比外甥还要大，却还未婚娶，感到很没面子。

于是，她和魏润泉的祖母、姑妈一同商量尽快给儿子成家。祖母一下想到了自己的老邻居吕家的二女儿。

魏润泉夫妇新婚照片。

　　吕家是崇尚礼教的传统之家，家风宽厚，勤俭持家，与人为善，二女儿更是这方面的典范。祖母和魏润泉的母亲等一商量，便定下此事，也没经魏润泉的同意。

　　祖母自认为魏家条件要比吕家强，还觉得是放下身段，亲自上门说亲，岂料遭到吕家的婉拒。理由是魏家子女太多，魏润泉又是长子，女儿嫁过去，要和那么多小姑、小叔相处，关系太复杂，日子不好过。

　　祖母感到丢尽面子，和吕家关系降到冰点。魏润泉姑妈又亲自出马，上门求情，好言相劝，并出主意请算命先生测八字，如不合，正好大家也好下台收场。结果两人八字合婚，属子孙满堂，大富大贵。吕家没办法，只好乐观其成。先订了婚，择日再举行婚礼。

　　其实，魏润泉此时在大学正和一徐姓的女同学进行着自己的初恋。当然，他也没和父母说起过。

　　魏润泉的父母要给他订婚，魏润泉不得不向父母摊牌："你们有看好的，我有相好的。"但遭到父母的拒绝。他们觉得徐同学来自大商人的家庭，高攀不起，且认为徐同学必然是大小姐，不会照顾人。魏润泉的父母，特别是他母亲，深知生活的艰辛，因此，他们非常地现实，在他们眼里，一切的追求都是冒险，过日子成为一切。

魏润泉说自己当时经济不独立，只得唯命是从。我认为更大的原因是：魏润泉思想也不自主，性格软弱，甚至内心深处和父母一样现实。

魏润泉只好和徐同学如实诉说，两人抱头痛哭。后来徐同学随父母迁往台湾，从此音信皆无，终成永别。

当回望历史时，我们只能为缺少的那点浪漫而长吁短叹，但我们不能想象结果是怎样得幸福。因为，我们面对眼前的魏润泉这对先结婚后恋爱的老夫妻，他们琴瑟和鸣，真实的幸福历历在目。他们经历了钻石婚，已经向天王婚进军。我们只能说，父母之命，也是命中注定。

就在我采访魏润泉时，他80多岁的夫人吕雯华为我端上茶，就默默地退到卧室，一人坐在沙发上看电视，为不影响我们谈话，她把电视机的声音开得很低。

魏润泉说，现在夫人仍然负责做饭，不让请小时工，不是没有钱，是舍不得。

此情此景，和我们当下的生活有如此差距，我认为这不是传统的翻版，这简直就是现实的绝版。

## 三、干保险就是干革命

魏润泉刚刚在上海法政学院就读保险专业，中国人保就成立了；魏润泉刚刚度过新婚之夜，家里艰辛的生活面临改观，他就到中国人保上班了。一切都是新的。

魏润泉在培训班时期。

魏润泉与培训班学员合影。

魏润泉与人保员工合影。

20世纪50年代，人保总公司业务处全体成员合影魏润泉（前排
左二）。

20 世纪 50 年代，人保生猪保险现场会。

中國人民保險公司總公司

**海運保費結算清單**　第 3 號頁

戶名　　　62 年 1 月 9 日　　　幣別

| 保單號數批單號數 | 保　　額 | 運輸險保費 | 戰爭險保費 |
|---|---|---|---|
| Invoice 4708,13,4699,4778,79,56, 11,4666,4727,4753,4587, 4751,31,4689,4748,49, 98,4623,4522,80,28,550, 85,30,4624,28,25,29,31, 4300,4643,4586,4644, 4597,4632,4630,4596, 4651,4827, | HK 445,581.28 | HK 2,393.37 | |
| FAE 2769,68,51, | N/Rbls 2,243.11 | N/Rbls 6.14 | |
| FAM 2766,55,77, | N/Rbls 1,201.66 | N/Rbls 7.66 | |
| FAP 2784 | Cl.Rbls 529.02 | Cl.Rbls 1.83 | |
| FAP 2777,20,00,2699,80, | DM 15,940.14 | DM 63.09 | |
| FAM 2763,75, | DM 2,399.15 | DM 30.69 | |
| FAF 2683,86,87,95,97, 2701,02-04,07,13,14,30, | | | |

經副理　　　會計　　　科長　　　覆核　　　制表

中國保險有限公司

| Peking 公司 | | Marine 繪已決賠款表 | | | 1963 年 1 月 日 |
|---|---|---|---|---|---|
| 保單號數 | 被保者姓名 | 收貨者姓名 | 結出日期 | 賠償金額 | 說　明 |
| PAM.62/4078 | Peking Arts & Crafts Exp. Corp. | Chop Tien Kee | 21/1/63 | $35.00 | |

CHINA INSURANCE COMPANY LTD

魏润泉签发的保险单据。

1951 年，中国人保总公司委托华东区公司在上海招收保险专业学生，进行培训。当时他们经过了严格的政审，就连魏润泉的父亲是小职员的事也要交代清楚。他报名到北京总公司工作，他把这当成是有生以来第一次"响应党的号召"。

魏润泉穿上统一配发的解放式棉袄，胸前佩戴大红花，在敲锣打鼓的欢送声中，从上海北站登上开往北京的火车。到达北京，有总公司领导到站台迎接。

魏润泉心中无比喜悦，这个参加工作的典礼令他难忘。仪式感带来的光荣，是当今新员工所不再拥有的，尽管现在都在讲企业文化。那个时期，参加工作，不是找到创业的平台，更不是谋生的机遇，而是"参加革命"，干了保险就是干革命。他的喜悦来自信仰，来自理想。因此，那时没有说走就走的辞职一说，选择了人保，保险就是毕生的事业。

他们是人保成立后招收的第一批大学生，在人事处长曲荷向他们介绍了人保情况后，学员们就到各部门报到。

魏润泉还记得中国人保在西交民巷的那栋小洋楼："进大门是一木板门，上半部镶嵌一块玻璃，二道门与大门一个样子，推开门是个过道，楼上是经理室、秘书处、设计室、监察科等管理部门，楼下是营业大厅，容纳业务处、防理处、人身险处等。"他甚至还记得叶奕德、李锵、薛志章坐的位置。

1989 年 8 月，我加入人保工作，也曾推开过那道门。现在想起来：民国时期，周作民也推开过；1949 年后，胡景澐也推开过，孙继武也推开过……

魏润泉分配在业务处防理科工作，科长杨克孝。由于魏润泉是保险专业的学生，在总部举办的保险轮训班，他还成为了辅导员。

1958 年，人保公司决定开办生猪保险，在长沙召开养猪保险大会，贝仲选总经理在会上做报告。魏润泉作为会议工作人员先期抵

1959年，魏润泉（前排左四）在北京昌平接受贫下中农再教育。

魏润泉（左二）在老农韩大爷家干农活。

达长沙，筹备会议。正当会议搞得热火朝天的时候，忽然传来消息：人民公社化了，保险已没有办理的必要。会议不得不仓促收场，全体会议代表收兵回去，等候发配。

魏润泉想不通，在中国开办一百多年的保险，怎么说停就停呢？

# 四、一手放下锄把一手拿起保单

1959 年，魏润泉随财政部下放干部到北京昌平马池口公社白府生产队劳动。他和王恩韶分配在村中韩大爷家接受贫下中农再教育。他们一同睡在土炕上，魏润泉见到韩大爷每天一丝不挂地钻进被窝，很是不习惯，一想到这也是锻炼，也就忍了。

其间，魏润泉还参加了十三陵水库劳动。一年后，魏润泉回到总部，作为专业人员参与国外保险业务，参加广州出口交易会保险工作组。

1960 年，印度尼西亚掀起反华浪潮，中国政府组织大规模撤侨。中国租了一艘万吨客轮"光华"轮，用来集中遣返侨民。这是中国第一次租用万吨客轮，需要办理保险。人保公司也是第一次办理万吨轮保险。

没有技术，没有固定分保安排，但这是政治任务，必须完成。魏润泉受命出这张保单，他找来伦敦船舶保险条款仔细研究，琢磨他们的保险单，向"老保险"请教，跟英国保险经纪人联系，最终通过劳合社安排临时分保，总算把这张厚重的保险单签出了。可以说这张保险单开创了人保公司承保远洋海轮的先河，标志着新中国保险远洋船舶保险的开始。

1963 年，魏润泉又参与了"跃进"轮保险事宜。

1966 年，"文革"开始。印象最深的是人保员工被组织到清华大学，观看批斗王光美。从被弯腰批斗的人身上，魏润泉看到整个社会似

20 世纪 80 年代，魏润泉（后排左九）与人保员工合影。

20 世纪 80 年代，人保公司总部再保险和国外业务部门的年轻员工合影。

乎都在颠倒。

那时单位组织学毛选，魏润泉在红宝书下面放上英文版的小说，如查尔斯·狄更斯的《大卫·科波菲尔》偷偷看。他被造反派批斗为对毛主席不忠。

人民银行军代表要在保险单上印上毛主席语录，保险公司的造反派也要砸烂涉外保险。魏润泉曾办理过一张外国客户的汽车保险单，因飞虫飞入客户眼睛，导致汽车发生碰撞，客户索赔。造反派说这是修正主义国家的讹诈，拒绝赔付。魏润泉有苦难言。

1968 年，魏润泉到人民银行河南淮滨五七干校劳动，又一次当上农民，并做好安家落户的准备。

1972 年初，魏润泉再次被抽调回京，继续办理国外保险业务。魏润泉在上海的家人欣喜若狂，因为他们都担心魏润泉做不了农民。

## 五、开创国外保险新纪元

1979 年，保险恢复。许多归队的老保险相见时激动得流下了眼泪，如同又一次解放。

1980 年，魏润泉到广东，负责筹建深圳特区保险公司，他积极策划给予深圳公司一些保险特权。

1981 年，魏润泉参加中国人民保险公司高级代表团到日本访问，这是新中国保险业第一次大规模的对外访问，代表团与日本 20 多家保险公司进行了交流。

1981 年 10 月，联合国贸发会在瑞士日内瓦举行，有 66 个国家参会，中国代表团包括远洋运输公司、外贸运输公司及保险公司三方，程万铸、魏润泉代表保险公司参加了会议。会议吸收了美国及第三世界国家的部分建议，对原以英国为主导的船舶保险条款法案进行了修订，削弱了英国对船舶保险的垄断地位。

魏润泉参加硕士研究生答辩会。

1984 年 2 月的一天，公司人事部让魏润泉去领一张任命书，这是国务院总理赵紫阳签发的，委任他为国外业务部总经理。此时，人保公司也同时升格，直属财政部和人民银行领导，成为副部级单位。

当时，人保国外业务主要是五大口岸（广州、大连、上海、青岛、天津），8000 人的队伍，这是一个重担。

魏润泉在担纲国外保险初期，力主对条款、费率、理赔原则及经营主旨进行改革，以适应形势的需要。过去，人保一直沿用英国伦敦保险学会条款，囫囵吞枣，新瓶装陈酒。魏润泉研发的新条款结合中国特色，吸收以往经验，章节明晰，条理清楚，责任明确，是我国保险业第一部自主条款，在联合国贸发会上得到认可，被部分吸收到国际保险法规的条款中。

20 世纪 80 年代改革开放带来涉外业务的迅猛发展，中国人保面临适应新的格局，出现了许多新险种，如航空保险应对形势而变化，保的不仅仅是数量，还有质量和内容。

魏润泉

2007 年，魏润泉接受从业 25 年奖章。

## 六、编织培养人才的摇篮

魏润泉说他在国外部主要做了两项具体工作：一是对国外保险的经济基础、经济结构进行改革，那时候就是想设立我们自己的国外保险的分设机构；二是培养干部，这是国外部另一个大的功劳，公司内不少重要岗位的领导干部就是从国外部锻炼出来的。

魏润泉跟许多老保险专业人员一样，富有才气，有教学著书的经历。魏润泉曾在中央财大、中国政法大学、中国对外经贸大学、金融学院、大连海运学院担任客座教授，在中国人民银行金融研究生部、澳门东亚大学公开学院、武汉大学、南开大学、四川财大等12 所大学担任教学任务，并任客座教授及硕士研究生导师，他擅长国际保险、保险法、海上保险、海商法等专业技术和实务教学。

魏润泉培养的保险学员有几百人，许多人成为中国保险业的领军人物，中国人民保险集团总裁缪建民、慕尼黑再保险中国区理事

魏润泉在广州交易会。

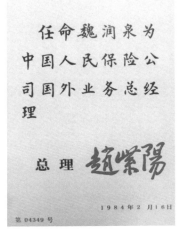

魏润泉任命书。

会主席王真等曾是他的学生。

早在 1980 年，魏润泉就编写了《海上保险法律与实务》。到现在搞国外保险业务的还参考那本书，把它当宝贝。他前前后后编写了 20 多本书，大多是大学教材，其中包括涉外保险法、保险学概论、海上保险、保险知识、出口货运保险实务、保险市场常识、货物运输保险理论与实务等。

1990 年，魏润泉担任中国保险研究所所长，为保险理论研究发挥作用。

魏润泉还担任中国国际商会贸易仲裁委员会的仲裁员，前前后后处理了几百个案子。这一要职他一直干到 2012 年。

1991 年，魏润泉退休。但他退而不休，反而比在任时还忙。魏润泉既是仲裁员，又是讲师。他在太平洋、平安等多家保险公司担任顾问，经常奔波，出国考察，出访过 50 多个国家。

魏润泉总是给人一种忙忙碌碌、意气风发的感觉。虽然他如今已满头白发，步履蹒跚，但眉眼中依然流露出那过人的机敏和睿智。

在本书即将付梓的时候，2017 年 11 月 1 日凌晨，魏润泉老人在北京去世。2017 年 6 月，他在亚运村的居室，对我提起李嘉华的往事，他挥动着手臂说："他就是一个上海著名的小开！"；9 月，他还给我写信，商量着要把我写他的那篇文章单独印个小册子，留作纪念……我为他写下了一幅挽联："润泽海宇哺育后人，泉源沪上保险先辈"，其中有 6 个和水有关的字，不知是否符合魏老命名的五行？

魏老突然的离世，在人保系统和保险行业引起了巨大的震动，人们为失去一位人保的创业者、新中国国外保险业务的奠基人、保险教育和研究的导师而悲伤。中国人民保险集团公司总裁缪建民得知魏老去世，以一个学生的身份，第一时间到魏老家致哀，向师母吕雯华表示慰问。告别仪式上，88 岁的人保老总经理秦道夫和夫人王淑梅来了，他俩拄着拐杖，颤颤巍巍地给魏润泉鞠了三个躬，送小老弟一程。

看到魏老遗体身盖党旗，让人不禁想起魏润泉在退休多年之后，要求入党的初心不变，思想汇报写了一尺多厚，当时的退休人员党支部书记王承艳为了魏老入党的事情几次到机关党委汇报、协调，最终在 2001 年完成了魏老多年未竟的心愿。

魏老走了，我们终归不能再见到他的音容笑貌。但他留给了我们巨大的财富，中国保险史不能忘记他。他将活在我们一代代保险人的心中。

他，人保历史无法跨越——记中国人民保险公司上海分公司副总经理

吴越

从民国时期保险公司的小职员，到上海保险界地下党的风云人物；从1949年上海保险界的红色接管大员，再到中国人民保险公司上海分公司副经理这样的经历，在上海保险界无人能出其右。吴越因其掌握的大量精确的保险史料，而被人称为研究中国保险史的『活字典』。

从民国时期保险公司的小职员，到上海保险界地下党的风云人物；从 1949 年上海保险界的红色接管大员，再到中国人民保险上海分公司副经理这样的经历，在上海保险界无人能出其右。不仅如此，吴越因其掌握的大量精确的保险史料，而被人称为研究中国保险史的"活字典"。不论保险业内的专家，还是高校学者或新闻出版单位遇到保险历史研究上的困惑，通常的反应是：去上海，找吴越。

## 一、上海保险业业余联谊会的学术掌门人

武进隶属于江苏省南部的常州市，濒临太湖。武进是吴文化的发源地之一，先后诞生了 19 位帝王、9 名状元、1546 名进士，为全国县级之最。历史上这里曾形成"阳湖文派""恽南田画派""常州词派"。

1924 年 2 月，吴越（原名吴光远）在武进县卜弋桥镇出生。吴越的父亲是一家棉布店的账房兼营业员，母亲略有文化，在家主持家务，这是一个典型的南方小康之家。

1937 年，吴越小学毕业，成绩名列前茅。时值抗日战争爆发，吴越因此辍学，随父母四处避难，同时到处托人找寻工作机会。

1939 年，吴越从家乡来到上海。吴越的姑父在上海太平保险公司工作，因此托其谋职。因为吴越没有学历，只好在太平保险公司当雇员，是最低岗位，实际是工人工作。由于吴越勤奋好学，进步很快，成绩优秀，一年之后升任职员序列。

在上海，吴越苦于打发那孤寂的长夜，兴趣广泛的他参加了上海市保险业业余联谊会，在那里打乒乓球、唱歌。

吴越是一名热血青年。抗日救亡活动的滚滚洪流，深深地吸引着他。在保联的图书馆里，他接触了《红星照耀中国》《西行漫记》等进步书籍，心中向往红区，理想日益远大。

1942 年，吴越来了一次说走就走的出行，盲目地跑到苏北，要投奔苏北新四军所在地。因为他没有地下党关系，也没有身份证明和地下交通员护送，跑到泰州，就被检查站截住，遣回上海。吴越只好在常州宏业银行工作了一段时间。

1946 年，抗战胜利之后，吴越回到上海，受聘于上海新丰保险公司，又回到保险业业余联谊会参加活动。在保联内，吴越负责学术部工作。在保险知识讲座中，先后有项馨吾、金瑞麒、唐雄俊、郭雨东、邵竟等久负盛名的保险名家作各种保险专题讲座。

在时事讲座方面，学术部先后聘请了一些著名的民主人士，到保联会所演讲，内容大多是要求民主、反对独裁，要求和平、反对战争的思想，在保险界产生了巨大影响，保险职员热情高涨。当时，郭沫若、胡愈之、范长江、马寅初、黄炎培、陶行知、沙千里、马叙伦、章乃器、沈钧儒、茅盾、胡子婴、雷洁琼、吴晗等大名鼎鼎的人士都曾被邀请来演讲，可见吴越的社会活动能力非同一般。通过演讲，地下党的影响力得到了提升，保险界同仁思想更加活跃，视野更加开阔。

保联办得风生水起，遭到了国民党特务机关的注意和监控。国民党上海市金融特别党部常务委员、中国再保险公司董事长罗北辰，在担任了上海市保险业同业公会理事长之后，形势急转直下，他遂以各种理由，停止进步会务活动，还将"保联"改成"保险界同仁进修会"。罗北辰不准吴越再举办政治时事演讲会，但还是把他聘任为学术部副部长。

此时，上海保险界同仁对保险业务知识和技术有着迫切的学习要求。吴越积极组织学术部筹划举办"保险学术讲习班"，保险同仁反响十分强烈，踊跃具函报名参加。各家保险公司如中央信托局保险部、中国农业保险、太平洋保险、美亚保险等也十分欢迎。第一期学员 100 人，于 1946 年 10 月初开班，由于课程设置齐全，内

旅行团在无锡船上。

1938年，中国人民保险创始人之一吴越（左一）在上海保险界组建地下党，成立"保联"。

容丰富，持续了 8 个月之久。

罗北辰得知后非常眼红，为了攫取成果，突然提出要由他兼班主任，并参加结业典礼，还解散了吴越领导的学术部。

吴越与其进行针锋相对的斗争，自行筹组同学会，举办太立夫（TARIFF）研究组、火险条款研究组、水险讲座和保险实用英文班，深入持久地开展保险学术研究，借此密切联系了保险同仁，加强了团结，并为新中国保险事业积蓄了大批专业人才。

## 二、在牢狱里炼就一身铮铮铁骨

1946 年 5 月，吴越加入了中国共产党。

1947 年 5 月，吴越担任中共上海保险业支部书记。

1948 年 11 月 21 日，国民党党统局秘密逮捕了"保联"骨干洪汶和太平保险公司支部书记廖国英。上级组织部分党员被迫撤离，指定吴越留守，全面负责领导保险业地下党组织。

1948 年 11 月 24 日，吴越在新丰保险公司办公室，忽听见门口传话有人找，吴越内心喜悦，以为是急切盼望的上级党组织来接关系了。当他走到办公室门口，来人很斯文地出示一张便笺，上面写着："越兄：兹有要事，请随来人即至沙利文 ( 咖啡馆 ) 一叙，弟洪汶启。"吴越一看，破绽很多，怀疑自己已暴露。吴越正想脱身的办法，来人马上用插在大衣口袋里的手枪顶住他，吴越被架上一辆军用卡车，直奔中统魔窟。

吴越等人先被关在亚尔培路 2 号中统局上海办事处，后转到蓬莱路警察局内中统看守所。在狱中，吴越历尽折磨，但他坚持斗争，始终没有暴露党员身份，没有涉及任何同志，没有影响地下党组织。

1949 年 1 月，国共和谈，在释放政治犯的舆论呼声压力下，经地下党的营救，并付出 20 万金圆券后，吴越终于被保释出狱。

他，人保历史无法跨越——记中国人民保险上海分公司副总经理

上海"保联"纪念牌。

上海"保联"纪念章。

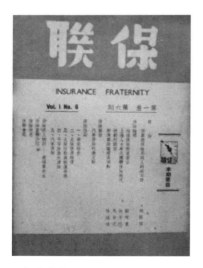

《保联》杂志。

"保联"标牌。

上海保险业地下党资料。

据吴越介绍，南京国家第二档案馆保存着一份档案，从另一个
侧面印证此事的经过。原国民党党统局（即原中央调查统计局）局
长叶秀峰于 1949 年 1 月 11 日，为破获中共上海保险地下党案给蒋
介石的报告节选如下："为呈报破获上海市共匪保联支部洪汶一案
经过，恭请鉴核案由。据本局上海办事处报称：经查上海市保险业
业余联谊会范围颇大，约有会员 2000 名以上，实足证明该会确有共
党活动，经派员打入侦查，探悉共匪在该会设有保险支部，成立迄
今约有 8 年之久，所发展之党员计有民安公司会计主任洪汶、新丰
保险公司职员吴越等 4 人，旋经派员跟踪守候于上年 11 月 21 日至
25 日先后将该 4 犯捕获，据讯廖国英、赵伟民供认参加共党组织，
洪汶自认系'非党干部'，吴越仍未承认有共党关系，然就各犯口
供研究，似有互不相供之嫌等情，除指伤继续询问保联支部全貌，
追究上层关系……."

### 三、戴着军章的保险旧部接收大员

1949年5月，解放军攻克上海。

5月3日，饶漱石、陈毅、粟裕等率部进驻丹阳，与先期到达的总前委、华东局机关部队和南下干部会合，部署接管上海的准备工作。6日，华东局在丹阳举行会议，讨论接管上海问题。10日，陈毅在县城南门外大王庙对接管上海的干部作关于接管上海的报告。

为了落实丹阳会议精神，在苏北解放区专门学习接管城市政策的孙文敏聚集撤退到华中党校学习的保险业地下党员徐天碧、朱元仁、刘凤珠等随军渡江回沪，与留守上海的林震峰、吴越等地下党员会合。在上海市军管会财政经济接管委员会金融处，共同组建了"保险组"。他们脱下便服，穿上军装，胸章是"中国人民解放军"、臂章是"上海市军管会"。

在金融处副处长谢寿天、保险组组长林震峰、副组长孙文敏领导下，分工负责接管24家官僚资本保险机构。

吴越主要负责接管中国产物和中国人寿保险公司；顾濂溪、姚乃廉（姚沽忱）接管中央信托局产物保险处和人寿保险处；徐天碧、戈志高接管太平洋和交通产物保险公司；施哲明、陶增耀接管中国农业和国民保险公司；朱元仁接管资源委员会保险事务所；杜伯儒、廖国英接管中国航联意外责任和中国航联产物保险公司；唐风喧接管台湾产物保险公司；其余如中国再保险、中国人事、江苏、世界、浙江、中南、人和、同信等保险公司早在1949年前已经停业，仅存空壳。中合保险公司的资金已全部转移台湾。四联盐运保险和盐运再保险系是农四家官僚保险公司的联合办事机构，没有资本金，也无资产，就由他们分工兼管接收。郭雨东协助保险组的全面工作，朱元仁兼秘书，廖国英、刘凤珠负责审查各接管单位的财务账册报表。

接管初期，因强调执行入城纪律，他们过着军事化的集体生活。

丹阳人民欢迎中国共产党进城。

丹阳县第一届各界人民代表会议。

就连从解放区回沪同志都未能与亲人一叙，留沪同志带着衣被和大家吃住在一起。接管初步告捷后，他们才被允许回家和亲人团聚。

保险组根据"利用、限制、改造"私营保险业的政策，首先明令限制经纪人的佣金幅度，严肃整顿保险市场，制止获准复业的64家华商公司乱放折扣的不正当竞争，取缔投机倒把活动，组织47家华商公司联合成立"民联分保交换处"，从此结束一贯依赖外商再保险的历史。

1949年6月20日，经上海市军管会批准，吴越接管的中国产物保险公司首先复业。

## 四、筹建华东区公司 创办保险培训班

1949年8月，陈云在上海召开全国财经会议，会上提出创办国家保险机构中国人民保险公司的建议，保险组兵分两路，由郭雨东、姚乃廉、陶增耀等4位党员带领从接管单位挑选出的30多位思想进步、熟谙业务的中青年积极分子去北京，参与中国人民银行总行筹建中国人民保险公司。

筹建中国人民保险公司华东区公司的工作也在紧锣密鼓地进行着，他们白天以接管收尾和监管全市中外保险业工作为主，晚上集体研究华东区公司的组织机构设置、人员编制安排，改革各项保险规章制度，并充分发动被接管单位中富有经验的技术人员协助商讨改革旧险种，设计新险种、制定新条款，编写新的业务规章制度和实务手册等。吴越和徐天碧两人负责研究甄选提出各部门成员配备名单，经中共保险组支部讨论通过，报经上级党委批准。华东区公司经理由中国人民银行华东区行副行长谢寿天兼任，林震峰、孙文敏为副经理，徐天碧为人事科科长，吴越是副科长。

因为上海原有保险人才荟萃，所以进展顺利，华东区公司得以

20 世纪 50 年代，中国人民保险公司华东区公司业务训练班会计队第二小组全体组员在国内保险业务停办前合影。

20 世纪 50 年代，中国人民保险公司华东区公司国内保险业务停办并留影。

和总公司同于 10 月 20 日宣告成立。

接着华东区公司成立保险干部培训班，由区公司副经理米秋阳兼任班主任，吴越任副主任并主持工作。培训班先在九江路 210 号中国航联意外保险公司办公室开展教学，后来租赁到可容纳 500 多人的原伯大尼孤儿院作为校舍。

后来，为了继续扩大保险从业人员队伍，高中毕业生成为新一轮招募对象，通过十天或半个月和三个月的正规培训，每期 400 人，先后办了十多期，共计 4000 余人。

保险业务学习课程主要有《保险政策方针》《火灾保险》《运输保险》《农业保险》《人身保险》《防灾理赔》《保险会计》等。政治教育主要设有《社会发展简史》《政治经济学》《为人民服务》《革命人生观》《中国革命和中国共产党》等。

培训班条件艰苦，学员们坐的是木板长条凳，大房间一没有电风扇，二没有排气扇，三伏天要睡 40 来人。临时搭建的食堂，因限于场地，勉强放下 60 张方形餐桌，凳子无法容纳，学员们都站着吃饭。吴越和学员们经常一边吃饭，一边交流。

经过培训的学员，思想觉悟都有了提高，初步树立起革命的人生观。每次班级结业后，学员们都坚决服从组织分配，愉快地奔赴上海或华东各地工作岗位。

据上海老保险孟庆树在给我的亲笔信中讲，他是 1952 届的培训班学员，那届学员毕业时，只有 4 人留了上海。作为山东人的他，也被留在了上海。孟庆树当时为此问过吴越是什么原因，吴越说，因为他在上海的夫人当时已怀孕，这是照顾他。

由于当时各地缺乏懂保险的人员，急需人才，而上海是保险人才荟萃之地，所以大家都把培训班当成解决干部来源问题的最好、最快途径，寄希望于上海的输送和支援。

有鉴于此，华东区公司义不容辞地担当起这个任务：除积极动

员专业干部充实总公司等地外，又选派业务技术骨干去华东各省组
建分公司，总公司还通过上海调人员到西南区公司工作，甚至派人
到新疆等地筹建分公司，还有一批人员去了香港中国保险公司。

由此，可以看出在中国人民保险创建初期，大家都是心往一处想，
劲往一处使。每一个人保人都有充满热火朝天的工作热情，似乎要
让人民保险的光芒照耀到每一个角落。

## 五、在成立初期经受风雨的洗礼

1952年，中国人民保险华东区公司撤销，吴越到了上海市分公司，
先后担任业务科科长和防灾理赔科科长。

1954年，上海遭受几十年不遇的特大暴雨灾害。根据中央指示

1951年，中国人民保险公司上海市分公司总经理吴越在办公室办公。

精神，上海决定成立市防汛总指挥部，以加强对于灾害气候的预警和防范。但是，当时一无干部，二无技术，三无经验，不知如何下手。

在得知中国人民保险公司的业务与防灾防损相结合、经常深入工厂企业防火防汛的情况后，市政府决定从保险公司借调一批干部参与防汛指挥部工作。吴越等 9 名干部到上海市防汛总指挥部报到，办公室设在市政府内，总指挥部的总指挥是常务副市长潘汉年。办公室人员由市政府、市政工程局和保险公司派员组成。吴越初为检查组长，继为办公室专职副主任，主持工作。

指挥部主要任务是制订防汛工作计划，掌握汛情水位、台风走势、暴雨信息，及时发布指令、指示，通报和审阅各区县局的防汛计划、报告、预防举措和抢险方案，而后综合简报并发布新闻报道等。

防汛指挥部在每年 4 月到 10 月台汛期间集中办公。汛期过后，各回原单位工作。

指挥部工作非常辛苦，特别是检查组人员，经常要到区县局了解防汛情况，布置安排工作，还要深入工厂、仓库实地检查落实防汛指令，提出加强防灾措施的建议等。

每逢潮汛高潮期，或台风袭来时，无论白天黑夜，检查组人员都要紧急出动，顶狂风、冒暴雨、涉深水，处理突发险情。

吴越记得，当时上海市机电局防汛办公室主任曾说过，台风是个天灾问题，还得靠天吃饭。潘汉年总指挥听说后，狠狠批评了他，此人后来被撤职了。

吴越也有挨批的经历。1956 年 8 月，上海遭遇强台风袭击。吴越依据 1949 年、1954 年上海的台风暴雨灾害和此次浙江的灾情相比较而言，得出损失程度不大的结论。此话写进了《解放日报》的综合报道，但受到了当时的市委领导批评：难道死了人才算大吗？为此，《解放日报》作了检讨，可见当时的严肃认真。

一次，上海发生龙卷风。防汛总指挥部及有关各方得知消息后，随即派人赶往现场。与此同时，驻上海空军说有一个异常情况：在雷达上发现从浦东方向飞来一个体积很大的东西，落在宝山，上面有"US"字样，不知道美帝国主义发射了什么武器。

当时，大家都很紧张。上海市委领导指示空军派人查看。半个小时后，查看的人来电话说，那不过是只空的柏油桶，上面印着"US"——原来它是由于龙卷风的缘故，才在空中飞舞了一番。大家虚惊一场。

## 六、坚守继续开办保险的孤岛

1958 年 10 月，在国内保险业务大跃进"放卫星"高潮中，西安财贸会议传出了"人民公社化以后，保险工作的作用已经消失，除国外保险业务必须继续办理外，国内保险业务应立即停办"的消息。12 月，武汉全国财政会议正式作出停办决定，各地都以"大跃进"的速度纷纷停业务、撤机构。

上海市保险公司联合财政局，两次邀请各专业局领导座谈，征询对企业财产强制保险可否立即停办的意见。绝大多数单位认为保险在新形势下仍有必要，建议改"强制"为"自愿"投保。故而大家共同商议，待市委批准可以办理自愿保险后，需要保险的单位，可补办保险手续。

在这种形势下，上海保险究竟怎么办？该如何处理好地方与中央的关系？吴越代财政局党组起草给市委的报告，历时 3 个月，苦心斟酌，十多次易稿，拟就《关于本市国内保险业务的处理意见》上报中共上海市委。其主要精神为，企业财产强制保险、船舶强制保险改为自愿保险并与国内货物运输保险继续办理；简易人身保险和公民财产险等群众性业务继续维持；农业保险停办改由公社自办；旅客意外伤害保险移交有关交通部门办理。原由财政局领导的保险

吴越

1963 年，中国人保上海市分公司坚持开办国内保险业务。图为当时的公民财产自愿保险保险单。

1964 年，中国人保上海市分公司开办企业机关团体财产保险保险单。

公司将其业务移交人民银行接管和领导。

1960 年 1 月，保险机构正式并入银行系统，对外保留保险公司名义，内部则为保险处、科、股。银行领导认为上海的保险因有悠久历史和传统习惯，一时停不下来，所以暂为"维持"作为过渡，但"最终目标是停办"的意见一直没有停止。因此，上海成为国内仅有的一直继续开办保险业务的孤岛，开创了中国人民保险成长史的奇迹。

1962 年 3 月，停办派又占了上风。坚持派的吴越，根据人民银行行长意见，几经易稿，煞费苦心地撰写了《关于停办本市国内保险业务的意见》的报告，上报中共上海市委财贸政治部。但其答复为：保险还是有作用、有需要的，仍应继续办理。面临危机的上海国内保险，重获生机。

1962 年 7 月，保险从人民银行储蓄保险处单列出来，进行整顿组织架构。市委派员充实保险处领导班子，原保险干部归队。同时健全制度，恢复展业。吴越率领保险人员主动联系企业，加强服务，保险业务逐步回升。

1966 年，"文化大革命"开始。银行系统率先针对保险"革命"。大字报纷纷指责"人身保险是活命哲学""保险是封资修的产物""办保险是为了复辟资本主义，应予彻底砸烂"。

接着保险公司后院起火，要打倒当权派。吴越等人被勒令靠边站，吴越除被戴上"死不改悔走资派"帽子外，还套上了"对抗中央搞独立王国"的罪名，以批判他坚守保险业务的思想行为。吴越被夜以继日地大会小会反复批斗，人格受尽了屈辱。

孟庆树在信中对我讲，当时上海公司的保险业务科科长徐曾渭不堪凌辱，跳楼自杀。在批斗吴越的现场，他们看见造反派打骂吴越，也只是敢怒不敢言。吴越被造反派开除了党籍，后来被下放到人民银行营业部会计科。世事沧桑，不堪回首。

1967 年 1 月，在造反派的强迫下，上海保险公司终于停办了企业财产保险。1968 年 6 月，保险机构被撤销。吴越苦心经营的上海保险不倒的旗帜，风景不再。

1969 年初，保险处干部全被下放到上海市财贸"五七"干校劳动。对外虽保留中国人民保险公司上海市分公司的名义，内部实为中国银行上海分行保险科，仅经营国外保险业务。

## 七、为复业呕心沥血

1978 年，国务院和中国人民银行将收到有关建议恢复保险的来信都转给了中国人民保险公司，总公司即于 10 月中旬发文，通过上海和南京分公司，对恢复国内保险业务问题进行调查了解。

吴越撰写了《关于恢复国内保险业务的调查报告》和《关于恢

他，人保历史无法跨越——记中国人民保险上海分公司副总经理

吴越（左一）与沈建中（左二）、孟庆树（左三）合影。

复国内保险筹备工作意见》，分别提交中国人民银行上海市分行和中国人民保险总公司，成为人保有关恢复问题的最早的理论依据。

1979 年 1 月，为了促进国内保险早日恢复，吴越请唐雄俊以上海社会科学院世界经济研究所名义，召开"保险座谈会"，制造舆论氛围，并在《解放日报》经济专刊版发表了唐雄俊、刘琳《把人民保险事业恢复和发展起来》的学术文章。

随后，人保总公司立即商调赵济年和叶奕德归队，同时向人民银行上海和南京分行指名商借吴越和李继明，到北京共同设计拟订国内保险条款办法。他们历时 1 个月，完成了《企业财产保险》《国内货物运输保险》《国内船舶保险》《汽车及第三者责任保险》《家庭财产保险》《家庭财产和人身综合保险》和《简易人身保险》等7 种条款、费率规章及说明，为恢复保险打下了坚实的基础。

1979 年 4 月 9 日，国务院批转《中国人民银行全国分行行长会议纪要》，正式批准办理国内保险业务。中国人民保险公司当时机构主要是广（州）、大（连）、上（海）、青（岛）、天（津）等十几个口岸公司，全国保险干部号称 500 人，实有 300 多人。

1980 年，在上海保险公司成立之际，上海几十万名知识青年开始返城。大批知青回城给市政府和社会带来许多矛盾和问题。知青的生（育）、老、病、死的保障问题成为当务之急。为此，市政府领导指示劳动局与保险公司研究解决社会保险问题，从速消除回城知青中合作社职工的后顾之忧。

劳动部门怂恿保险公司做社会保险，但具体困难较多：一无养老和医疗保险条款办法，二无有关资料借鉴，三无数据借以测算，四无实践经验，五无干部力量，六无营业网点用房。

面对市政府交办任务，保险公司到底该接不该接？几经研究磋商，保险公司认为能想政府所想、急政府所急，接受承办合作社职工双保险，给政府解难，妥善处理回城知青的棘手问题，为合作社

20 世纪 50 年代吴越签发的保险单。

职工排忧，替政府办实事，这对今后开展保险业务是有利的。

因此，经理室研究决定，采取实事求是的精神，一方面以积极的姿态接受承办双保险的政治任务，另一方面把实际困难如实向政府汇报。

1982 年 1 月，上海《解放日报》头版头条以《无劳保待遇职工的福音》为题，报道了中国人民保险公司上海市分公司试办合作社职工养老保险和医疗保险的事。新华社、《人民日报》《财贸报》《文汇报》《新民晚报》等也相继报道了这项重大改革措施。

人保公司上海分公司开启了开办社会保险的先河，上海有关养老和医疗保险的种子，迅速在许多大中城市陆续开花。身为上海分公司副总经理的吴越，为上海乃至中国保险界开辟诸多业务领域，作出了无可替代的贡献。

吴越还曾担任上海市政协第七届委员、中国保险学会第一至第四届理事兼学术委员会委员、上海市保险学会第一至第三届常务副会长、上海市金融学会第一至第五届常务理事、上海市农村金融学会理事、上海市投资学会理事、上海市消防协会副理事长、上海社会科学学会联合委员会委员。现为上海市保险学会顾问、上海投资咨询公司专家、世界贸易组织上海研究中心保险专家委员。

作为学者的吴越，担任过《上海保险史志》编纂委员会主任、《保险研究》编委，《上海保险》主编、上海财经大学兼职教授等。他主编了《中国保险辞典》《中国对外经济贸易辞典·保险篇》《上海保险业职工运动史料》两集、《中国保险史》等，参与编写《保险法教程》等高校教材。吴越还是《辞海》编委暨《辞海》《大辞海》保险分科主编。

孟庆树在信中讲，吴越为人正直，待人热情。在三年自然灾害时期，吴越多次到困难员工家中探访，并亲自把他安排进龙华医院治病，使他终生难忘。

1985 年，保险公司在为吴越办理退休手续时，上海市委组织部宣布恢复吴越党籍，并立即停止办理其退休手续，重新任命吴越为中国人民保险公司上海市分公司副局级总经济师，直到 1990 年 1 月离休。

吴越的政治待遇几乎困扰了他的一生，主要因为 1955 年原上海地下党负责人潘汉年因"内奸"问题被捕而受到牵连，作为地下党书记的吴越，尽然不再敢言自己曾经光荣的历史。当年与他一起工作的杜如心虽然比他小很多，但她非常崇尚吴越的革命经历，在他们结婚后给三个孩子分别起名为"乘风""破浪""前进"，以表达对革命的共同信仰。

尽管吴越一直是上海公司副职，在公司内也曾被有些人误解，甚至他留存在公司的一些珍贵的保险历史档案资料被当作废纸卖了。但吴越在保险业的地位，他曾经的付出和贡献，历史必将留下烙印，而不会改写。

吴越

# 王永明

## 流年期颐写沧桑——记中国人民保险公司国外业务处首任副处长

2014年4月19日，刘鸿儒金融教育基金会在清华大学金融学院隆重举行颁奖典礼。在王永明临近百岁生日之际，为其颁发『中国金融学科终身成就奖』，并奖励100万元。王永明是第一个获此殊荣的人。

2014年4月19日，刘鸿儒金融教育基金会在清华大学金融学院隆重举行颁奖典礼。在王永明临近百岁生日之际，为其颁发"中国金融学科终身成就奖"，并奖励100万元。王永明是第一个获此殊荣的人，百岁老人获百万奖励，一时成为热议。

我曾经当面听王永明说："对于一个已经一百岁的人来说，100万元已经没处花了，但这个奖对于我的意义，在于是对我一生的承认。"使人惊异的不是老人面对金钱的参悟，而是一个百岁老人思维的敏锐和说话的逻辑如此清晰。

## 一、换了4个小学校就读的少年

江阴古称暨阳，位于长江三角洲。悠久的吴文化孕育了江阴深厚的文化底蕴，在江阴地区悠久的民俗传统中，著名的庙会集场已有上千年的历史。

1914年10月，王永明出生在长泾镇南山头村。其父亲是农民，母亲做家务。就像所有江南农家一样，王永明的父亲恪守传统的耕读文化习俗，稻谷飘香和书香门第总有着千丝万缕的纠缠。

王永明转眼就到了读书年龄，但南山头村里没有小学，他只好到邻近的祝塘镇北山头小学读书，他那时每天要走很远的路，有时回到家，天已经黑了，他还借着灶台的光亮读书。

在北山头小学读了一年多，他到了二姨妈所在的无锡八士桥小学继续读书。一年后，这里的老师看到王永明天资聪颖，就带着他到了张泾桥小学读书。又是一年后，老师又把他带到寨门小学读书，这是当地较好的学校。一年之后，小学毕业的王永明被选送到无锡考中学。

也就是说，在小学6年的时间里，王永明先后换了4所学校，而且，学校越换越好。这说明王永明在当地学习比较出众，深受老师赏识。

王
永
明

江阴古镇。

他们一步一步，把他从乡村带到了城市。

可以想象，当时的王永明，充满着自由闲散的时光。他天生的那股精灵，印证出日后他可以无师自通、自学成才的过人经历，这种成才经历在今日几乎是不可想象的。

王永明考入了无锡省立中学，这是南山头村的荣耀。但好景不长，王永明读到高中时，他得了一场大病，无法继续学业，只好回到家，休了长假。

1931年，王永明病愈，但学业显然荒废。他闲得无事，就跑到上海，找到在上海经商的大哥王永年和姐夫侯晔华，他们带着他在上海大都市里玩耍。

## 二、一下就考上了中国保险公司

1932年2月，中国保险公司在上海招工，报纸上发了广告。姐夫介绍他去参加考试，当时报考的人很多，大多是有身份人家的子弟。王永明也没抱什么希望，没想到他竟然被录取了。从此，王永明开始了毕生的保险生涯。

早在1930年，中国银行总经理张公权推荐中国银行上海分行的总经理宋汉章全权筹办中国保险公司。已年近花甲的宋汉章受命之后，刻苦钻研保险业务，走访各方保险专家，凭借他超人的胆识和智慧，经过精心筹划，各项筹备工作开展顺利。

1931年11月，中国保险公司在上海外滩仁记路（今滇池路）中国银行行址正式开业，宋汉章兼任公司董事长。因此，可以说王永明是中国保险公司成立初期招进的首批员工。

那时新入职的员工叫练习生，不是正式职员。三年之后，王永明成为中国保险公司的正式职员。王永明刚开始时主要负责填写中文保单，在保单上填写客户名字、住址、保额费用等事项。

中国保险公司旧址上海外滩仁记路（今滇路）。

中国保险公司保险单。

王永明深知自己是农民出身，一无靠山，二无人脉关系，只有靠自己的勤奋才能换取好的工作岗位。他凭着过人的聪明，很快就掌握了保险业务的技能，而且有当年在无锡中学学习英文的底子，他的英语水平逐步提高。最终，他成长为专业人员，负责用打字机填写英文保险单。

王永明开始在火险部工作，后来又做分保业务。中国保险公司的分保业务最初分给英国的太阳保险公司。但太阳保险公司做了几年，年年亏本。后来，随着中国保险公司业务的扩大，又分保到英国劳合社管辖的伦敦保险市场。

搞分保时，太阳保险公司派了一个顾问来到上海，辅导或者是监督相关业务。王永明在这个洋顾问的身上，学到了不少本事，当然包括英语水平的提高。王永明的职务升迁非常顺利，一步步升到了业务处副处长。

仕途无限风光，生活也春风得意。经人介绍，王永明认识了许瑞珍，许家是做生意的，虽然不大，但还是小康之家。王永明靠自己的学识及在保险公司工作的地位，获得了许家的认可和许瑞珍大小姐的青睐。

1944 年，王永明与许瑞珍在上海结婚。许瑞珍当时在无锡地方法院做书记员，与他同岁，是典型的南方淑女，知书达理，他们属于标准的郎才女貌。结婚时，中国保险公司总经理过福云亲自给王永明作了证婚人，可见他在公司的地位显赫。很快，两口子有了两个男孩和一个女孩，日子蒸蒸日上。

## 三、欣然接受改换门庭的变局

早在 20 世纪 30 年代，中共地下党在上海保险业异常活跃，各种群众组织风起云涌，众多保险人士参与其中。在众多的历史资料中，我并没有看见作为当时保险业著名人士王永明的名字出现在其中，与他们发生交集。就此疑惑，我曾询问过王永明，他说，那时他忙于中国保险公司的业务，无暇顾及其他，也不知道地下党的存在。

我以为，可能还有王永明自身的原因。王永明有着上海人特有的清高，崇尚本源，而且追求务实，洁身自好。这可能也是导致他不关心政治，埋头保险实务，一副清闲自在的做派。

1949 年 5 月，上海解放。大街上到处飘荡着哗啦啦的红旗，高音喇叭里是热火朝天的歌声。王永明必须面对的事实是，人民解放军接管了中国保险公司，昔日的保险同仁吴越、施哲明都穿上了军装，成为了负责接管的联络人。

此时，中国保险公司的老板宋汉章去了香港，似乎还在观望。共产党也没有放弃他，还让他出任中国银行的董事，保险业接管代表林震峰也在联系他。1949 年 12 月，宋汉章还是选择辞职，远走他

王永明夫妇。

乡，去了巴西。

中国保险公司群龙无首，在这一大堆烂摊子面前，王永明的作用凸显出来。他配合共产党的接管工作，负责调查保险公司有无违规行为，报告职员佣金等事项，并积极促使中国保险公司及时复业。

上海军管会代表。

上海军管会胸牌。

让王永明意想不到的是，他不仅保住了自己的饭碗，而且职务还得到了提升，由业务处副处长改为调查研究处处长。他感觉自己为新中国做了一些事，很有成就感。

1950 年，中国保险公司通知王永明调到上海分公司。王永明一时想不通，怎么刚刚升为调研处长，又连跌了好几级？他去找施哲明理论，施哲明向他解释：共产党要调王永明到北京中国人民保险公司总部去工作，如果他以处长的职务前去报到，没法安排。

王永明听了这话，才放心了。他在意的不是所谓职务的高低，而是到国营保险公司工作，真正成为了共产党的人，毕竟是一件风光的事，前途无限。

王永明以保险专家及英语能手的双重身份，来到中国人民保险公司，负责组建国外保险业务处，并担任了副处长。北京以北方特有的万里晴空，迎接着王永明的到来，似乎展开了海纳百川的宽广胸怀。

在公司总部，有一个人让王永明记忆犹新，也让他心服口服，那就是孙广志。孙广志是在美国出生的归国华侨，他的父亲是美国煤矿的大亨，与宋汉章交情深厚。孙广志中文不行，但英文超一流。孙广志是总公司国内业务处处长，几乎所有的涉外保险条款都是由他把关的。

# 四、"百万英镑"可以万古流芳

新中国成立初期，中国物资比较缺乏，需要大量进口货物，以保证社会的稳定。由于当时中国自己还没有轮船，都是靠租用外国轮船，装载进口货物，有时可能也会租用美国的轮船。

1950 年，朝鲜战争爆发，中国政府很快宣布抗美援朝。

美国政府宣布，国家战时将征用所有的轮船。因此，美国轮船当然要把所装的物资都要卸掉，卸后的空船给国家使用。

当时，美国船主都是将货物分卸在轮船航行途中就近的港口，因此，中国有许多货物也被卸在各地的港口，需要另行租赁别国货轮将货物运回来。

当时我国租赁的货船中就有著名的"海白王""海后"两条货轮，负责把这些东西陆续运回国内。这些货轮进口的物资，大都是由中国人保上海分公司承保的。

"海后"轮在运输中途，被台湾当局截获，以船上的货物为战争物品为由，在美国帮助之下，全部劫走，并被卖掉。

当时所保的运输险，包括战争险，又称兵险。中国保险公司要进行理赔，当然也要向分保公司索要。

中国人保便展开向伦敦保险经纪人索赔的程序，但这是新中国

20 世纪 50 年代，外国轮船。

20 世纪 50 年代，王永明（左一）与国际保险专家合影。

20 世纪 50 年代，王永明（左一）出席国际保险会议。

第一次进行如此大规模的索赔，对于能赔与否，王永明等人并没有把握。

中国保险公司立即将出险经过电告伦敦合约的再保险人，审核了"海后"轮装载的数以万计的物资及全部单证，核定确切的损失数字，要求支付现金赔款。伦敦方面，先以"运载物资的船舶改变航程未获通知，保险期限自卸载孟买港终止"为理由，不同意赔偿。中方以"物资未到达目的港，并出有'在孟买中转续运'的批单，同意继续航程，不能终止保险契约"，驳回对方的拒赔理由。对方又以"海后"轮未遭双方交战，保险条款不包括劫持责任为由，企图再次拒赔。

王永明等中方专家据理力争：船舶与货物是在暴力劫持下遭受的损失，保险人应按条款规定的"海盗"责任，给予赔偿。最终，分保全部摊回，共计 104 万英镑。这是中国人保成立后最大的一笔涉外业务的赔付，按现在的话说，"亮瞎了你的眼"。

周恩来总理知道此事后，非常关注，亲自听取了汇报。中国人保名声远扬，这件事史称"百万英镑"事件。

王永明作为此案的经办人，自然功不可没。

2014 年，吴焰董事长到百岁老人王永明家中慰问，思维敏捷的王永明在和吴焰聊天时，分享了这段"百万英镑"的佳话。讲述结束时，王永明抱怨道，当时事是我做的，但到中南海汇报，却只让领导去了，功绩被记在了领导的身上。

王永明的一席话，让在场的人不禁发出了阵阵笑声，大家纷纷惊叹王永明老人的天真和有趣，如此可爱。吴焰董事长也开着玩笑，对在一旁照相的我说，高星，这段历史，你回去要负责改写过来。

# 五、让历史铭记的保守派帽子

王
永
明

1959 年初冬的一天，财政部副部长吴波在中国人民保险公司召集会议，讨论国外保险业务的前途问题。由于当时国内保险业务停办，干部纷纷外调，财政部已决定把保险公司的领导关系转到人民银行。

保险公司内部人员也纷纷议论，国外保险业务是否也要停办？而且主张停办的人还不少。上级领导为了听取意见，召开了这次讨论会。

因为这次会议的相关决策，将关系到保险业务人员的命运，会议气氛显得十分紧张。出席会议的除了国外保险处的人员外，还有一部分国内保险处的人员，还包括外单位中国银行、外贸运输公司、进出口公司等一些和保险业务相关的人员。

首先发言的是主张停办国外保险业务的人。他们的理由是，国内保险既已停办，国外保险也可停办。他们一个个义正词严，似乎理直气壮。

而主张继续办理国外保险业务的人，在当时被认为是"保守派"，他们的心情都战战兢兢，处于弱势。但王永明的性格说一不二，据理力争。

王永明提出的理由是，保险是对外贸易报价的必要组成部分，成本费加保险费加运费（CIF）是全世界公认的国际贸易计价标准，我国不设保险公司，不办理国外保险，势必都推给国外去办，会使国家蒙受重大的外汇损失。估计王永明阐述的理论，在场的领导显然会有人并不明白，但他作为知识分子，已经习惯了"出风头"。

当然，会议中也有中间派。他们的主张是，停办进口贸易保险，继续办理出口贸易保险。大家各执一词，争执不下。

在人数上，似乎保险公司人员中主张停办的比主张继续办的要多。但中国银行、外贸运输公司及进出口公司的人员大都支持继续

王永明出席国际保险会议。

1970 年，王永明出席远东保险会议。

1979年，王永明在印度参加国际保险防灾防损研讨会。

王永明参加英国特许保险学会中国考试中心 636，1989 年考场。

开办保险，因为这样会方便他们的工作。

主持会议的是国外保险处的领导，他既没有摆出自己的观点，也没作结论。最后，还是财政部的最高领导作出了指示：国外保险应继续办下去。

争论结束了，从事保险工作的同志放下了心。王永明心里也踏实了许多，他继续做着国外业务处的副处长。

这件事在今天看来，似乎有些荒诞，甚至可笑。但在当时来说，对于王永明为代表的"保守派"，他们的一言一行，可能付出的是不可想象的代价，甚至包括自己的政治生命。

今天，我们可以自豪地说，中国人保有着与国同行的光辉历程，作为新中国保险业的长子，有着60多年不间断的品牌历史。所有这些，正是由于有以王永明为代表的那些先驱者的存在，由于他们的坚守和付出，才换来了今天的结果。历史必将不会忘记，人保人将世代感恩！

王永明在当时可以勇敢地做到义正词严，决然不是因为被领导所指使，更不是出于和自己的利益发生关系。他只是从事关国家的命运、企业经营的正确理念出发，从爱自己从事的事业出发，义不容辞地站出来的。

1969年"文革"期间，王永明的威风终于不再，他被下放到河南五七干校劳动。直到1972年，王永明回到北京，担任中国人民保险公司调研处处长。

在此期间，王永明代表中国人保多次参加国际保险会议，如印度国际防灾会议、日本远东保险会议等。

## 六、春风化雨育新苗

1979年，国内保险业务正式恢复，中国人民保险迎来了复苏的春天。

王永明担任了中国保险学会秘书长、保险研究所研究员。他着手创办了保险理论刊物《保险研究》杂志，并担任主编。

王永明先后受聘担任中国人民银行总行金融研究所特约研究员、中国人民银行金融研究所研究生部硕士生导师、中央财政金融学院保险学兼职教授、中国金融学院保险学兼职教授、武汉大学经济学院保险学兼职教授等多种学术职务。

王永明说，他那时都是兼职教书，而且是不拿钱的，就算有好的待遇，也就是有汽车来接送。那时候，他就是有着乐于施教的习惯，一心要培养更多的保险专家。

为了广泛宣传保险，王永明还到广播电台宣讲保险的意义。他积极推广保险是一门科学的理念，提醒国民理性对待。

王永明经常教导大家应该坐下来多读点书，多思考保险问题。他组织并指导翻译了《风险管理学》一书，遇见不好翻译的问题，大家在一起讨论。

爱看书的王永明，自己的名字也被载入了《中国名人录大辞典》一书。

尽管王永明不是保险科班出身，但他通过自学和在保险公司长期的实践，成了业内著名的专家，这本身就是一本对保险后来人的培养教材和范例。

王永明主持了多次保险研究生的论文答辩及考试，许多今日的保险精英都是他的学生。

在保险公司月坛北小街的宿舍，当年的老邻居还记忆犹新地回忆起王永明当年读书好学的情景，在休息日的院子里，他一边带着有病疾的小女儿，一边读着外文书，背英语单词，可见王永明自学的能力和持久力。

20世纪80年代，中国保险学会工作人员合影。王永明（前排左四）。

王永明与老保险人合影。王永明（前排左七）。

# 七、老当益壮的内心

1989 年 12 月，已经 75 岁的王永明才正式退休，估计这个退休年龄，将成为中国人保空前绝后的历史纪录了。

王永明成为中国人保系统生命之树长青的一个证明。退休后，他积极参与保险社会活动，平日在家用毛笔抄写唐诗宋词，再用英文翻译过来，每天一首，从不间断。他说，他只是翻译着玩，图个乐呵，当练脑子灵活。

结婚已经 80 多年的老两口，每天还在院子里遛弯，成为了真正的老伴。

几乎公司老干部组织的团拜会等活动，王永明都要出席。他开玩笑地说："就是为了让大家看见我还活着。"

2015 年春节，吴焰董事长去王永明家中拜年，他给老人发了个红包，百岁老人并没有马上接过去，而是拽了拽衣襟的下摆，从沙发上站起来，毕恭毕敬地双手接过红包。老人就是讲究，有派头。

2016 年 10 月 20 日，中国人保在北京西长安街 88 号新办公大楼举办司庆活动，王永明被请到现场。大家都想象不出一位 103 岁的老人将是什么模样？

我去王永明家接老人家，负责开车的司机都很兴奋，他说他第一次开车载着一百多岁的老人，要沾点福气。

王永明那天很早就洗脸更衣，做好出门的准备。他穿着中式上衣，围着围巾，精神矍铄。在车上，他抱怨自己的胡子还是没有刮干净。

到了西单，他还清楚地说出，前面是宣武门，年轻时经常去那里的菜市场。我一下感觉到的画面，人家说的年轻时候，才有距离感呢。

看见辉煌的人保办公大楼，他一面惊叹不已，一面笑言：没超标吧？大家告诉他，这是人保发展了的结果。

王永明（中）获得 2014 年度中国金融学科终身成就奖。

2016 年，王永明（前排左一）出席中国人保司庆活动。

在活动中，有一个赠送礼物的环节，王永明从年轻员工手里接过鲜花，在一边的女婿陈达生欲从他手里接过花，帮他捧着，老人不肯，执意自己捧着。

王永明看见公司员工在台上为关爱员工捐款，也让女婿拿出100元捐赠。在一片掌声中，王永明走下舞台，他没有忘记给在场的人深深地鞠了一躬。这一幕，让在场的许多人感动得流下了真情的眼泪。

# 秦道夫

## 一位与中国人民保险同行的老人——记中国人民保险公司原董事长、总经理

一位领导在员工中获得几乎没有异议的口碑，应该是十分罕见的。特别是此时秦道夫已经退休，况且我又是公司一名普通员工，他们知道我没有回京转达的机会与义务，可见他们说的是真心话，信息是准确的。

1990年2月，中国人保在北京阜成门办公楼举办春节团拜会，这是我来到人保后参加的第一次全体员工活动。秦道夫总经理和每个员工握手，表示慰问，这是我人生第一次近距离接触部级领导，有点诚惶诚恐、受宠若惊。秦道夫看见我脖子上挂着一件红五星项链，饶有兴趣地拿起来对我说："你为何要戴红五星呀？我年轻的时候也戴过。"我本来紧张地以为他会批评我穿戴另类，但他平易近人的亲切话语，一下感染了我。尽管我知道秦道夫眼里的红五星，代表的是毛泽东和革命，与我眼里的红五星，代表的是崔健和摇滚，两者大相径庭。但秦道夫的一席话，还是拉近了我们之间的距离。

我在中国保险杂志社工作期间，经常到基层采访，可以见到各层级的人。在闲聊中谈起公司的领导，我印象最深的是大家一致交口称赞秦道夫的人品和功绩。

一个领导在员工中获得几乎没有异议的口碑，应该是十分罕见的。特别是此时秦道夫已经退休，况且我又是公司一名普通员工，他们知道我没有回京转达的机会与义务，可见他们说的是真心话，信息是准确的。

## 一、海风吹动着少年的时光

荣成市位于山东半岛最东端，三面环海，像是被海浪托举起的一颗璀璨的明珠。荣成古称"朝舞之地"，孟子在《正义》中解释："朝日乐舞之地。"意思是说这里风光优美，人烟阜盛，连朝日都不愿意离去并为之且蹈且舞。据史书记载，秦皇汉武先后多次来荣成观海祀日，歌功颂德。

1929年10月17日，秦道夫出生在荣成县人和镇北下河村。秦道夫的父母都是农民，有着山东人特有的勤劳节俭的遗风民情。

秦道夫在其传记《我和中国保险》一书中写道："父亲秦有丰

平日里话很少，家门外的事一概不管。他上过小学，应当是个识字的人，可是我从来没有见他读过书、写过字，也从来没有教过我认字。倒是和我说过应该好好读书，长大了好不当农民，不种庄稼。"

秦道夫记得，父亲每天天一亮就和家里的雇工一起下地干活了，直到天擦黑了才回来。放下锄把就拿起扫把干家务，直到天完全黑下来才进屋休息。他是村里数得上的庄稼好手，深知肥料对庄稼的重要性，即使走在路上，看见一堆驴粪也会摘下草帽把驴粪捡回来。他还是远近闻名的大力士，年轻的时候能独自摔倒一头牛。

秦道夫是家里的老大，从小喜欢在外公家住。一年春节前，父亲接他回家过年，他不愿走，在院里躲，力气大的父亲恼怒飞起一脚把他踢倒了，半天喘不过气来。吓得父亲只好低着头一人回家了，父亲很后悔，这个年也没过好。秦道夫说，这一脚给他的印象太深了，后来他当了父亲，从来没有打过孩子。一个生活中普通的细节，可以改变人生，此事使我深受感染。

秦道夫说，给予他关爱最多的是母亲赵桂芝，她善良、能干。家有一台古老的纺车，只要地里活儿用不着赵桂芝，她就总是盘腿坐在地上，一手摇纺车，一手捻棉花卷。纺出了线，再拿到织布机上织成土布，再染成黑色或蓝色，一家人穿的衣服都是母亲亲自织出来、缝出来的。

秦道夫 7 岁时，进了村里的学堂，他使用的是新式的教材，似乎新思想的风已经从海上吹过来了。但不久，日本侵略军也登陆了。紧接着，这里成了共产党的抗日根据地。秦道夫被推选为儿童团团长，使用着鸡毛信和消息树。

1941 年，秦道夫小学四年级毕业，考取了当地唯一一所高小，而且他考了第一名，这在他们村还是破天荒第一回。秦道夫每天来回 4 里路走着去上学，书包里除了书本，还装着午饭——一块布包着的几块地瓜干。老师是从延安来的，秦道夫参加了青年抗日先锋队，

一位与中国人民保险同行的老人——记中国人民保险公司原董事长、总经理

秦道夫年轻时期。

从此，他的书包里又多了一颗木柄手榴弹。

1944 年，秦道夫高小毕业，考上了文（登）荣（城）威（海）联合中学。学校是中国共产党领导的抗日民主政府创办的以培养干部为目标的公费学校。文荣威联合中学没有固定的校址，像部队一样流动。

1945 年春天，秦道夫从抗日中学毕业，被分配到八路军山东军区东海区司令部机炮轮训队担任文书，成为了八路军。不久，司令部来了一张条子，把他分配到东海专员公署工作。接着，又被分到文登县政府农林科。

## 二、北海银行开启的金融生涯

1945 年秋天，秦道夫奉命从文登县政府调到山东北海银行文登办事处工作，这是一年内第三次工作变动。但从这次，开始了秦道夫毕生的金融生涯。

北海银行成立于 1938 年，是共产党领导下的山东抗日根据地的金融机构，其全部活动具有"战时金融"和"地方金融"的特点。该行所发行的纸币在抗日战争时期是山东抗日根据地的主币，在解放战争时期成为山东解放区乃至华北、华中解放区的本位币。

秦道夫做的第一份工作就是负责点钞票。握过枪的手，点钞技术也很强。钞票到了他的手上，像风吹似地一张张往后飞，而且极少有差错。

由于秦道夫勤奋好学，很快成为营业员，负责记账工作。老乡家的小炕桌就是他的办公桌，每天晚上打开账本，在油灯下把一天里发生的银行活动记录在账本上。

秦道夫负责向渔民或农民发放贷款，贷款的主要对象是贫农，抗属、烈属、荣誉军人有优先权。其实贷款数额很小，大约每个贷款户也就能贷到 10 元、几十元，可以用来买镢头、补网、修船，为简单再生产加一把力。当时，对实在困难的贷款户，最终还是把款额给免掉了。

1946 年 2 月，秦道夫到了北海银行胶东印钞厂。

1946 年 6 月，内战爆发，山东变成了重要战场。印钞厂向北搬到了乳山县的山区。

印钞厂里设有宣传墙报，秦道夫经常为其写些小文章，因此，后来他被调到厂部当文书。

由于国民党军逼近印钞厂驻地，印钞生产停止。工厂将印钞机全部拆卸，涂上润滑油，在深夜用马车拉到河边，深埋进沙里。秦道夫换上军装，带上工厂里的武器，上了前线。他负责撰写敌情通报，发到后方。

1948 年秋，华东野战军攻克济南。印钞厂回到了乳山县东尜村

北海银行员工合影。

秦
道
夫

印钞车间。

北海银行钱币。

1944年，北海银行渤海分行印钞厂劳动模范合影。

驻地，机器全挖了出来，经过擦洗安装，印钞厂又开工了。

为了保证物资供应和政权稳定，加大了印钞任务，前来拉钞票的大卡车在工厂墙外排成了长龙。印钞机器日夜转动，工人分秒必争。

秦道夫的革命热情也随之高涨，印钞厂所在的孔村成为他革命旅途的标志地。1948年8月，秦道夫加入了共青团。1949年1月，加入了共产党。他的入团和入党几乎是连在一起的，这可以说是一个奇迹。

秦道夫曾对我说过，他一直珍藏着一份他在解放战争期间写的入党志愿书，在一次躲避国民党进攻解放区时，他掉在河里，随身携带的志愿书也漂在水面上，被他奋力捞起来，志愿书有的字都洇了。我一直期待亲眼目睹一下那份珍贵的志愿书，我相信那些字如同经过时间长河的漂洗一般，闪烁的理想是那样的纯粹，早已镌刻在秦道夫老人的内心深处。

1949 年 4 月，印钞厂迁往济南。解放军在攻克天津、上海后，接收了大量的先进的印钞机器，中国人民银行决定撤销济南印钞厂，加强北京、天津、上海的印钞厂。

1949 年 12 月，济南印钞厂员工兵分南北两路，分别分配到天津和上海印钞厂。秦道夫在厂长率领下，来到天津印钞厂工作，他还是在厂部当秘书。

## 三、心心相印的情书

2015 年在秦道夫家采访时，秦老拿出一个木盒，里面珍藏着他用来装早年的证书、证件的匣子，可见其珍贵。我见其中有一牛皮纸信封，外表写有"信件"两字，我打开一看，全是秦老 20 世纪 50 年代初写给王淑梅大姐的情书。多是毛笔书写，且用纸也不一样，有毛边纸、草纸，有的已破损，抬头尽是"我亲爱的王淑梅同志"，印象最深的有这两句"在你不在的这几天，我感到很闷"，"你的感冒好点吗？我正在看《列宁选集》"……秦道夫老人有些不好意思地收起这些旧信，我说让我拍下，他说这和保险没关系，拍它干啥？我说学习学习，现在我都不会写情书了。

秦道夫老伴站一边，不知怎么回事。她都不知道秦老还收藏着这些旧信。后来我把我的感叹发在微信上，秦道夫的女儿秦小丽也说，她也从没见过那些信。

秦道夫珍藏的不仅是时间久远的信件，他珍藏的是属于自己最初的那份情感，是纯粹的内心世界。而且他不是为了炫耀以往的经历，甚至都不是为了纪念。有理想的人才会有爱情的思想，有热情的人才会有淳朴的思念。

早在 1946 年，秦道夫和王淑梅就在北海银行胶东印钞厂结识，随后又一起随工厂迁移到孔村，又一起进城到济南，后来又一起北

褚效珍、王淑梅、赵惠红（左起），20世纪50年代，她们都在中国人民保险公司北京分公司工作。

秦道夫与家人合影。

1964 年 10 月 1 日，中国人民保险公司总经理秦道夫与夫人在雅加达中国驻印度尼西亚大使馆门前合影。

上到了天津。

可以说他们是并肩携手一路走来，风雨兼程中爱情得到萌发。1948 年，秦道夫终于鼓起勇气，给王淑梅写了第一封情书，在信中表达爱慕之情。

秦道夫在自传中所讲："淑梅是一位聪明、善良、美丽、能干的姑娘。"

1950 年 8 月，秦道夫和王淑梅在天津喜结良缘，住在解放北路大连道。

结婚后不久，秦道夫就到北京工作，王淑梅留在天津学习保险。1951 年她调来北京，在中国人保北京分公司工作，他们终于团聚，从此夫唱妇随。后来王淑梅又来到总公司工作，不论秦道夫在国内还是在国外工作，王淑梅都一同前往，再没有分开过。

如果从 1946 年算起，等于说秦道夫从 16 岁开始，就一直和王淑梅在同一单位工作，直到 1996 年秦道夫办理离休手续，他俩并肩工作了整整 50 年。这对一对夫妻来说不仅是一种罕见的履历，更是一种让人羡慕的人生经历、一种漫长的充满爱意的旅途。

就是在今天，我每次见到他们，都可以感受到他们那种历经沧桑后的幸福，如同那种老玉石、老木器，其圆润的光泽是从里到外散发出来的。

我印象中，王淑梅在秦道夫面前从不多言，也不插话。现在秦道夫耳朵有点失聪，王淑梅也只是一个"翻译"，而且是一个忠于原话的翻译。有些对生活的感受，可能要在老的时候才可体会，特别是在亲眼目睹先辈从容的现实生活的时候，至少他们交流碰撞的火花，并不像我年轻时所希冀的那样。

## 四、从前门东车站扛着行李来到西交民巷

由于天津印钞厂采用了自动胶版机械，印刷效率大大提高。1950 年，工厂将多余的职工集中起来办班补习文化。后来，训练班改为中国人民保险公司培训班，总公司派干部教学，进行保险知识的培训。学员全被分配到保险公司工作，秦道夫也被调往中国人民银行总行，由那里分配工作。

1950 年 12 月，秦道夫从天津乘火车到北京前门东车站下车，他肩上扛着一捆行李，穿过正阳门，越过棋盘街，来到西交民巷中国人民银行人事处报到，随后被分配到保险公司。

中国人民保险公司办公楼在人民银行对面，西交民巷 108 号。秦道夫过了马路就来到保险公司人事处，曲荷处长热情地接待了他。其实曲荷和秦道夫是同行，原来他是解放区的冀南银行印钞厂的，后来是人民银行第二印制局张子重局长的秘书。副处长陆缀雯是

1925 年入党的老党员，她的丈夫王一飞在 1925 年大革命时牺牲，儿子王继飞被送到苏联学习。

而中国人民保险公司的总经理胡景沄、副总经理孙继武、办公室主任阎达寅来自老解放区的瑞华银行，监察室主任程仁杰来自的晋察冀银行，曲荷来自的冀南银行，秦道夫来自的北海银行，加上济南银行，这些共产党组建的红色银行，共同成了在石家庄成立的中国人民银行的前身，也成为了中国人民保险公司创建干部的来源之一。

那时，秦道夫在西交民巷人保办公楼，看见从上海来的保险专家跳交谊舞，从北方老区来的他，还是很不习惯，还会脸红。

进了保险公司，最让秦道夫头疼的就是事事要写书面报告。不管什么事，经理们总是说，写个报告交上来。写报告行文难免字斟句酌，写了错字、别字还要挨批评。

有一次，曲荷处长对秦道夫说：财产险处的薛志章处长批评我们人事处把他的名字写错了，原来是秦道夫因为口音，把他的姓"薛"字写成了"谢"字，曲荷让秦道夫写个书面检查。这件事对他的触动很大，他深知作为人事处工作人员，把别人的名字写错了，不仅是对别人的不尊敬，而且是工作的失职。秦道夫说，从那以后，他每认识一个人，总是习惯问清楚他的名字怎么写，再也没有把别人的名字写错过。

当时公司正在登报招收有保险经验的人才，秦道夫的办公桌上经常堆满了来自各地、用挂号信邮来的各种毕业证和就职证书。这些证明文件上都印有国民党时期的国旗。秦道夫这些从解放区来的干部，特别是跟国民党军队打过仗的干部，看到这类证书感到特别不顺眼。

秦道夫通过公司组织学习《苏联国家保险》一书，增加了对保险业务的认识。

1954 年初，秦道夫调到国外业务处业务科当科长。当时从老区来的干部大都分配在人事、监察、办公室工作，他是第一个被调到业务处做保险业务工作的。国外业务处处长施哲明，副处长王永明、王关生，业务科的林万基、倪盛泰，都是从上海来的保险专家，经验丰富，都给了他十分热情和具体的帮助。

在新中国成立初期，外商开出贸易条件，保险都在国外办理。当时我国外贸干部普遍不重视保险，他们认为把贸易做成了就算完成任务，因此进出口贸易大都在外国保险公司办理保险。

秦道夫由此入手，亲自上门宣传在国内办理保险的好处：进口贸易做离岸价格，保险在国内办理，可为国家节约外汇；出口贸易做到岸价格，保险也在国内办理，可以为国家吸收外汇。经过努力，与贸易进口公司密切交流，通力合作，除个别情况外，几乎所有进

1956 年，秦道夫作为保险业代表登上天安门观礼台。

秦道夫工作证。

苏联国家保险书籍。

1956 年，秦道夫陪同朝鲜保险局代表团游览北京，在北海公园合影。左起第二人是朝鲜保险局的白局长，左三是秦道夫，左一是来自延边分公司的翻译，右一是朝鲜同行。

口贸易改在国内办理保险。

1956 年，中国人民保险总公司任命秦道夫为中国保险公司总管理处办公室主任。中国保险公司的任务主要是面向海外，领导海外机构开展各种保险业务。

## 五、站稳在海外保险业务的风云市场

1958 年，国内保险业务停办。中国人民保险公司经办国外业务的干部由财政部大楼搬迁到东交民巷中国人民银行国外局大院后面的二层小楼上办公，对外保留中国人民保险公司的牌子，对内是国外局下属的保险处。

秦道夫任海外科科长，主管中国保险公司、太平保险公司在中国香港、中国澳门、新加坡、马来西亚和印度尼西亚的分支机构工作，以及香港民安保险公司的工作。

1959 年，印度尼西亚政府不同意中国人保派人到印度尼西亚的中国保险公司和太平保险公司开展工作。孙继武副总经理为此找到老战友——中国驻印度尼西亚大使黄镇，黄镇说可以把保险公司的人安排到使馆，开展保险工作。于是中国人保公司的朱元仁、刘凤珠夫妇成了使馆的商务处和财务处干部。

1964 年，人保总公司决定派秦道夫和王淑梅夫妇接替任期已满的朱元仁、刘凤珠夫妇，到印度尼西亚去开展保险工作。这是他们第一次出国，王淑梅为此第一次穿上了特制的旗袍和皮鞋。

在印度尼西亚的两家公司主要经营财产保险业务，服务对象为广大的华侨和华裔工商业者。多年以来经营成果很好，每年都有较多的利润。

1964 年，周恩来总理率团访问印度尼西亚，秦道夫因负责陪同乔冠华，错失了与周恩来在使馆的合影机会。秦道夫在回忆录中说：

"失掉和这位伟人合影的机会，至今想来还有些遗憾。"

1965 年 9 月，印度尼西亚发生反华事件，暴徒袭击了中国使馆商务处，秦道夫的大腿被打伤。

1966 年 3 月，秦道夫奉命回国。随后，在中国人民保险公司再保处任副处长。

1969 年 7 月，秦道夫被中国人民银行派往巴基斯坦，接替中国银行派驻东巴基斯坦吉大港支行任期已满的经理，他的职务是中国银行卡拉奇分行副经理兼东巴吉大港支行经理。吉大港行经营存款、放款、汇款业务，也办理进口开证和出口结汇业务。

1971 年，巴基斯坦发生内战，东巴成立孟加拉国，秦道夫不得不又一次回国。

1972 年 4 月，联合国贸易和发展会议在智利召开，秦道夫作为中国政府代表团顾问参加了会议。

1975 年 10 月，秦道夫从"五七干校"劳动回来之后，回到人保公司再保险处上班。

1975 年 11 月，秦道夫和王淑梅一起被调任香港民安保险公司工作，秦道夫任副经理，王淑梅任中国保险公司香港分公司人事部经理。

秦道夫回忆，一次有当地朋友请他到夜总会吃饭，他心里非常紧张，但公司总经理香港人沈日昌安慰他不必多虑。除了吃饭外，还有歌舞表演，穿短裙的歌手下台摸观众的头，那些人像宠物一般任她抚摸。秦道夫还是坐不住了，感觉吃这顿饭，比上一天班还累，不得不提前告辞了。

经过努力，香港民安公司在香港打下了坚实的业务基础，在香港厂商和金融界当中，享有很高的信誉，公司的利润逐年增加。

1980 年 9 月 9 日，中国再保险（香港）有限公司在香港宣告成立，苑骅任董事长，秦道夫任总经理。后来，秦道夫任董事长兼总经理。当时与中再公司有业务往来的公司有 60 个国家和地区的 350 家公司。

1972 年，秦道夫在智利圣地亚哥举行的联合国贸发会议中国代表席上。

1971 年，在巴基斯坦卡拉奇中国银行的中籍同事合影。左起杨相远、苑骅、孙桂林、秦道夫、杨锦云、于老师。

1956 年，参加海外总经理会议的成员在四川合影，原中国人民保险公司总经理秦道夫（后排右七），原太平保险公司香港分公司总经理曹伯忠（后排右五）。

1955 年，中国人民保险公司国外处国外业务科全体人员合影。左起史斌、陈旭、倪盛泰、秦道夫、林万基。

## 六、担起中国人保公司副部级的重担

1983 年 12 月 5 日，中共中央组织部任命尚明为中国人民保险公司董事长，苑骅、秦道夫等人为副总经理。

1984 年 11 月 20 日，中央组织部任命秦道夫为中国人民保险公司总经理、党组书记。任命文件中特注明秦道夫是副部长级，这也标志中国人保公司从此升格为副部级建制。

秦道夫上任后，经常下去出差，遇到基层员工最关心的两个最大的问题：一个是办公楼，另一个是交通工具。那时候没房子，有的公司牌子就挂在街旁的大树上，还有的挂在别的单位。没有交通工具，发生赔款，人保的理赔员要骑自行车去理赔。特别是汽车险，汽车跑得很远，骑自行车很难跟上。

秦道夫回北京后，马上着手解决。公司从北京汽车厂一下子买了 2000 多部吉普车，一个县起码一部车。经常有下面的同志来接车。汽车厂厂长见人保公司买的车多，出于感谢，送了一部切诺基车。切诺基车开到公司，很多人都想要。应该给谁呢？秦道夫很为难，最后还是安排给了老干部管理部门。

在秦道夫任职期间，正是核电站保险、卫星发射保险、出口信用保险等新险种层出不穷时期。大亚湾核电站保险是中国最大的也是首次承保的核保险项目。它风险特殊而集中，承保技术复杂。秦道夫带领大家通过外出考察学习，反复研究论证，终于拿出了承保方案，并顺利实施。

1984 年底，中国长城工业公司负责人来到中国人民保险公司商谈投卫星发射保险的问题。总经理室研究决定，加快调查研究，勇敢面对这一高科技的新险种。1985 年，中国人民保险公司正式开办了国内卫星发射保险。

1987 年 7 月，人保公司西藏分公司成立，这是西藏第一家保险

1989 年 9 月 15 日，FAIR 第十一届大会在朝鲜平壤举行，秦道夫率中国人民保险公司代表团出席。前排左起叶奕德、沈喜忠、秦道夫。

1987 年 7 月 2 日中国人民保险公司西藏自治区分公司开业典礼在拉萨罗布林卡公园隆重举行。在主席台就座的，左二是西藏自治区主席多吉才让，左四为副主席普穷，左一是秦道夫，左三是苑骅。

2010年10月30日，中国人民保险公司原董事长兼总经理秦道夫（左七）出席《亚洲保险周刊》举办的第15届亚洲保险业颁奖典礼，并荣获最高奖项——"个人终身成就奖"。

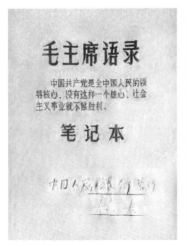

秦道夫笔记本。

公司，也是世界海拔最高的保险公司，标志着中国人保除台湾外，在全国所有省份都设立了机构，PICC 的旗帜插遍了整个大陆。秦道夫身披哈达，时不时吸点氧气，出席了西藏公司的开业典礼。

1988 年 8 月，广西红水河、柳江等流域沿岸城乡遭到特大洪水袭击，财产损失严重。秦道夫立刻飞往南宁。在灾害现场，广西壮族自治区主席魏纯束握着秦道夫的手说："在洪水袭来的时候，老百姓盼望着人民解放军。洪水退了，老百姓盼望的是人民保险公司。"

这句话让秦道夫记忆犹新。多年后，早已退休的秦道夫面对前来看望他的吴焰董事长，又讲述了该话。吴焰董事长说，这就是最朴素的广告语！后来，他果真多次在讲话中引用过这句话。

1990 年 7 月，秦道夫从公司领导岗位上退了下来。大家纷纷表达了对他的留恋之情，大家一致认同秦道夫的善良，他早已穿越了历史的浮尘。

1991 年 10 月，秦道夫负责中国保险法的起草工作，人保寿险总经理傅安平也曾在起草小组工作。他们访问世界保险强国，吸取先进经验，经过多年努力，1995 年 6 月，新中国第一部《保险法》颁布实施。

1996 年，秦道夫办理了离休手续。

离休后，秦道夫写书法，王淑梅画国画。就在几天前，我就有关保险历史问题，到他们家采访。每当提到人保故去的老人林震峰、施哲明、王恩韶时，秦道夫老人总是哽咽落泪。其实，就连秦道夫在上党课时，听见方志敏的故事，也感动得落泪。他是一个纯真的老人，一个内心干净的老人。

1990 年 5 月，秦道夫被国务院农村发展研究中心授予"农村经济社会发展研究优秀成果二等奖"；1993 年，被中华人民共和国科学技术委员会授予"国家科学技术进步三等奖"；2011 年 10 月，获《亚洲保险评论》"个人终身成就奖"，这是由评选委员会评出的最高奖项，

朱子治家格言節錄：

黎明即起洒掃庭除，

便息關鎖門戶必親

當思來處不易半絲

艱宜未雨而綢繆

必須儉約宴客切

瓦缶勝金玉飲食

秦道夫退休后勤于书法。

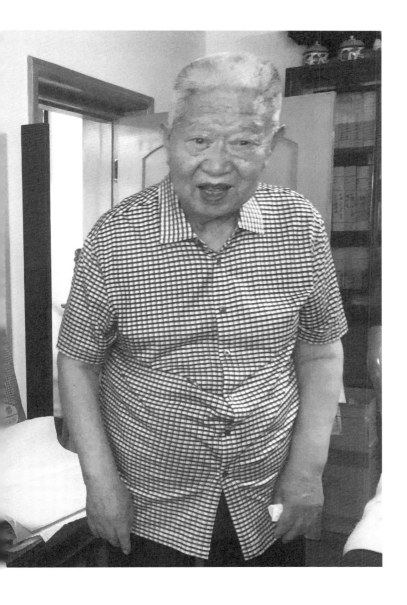

秦道夫

秦道夫任命书。

中央组织部对秦道夫同志的任职文件。

是我国保险业人士首次获得该奖。

秦道夫曾任中国共产党第十三次全国代表大会代表、第七届全国政协委员。

离休之后，秦道夫先后担任过中国扶贫基金会、中国和平统一促进会常务理事，金谷公司董事长，英国商联保险公司中国指数基金会顾问等职。

2009 年，秦道夫所著的《我和中国保险》一书，在中国金融出版社出版。

# 附录一

中国人民保险公司历任负责人简历

高星·辑

## 胡景澐

*（1909—1995）*

1949 年 10 月，任中国人民保险公司第一任总经理。

山西省文水县人。1931 年毕业于山西银行专科学校。1937 年参加八路军，1938 年加入中国共产党。抗战时期，曾任太谷县八路军游击队三大队列队长、支队参谋、太行纵队司令部合作社的社长。曾任冀南银行副总经理、总经理，太行工商管理总局局长，华北银行副总经理。新中国成立后，任中国人民银行副行长。1963 年 10 月至 1965 年 11 月，任中国农业银行行长。"文革"期间遭受迫害。1979 年 11 月至 1986 年 10 月，任中国保险学会第一届理事会会长、第三届全国人民代表大会代表。

# 吴波

（1906—2005）

1952年，任中国人民保险公司总经理。

安徽省泾县人。1939年6月参加革命工作，1941年9月加入中国共产党。抗日战争时期，任晋察冀干部大队参谋，第十八集团军野战政治部统战部，驻洛阳办事处干事、秘书。后奉调到延安，在中央统战部担任传记委员会编辑。历任陕甘宁边区财政厅秘书主任，晋察冀边区粮食局副局长、代理局长。解放战争时期，兼任晋察冀野战军后勤司令部供给部副部长、晋察冀边区财经办事处处长、华北解放区财政厅副厅长、华北人民政府财政部副部长。新中国成立后，历任中央财政部办公厅主任、部党组副书记、机关党委书记，中央财政部副部长、党组成员，中国人民银行副行长、党组副书记，财政部副部长、党组副书记，兼任国务院财贸党委副书记，"文革"期间遭受迫害。1978年后，历任财政部部长、党组书记，财政部顾问、党组成员。1988年离休，任第六届全国政协常委、第六届全国人大常委。

# 贝仲选
*(1908—1970)*

　　1953 年，任中国人民保险公司总经理。

　　河北省巨鹿县人。系新中国成立前临清市第一任市长。1938 年参加革命，翌年加入中国共产党。1945 年 11 月，任冀南行署第一支署专员。1947 年 6 月，调任晋冀鲁豫军区第二纵队后勤部办事处主任。11 月，任鄂豫皖行署财经处处长。1948 年 11 月，任豫皖苏分局临时支前委员会委员，负责指挥各分区支前工作。1949 年 4 月，任皖北行署财经处长、中国人民解放军第二野战军运输大队政委。7 月，任皖北行署财政处会计训练班主任。12 月，随二野进入四川，任西南军政委员会财政部第一副部长。1953 年 5 月，任中央人民政府政务院财政部保险总公司经理。1954 年底，任国务院财政部部长助理。1961 年 1 月，任华北局财贸办公室副主任。1955 年 9 月，被授予大校军衔，1957 年荣获中华人民共和国二级独立自由勋章。

张蓬

（1907—1996）

1956 年 10 月，任中国人民保险公司总经理。

浙江省余姚县人。新中国成立初期，曾任浙东行署财经处处长。浙江财政厅副厅长，20 世纪 50 年代初期，任中国人民保险公司华东区公司经理。后调任中国人民保险公司副总经理。

# 崔平

*（1914—1995）*

20 世纪 50 年代末，任中国人民保险公司副总经理（主持工作）。

辽宁省盖县人。1937 年参加革命工作，1938 年入党。1943 年，任陕甘宁延安银行货币交换所主任。1945 年，任辽西银行东北银行辽宁银行副经理。1948 年，任东北银行沈阳分行副总经理沈阳分行副行长、东北区银行计划处处长。1955 年，任中国人民银行计划司副司长、中国人民银行办公厅副主任、国外业务局副局长、中国人民保险公司副总经理。1979 年，任中国银行副行长、中国国际金融学会顾问。1985 年离休。

# 李绍禹
（1915—1990）

20 世纪 60 年代，任中国人民保险公司总经理。

河南省南阳市人。1938 年参加革命，同年入党。先后在陕北公学和抗大分校学习。后任冀南银行办事处主任、太岳经济管理总局金融部副部长、冀南银行太岳分行副行长。1949 年，任中州农业银行豫西区行副行长，新中国成立后，任中国人民银行河南分行第一任行长、中南区行行长。60 年代后，任中国人民银行行长助理兼农村金融管理局局长，中国农业银行行长、董事长，中国银行副行长兼国外业务管理局局长，中国人民保险公司总经理，中国银行行长，第六届、第七届全国政协委员。

# 耿道明

（1916—1994）

　　1971 年 9 月，任中国人民保险公司总经理。

　　山东省潍坊市人。1937 年参加八路军。1939 年加入中国共产党。抗日战争时期，任八路军鲁东游击队第七支队分队长、宣传员，第八支队连副政治指导员，山东纵队一支队连政治指导员，陇海南进支队政治部锄奸科科长，新四军第二师政治部保卫部副部长。解放战争时期，任华东野战军第二纵队政治部保卫部部长，第三十五军政治部组织部部长兼保卫部部长，第三野战军第八兵团政治部保卫部部长，华东野战军军法处处长兼保卫部副部长。1964 年晋升为少将军衔，后任中国人民志愿军第九兵团政治部保卫部部长，南京军区政治部保卫部部长。1964 年 4 月，他转业到地方工作，先后任中国人民银行政治部主任、中国银行副总经理、中国人民保险公司总经理、中国人民银行副行长、1986 年离休。

## 冯天顺

*(1921—2011)*

1975 年 11 月，任中国人民保险公司总经理。

山西省闻喜县人。1938 年参加革命，同年加入中国共产党。曾任中共夏县中心县委警卫连政治副指导员、八路军总后勤部冀南银行印钞厂政治指导员、冀南银行太行四分行副主任、邢台市行主任、太行区行调查研究科科长、中国人民银行太行区分行副经理。新中国成立后，历任中国人民银行福建省分行副行长、行长、党组书记、福建省财贸办副主任兼行长、中国人民银行信贷计划局局长、中国人民银行伦敦分行经理、中国人民保险公司总经理、国家外贸管理委员会外资管理局局长等职。

# 李聘周

*（1917—1995）*

1981 年 11 月，任中国人民保险公司总经理。

山东省人。曾任中国人民银行湖北省分行行长、中国人民银行国外业务管理局局长、中国银行驻香港分行总稽核、中国银行副董事长、中国人民保险公司副董事长、中国保险协会名誉副会长。

# 尚明

*（1915—2009）*

1983 年 3 月，任中国人民保险公司董事长。

河南省商丘市人。原名王登云。1938 年初奔赴延安，参加革命。同年，加入了中国共产党。曾在延安中央青委做干部工作，后到青年干部学校高级班学习。结业后，到中央研究院（后改为中央党校三部）学习并进行研究工作。1941 年，到西北财经办事处工作。1944 年，调入中央财政经济部金融财政科。1945 年，在陕甘宁边区财政厅任秘书。1945 年秋到晋察冀边区，历任晋察冀边区银行研究室主任、业务部长，华北银行处长。1949 年，任中国人民银行天津市分行副行长兼天津中国银行总经理。1950 年，任中国人民银行总行国外业务管理局局长、办公厅主任、计划局局长、机关党委书记、党组成员等职务。1959 年，因"莫须有"的罪名被发放山东、内蒙古等地劳动多年。1970 年，冤案获得昭雪，回到中国人民银行总行任计划局局长。1980 年 12 月，任中国人民银行副行长、党组成员。1982 年，任总行特邀顾问，党组成员。1983 年，兼任中国人民银行保险公司董事长。1987 年，担任第七届全国政协委员。1992 年退居二线后，担任中国金融发展教育基金会会长。

# 宋国华

## （1924—1997）

1983年7月，任中国人民保险公司总经理。

河北省人。曾任中国银行河南分行行长，中国银行伦敦分行副总经理，财政部国外业务组组长，中国人民保险公司副总经理。

# 苑骅

*（1927—2017）*

　　1984 年 1 月，任中国人民保险公司副总经理（主持工作）。

　　辽宁省人。历任中国银行卡拉奇分行副经理、驻中国港澳保险联办处副主任、中国人民保险公司再保险处处长、中国人民保险公司副总经理、香港民安保险公司董事长。2017 年 11 月 11 日在北京逝世。

# 秦道夫

（1929—）

1984 年 11 月，任中国人民保险公司董事长兼总经理、党组书记。

山东省荣成市人。山东胶东抗日中学毕业。1945 年，参加八路军，历任八路军山东军区东海分区司令部机炮轮训队文书、县政府科员。1945 年，在山东北海银行胶东印钞厂工作，任山东北海银行文书、科员、政治教员。1949 年加入中国共产党。新中国成立后，历任中国人民银行天津印钞厂厂部秘书。1950 年 11 月，到中国人民保险公司工作，历任中国人民保险公司副处长、中国银行卡拉奇分行吉大港支行副经理。1964—1966 年，调任中国人民保险公司驻印度尼西亚代表。1969—1971 年，调任巴基斯坦任中国银行卡拉奇分行副经理兼吉大港支行经理。后任香港民安保险公司副董事长，中国再保险（香港）有限公司董事长兼总经理，中国人民保险公司副总经理、总经理。1990 年 5 月，被国务院农村发展研究中心授予农村经济社会发展研究优秀成果二等奖。1993 年，被中华人民共和国科学技术委员会授予国家科学技术进步三等奖。1996 年离休。曾任中国共产党第十三次全国代表大会代表，第七届全国政协委员。2011 年 10 月，获《亚洲保险评论》"个人终身成就奖"。著有《我和中国保险》一书。

# 李裕民

*（1930—）*

　　1990 年 7 月，任中国人民保险公司董事长兼总经理、党组书记。

　　吉林省敦化市人。1946 年，参加敦化中苏友好协会工作。1949 年，南下到浙江、江西，先后任区委书记、县委委员、组织部长、县委书记。1964 年，到中国银行工作，先后任国外局局长、中国银行副行长。1990 年 7 月，任中国人民保险公司董事长兼总经理、党组书记。1996 年，任中国保险学会顾问。

## 马永伟

（1942—）

1994年8月，任中国人民保险公司董事长兼总经理、党组书记。

山东省荣成市人。1966年，毕业于辽宁财经学院财政金融专业。1981年加入中国共产党。历任安徽省六安地区人民银行干部，六安县燕山林场会计，中国人民银行、中国农业银行安徽省六安地区中心支行干部、科长。1981年，任安徽省政府财贸办公室干部。1982年，任中国农业银行安徽省分行信贷处副处长、分行副行长。1984年后，任中国农业银行副行长、党组成员。1985年，任中国农业银行行长、党组书记。1994年，任中国人民保险公司董事长、总经理、党组书记。1995年，任中国人民保险（集团）公司董事长、总经理、党组书记。1998—2002年，任中国保险监督管理委员会主席、党委书记，是第九届全国政协委员。2003年1月，被选为第十届全国政协常委、全国政协经济委员会委员。著有《马永伟文集》。

孙希岳

（1940—）

1999年3月，任中国人民保险公司总经理、党组书记。

江西省玉山县人。1958年加入中国共产党。1963年，毕业于江西财经学院贸易经济系。1985年，任江西省副省长。1992年9月，任中国人民保险公司副经理、总经理。2000年6月，国务院派驻国有重点金融机构任监事会主席。2003年1月，任全国政协委员。现任中国金融美术家协会名誉主席、中国美术院副院长、中国人民书画院副院长、中国湖社艺术顾问、中国名家书画研究院高级顾问、北京中外民间文化艺术交流促进会名誉会长、江西省老年书画协会名誉会长、中华母亲节促进会副会长、中华父亲节促进会副会长。著有《孙希岳山水写生画集》。

# 唐运祥

（1945—）

2000 年 8 月，任中国人民保险公司总经理、党委书记。

湖南省邵阳人。邵阳师范专科学校毕业，大专文化。1964 年 8 月参加工作，1965 年 12 月加入中国共产党。高级经济师、编审。1964 年 8 月至 1965 年，参加"社教"运动。1966—1978 年，在邵阳地委农村部、地革委公交办、财贸办工作，任副科长，科长。从 1979 年起，历任湖南省洞口县委副书记、县长，中国人民银行邵阳分行副行长、行长；国家外汇管理局邵阳分局局长，中国人民银行湖南省分行办公室主任、金融管理处处长、省分行副行长、省外汇管理局副局长，中国人民银行办公厅副主任，稽核监督局局长，中国人民银行党委委员，行长助理，兼中、金融工会主席，中国保险监督管理委员会副主席，中国人民保险公司党委书记、总经理，中国人保控股公司党委书记、总经理，分别兼任中国人保财险、中国人保资产管理、中国人保寿险、中国人保健康险公司董事长以及中国人民保险（香港）公司董事长。

还曾任中国金融学会副会长、中国保险行业协会会长、中共十六大代表、第十届全国政协委员，2003 年被评为 CCTV 中国十大经济年度人物，2005 年国务院授予享受政府特殊津贴金融保险专家。

**吴焰**

*（1961—）*

2007 年 1 月，任中国人民保险公司党委书记、总裁。

陕西省人。1981 年，新疆财经学院金融专业毕业。1985—1998 年，先后任共青团新疆维吾尔自治区委副书记，中共博尔塔拉蒙古族自治州委常委、博乐市委书记，共青团新疆维吾尔自治区委党组书记，共青团中央组织部副部长。1998—2003 年，担任中央金融工委团委书记、全国金融青联主席（正局级）。其间，攻读中国社会科学院研究生院国民经济学专业研究生，2002 年，获博士学位。2003—2006 年，担任中国人寿保险（集团）公司副总裁、中国人寿资产管理有限公司总裁。2006—2007 年，担任中国人寿保险（集团）公司副总裁、中国人寿保险股份有限公司总裁。2007—2009 年，担任中国人保控股公司党委书记、总经理。2009—2012 年 3 月，担任中国人民保险集团股份有限公司党委书记、董事长兼总裁，同时兼任中国人民财产保险股份有限公司、中国人保资产管理有限公司、中国人民人寿保险股份有限公司董事长。2012 年 3 月列入中管。十一届全国政协委员。党的十九大代表。2017 年 12 月，任全国社会保障基金理事会副理事长。

# 缪建民

（1965—）

2017年12月，任中国人民保险集团公司董事长、党委书记。

浙江省海盐人。1986年，中央财政金融学院保险系国际保险专业毕业。1989年，中国人民银行研究生部货币银行学专业毕业。中央财经大学博士研究生学历，经济学博士学位，高级经济师。1989年，加入中国人民保险公司。1995年起，先后任香港中国保险集团再保险公司副总经理；香港中国保险集团副总经理、常务董事、董事；中保国际控股有限公司副董事长、总裁；太平财产保险有限公司董事长等职。2005年，任中国人寿保险（集团）公司副总裁；中国人寿资产管理有限公司董事长。2013年，任中国人寿保险（集团）公司副董事长、总裁。2017年，兼任中国人寿养老保险公司董事长。2017年4月，任中国人民保险集团公司总裁、副董事长、党委副书、执行董事。2017年12月，任中国人民保险集团公司董事长、党委书记。曾任中国人寿富兰克林资产管理公司董事长、中国保险行业协会常务理事、中国亚太经合组织工商咨询理事会候补代表、中国保险资产管理行业协会会长。2007年被评为"中国保险业十大年度人物"，2009年被评为"新世纪百千万人才工程国家级人选"，并被评为"新中国 60 年中国保险 60 人"之一。2010 年被新华社和经济参考报中国经济发展论坛评为 2010 年中国经济优秀人物。还担任中国金融 40 人论坛常务理事、B20 金融促增长工作组主席。享受国务院政府特殊津贴。在清华大学五道口金融学院、北京大学、中央财经大学等学校担任硕士生导师。著有《大时代的小思考》《欧元的使命与挑战》《保险资产管理的理论与实践》《走出货币幻觉》等书，并就国内外宏观经济、金融市场发表了许多专业文章。2017 年 10 月，当选为第十九届中共中央委员会候补委员。成为唯一一位来自于保险业的中央委员会候补委员，也是保险公司系统历史上第一位中央委员会候补委员。

附录二

中国人民保险公司家谱

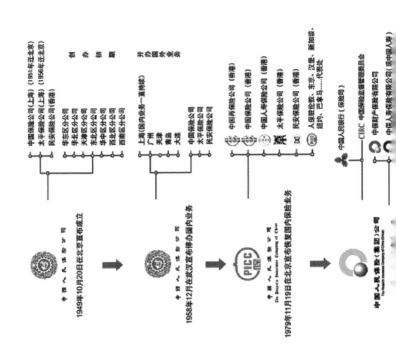

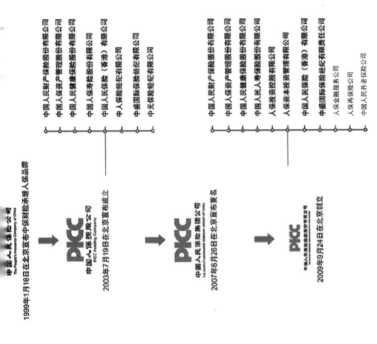

中国人民保险公司
The People's Insurance Company of China

1999年1月18日在北京宣布中保财险承继人保品牌

中国人民保险股份有限公司
PICC Holding Company

2003年7月19日在北京宣布成立

中国人民财产保险股份有限公司
中国人保资产管理股份有限公司
中国人民健康保险股份有限公司
中国人保寿险股份有限公司
中国人民保险（香港）有限公司
中人保险经纪有限公司
中盛国际保险经纪有限公司
中元保险经纪有限公司

中国人民保险集团公司
The PEOPLE'S INSURANCE GROUP OF CHINA

2007年6月26日在北京宣布更名

中国人民财产保险股份有限公司
中国人保资产管理股份有限公司
中国人民健康保险股份有限公司
中国人民人寿保险股份有限公司
人保投资控股有限公司
人保资本投资管理有限公司
中国人民保险（香港）有限公司
中盛国际保险经纪有限责任公司
人保金融服务公司
人保再保险公司
中国人民养老保险公司

中国人民保险集团股份有限公司
The People's Insurance Company (Group) of China Limited

2009年9月24日在北京创立

# 附录三

中国人民保险公司初创期人员、机构与薪酬状况

童伟明·文

1949 年 8 月，上海财经会议决定成立全国性保险公司。筹备工作 9 月开始：决定于 9 月 25 日在北京召开全国保险工作会议，目的是明确基本方针，共同解决若干原则性问题（人民银行保险档案第一册第 540 页）。

全国保险工作会议如期举行，10 月 6 日结束。参加会议的有总公司（人保筹备）负责干部，人民银行总行各处以及华东、华中、东北、西南、京、津各地的代表（人民银行保险档案第一册第 540 页）。

1949 年 10 月 20 日，在接收国民党官僚保险机构——主要是中国产物保险公司、中央信托局保险部、中国农业保险公司、太平洋保险公司等几家保险公司的总分支机构以及这些机构职员 600 余人的基础上组建了中国人民保险公司（以下简称人保）（参见《人民保险》第 1 期第 3 页）。

到 1950 年 3 月 4 日，人保总公司干部 127 人（女 13 人），工友 21 人（练习生 7 人），合计 148 人。在干部系列中，副经理 1 人（总经理由人民银行副行长胡景沄兼任，编制在人民银行），室主任级 9 名（9 人名单见机构设置），科长级 21 名。截至 1950 年 5 月，人保全系统科长以上干部 121 名。

1950 年 6 月底，人保系统共有员工 2263 人，其中接收及留用的原保险从业人员占到 2/3（《人民保险》第 1 期第 3 页）。上海保险从业人员占到一半（《人民保险》第 1 期第 32 页）。

## 人保初期（1950 年 3 月）总公司机构设置及负责人

秘书室——主任阎达寅（男，31 岁，山西榆次人）；

人事室——副主任曲荷（男，29 岁，河南孟县人）；

检查室——主任程人杰（男，42 岁，河北巨鹿人）；

　　财产险室——主任薛志章（男，45岁，江苏武进人）；

　　人身险室——主任陶声汉（男，51岁，江西南昌人）；

　　会计室——主任李晴斋（男，41岁，河北清苑人）；

　　设计室——主任郭雨东（男，47岁，松江清县人）；

　　设计委员蔡致通（男，42岁，上海人）；

　　营业部——主任郑揖庄（男，53岁，江苏昆山人）。

（平均年龄 41 岁）

　　该营业部于1950年10月19日经总公司批准改组为北京分公司，并于第二天即人保成立一周年时正式成立，原营业部主任郑揖庄任经理，原营业部副主任周庆麟任副经理（周庆麟，男，38岁，江苏无锡人）（人民银行保险档案第一册第706页）。

　　人保刚成立时（1949年10月），只有华东区公司和天津分公司（《人民保险》第2期第3页，胡景澐讲话）。

## 总公司各分支机构及负责人

（1950 年 5 月 26 日，人民银行档案第一册第 459 页）

　　华东区公司——经理谢寿天（男，36岁，浙江人），副经理林震峰（男，33岁，浙江余姚人），副经理孙文敏（男，33岁，江苏吴县人），专门委员过福云（男，80岁，江苏武进人），专门委员孙广志（男，42岁，南京人）。

　　华东区公司下辖公司：

　　苏南分公司——经理忻元锡（男，31岁，浙江定海人），副经理赵伟民（男，34岁，上海人）。

　　浙江分公司——经理李文灏（男，34岁，浙江慈溪人），副经理蔡同华（男，35岁，浙江鄞县人）。

　　山东分公司——副经理钟永衍（男，29岁，上海人）。

区公司营业部——副经理潘垂统（男，55岁，浙江余姚人），副经理陈人麟（男，41岁，江苏常熟人）。

东北区公司——经理罗高元（男，39岁，四川宣汉人）。

东北区公司下辖公司：

哈尔滨分公司——经理王雨田（男，32岁，山东荣成人）。

吉林分公司——经理丁建章（男，38岁，河南汝南人）。

辽东分公司——经理王荫庭（男，31岁，辽东海城人）。

西南区公司——经理郑辰西（男，38岁，山西临汾人，兼任合作总社经理），副经理陆自诚（男）。

中南区公司——经理何幼琦（男，38岁，平原安阳人，兼任人民银行华中区行副经理），副经理牛牧野（男，37岁，河北抚宁人），副经理钱家泰（男，41岁，浙江吴兴人）。

中南区公司下辖公司：

河南分公司——副经理叶诚宇（男，39岁，江西南昌人）。

长沙分公司——经理金易（男，33岁，河北青县人）。

湖南分公司——副经理谷仲濂（男，58岁，浙江余姚人）。

江西分公司——副经理朱有圻（男，34岁，浙江诸暨人）。

广东分公司——经理蔡馥生（男，47岁，广东揭阳人），副经理陈志德（男，31岁，广东顺德人），副经理瞿道澂（男，51岁，湖南长沙人）。

南昌分公司——经理王海丰（男，31岁，浙江奉化人）。

广西分公司——经理李凌霄（男，37岁，河南偃师人，兼任人民银行广西分行副行长），副经理李告禄（男，26岁，河北元氏人）。

西北区公司——经理王慈（男，32岁，陕西吴堡人）。

华北区公司——为总公司直辖区，总公司1950年在财产险室设华北业务科，管理北京、天津、绥远、山西、平原、察哈尔、河北、热河8个省市业务。该科科长许树华（男，39岁，安徽歙县人，原中国农业保险公司华北区负责人），副科长孙辅基（男，30岁，浙江海宁人，原中国产物保险公司火险科科长）（人民银行保险档案第一册第462页）。

北京分公司——1950年10月20日由总公司营业部改组成立。原营业部主任郑揖庄（男，53岁，江苏昆山人）任经理，原营业部副主任周庆麟（男，38岁，江苏无锡人）任副经理。

天津分公司——经理赵步崇（男，山西晋阳人，兼任人民银行天津分行营业部主任），副经理王佩璋（男，河南人），副经理龚作霖（男，47岁，广东南海人）。

绥远分公司——经理张光（男，36岁，河北定县人，兼任人民银行绥远分行副行长），副经理吴彩（男，31岁，山西编关县人），副经理李铁军（男，34岁，江苏镇江人）。

河北分公司——经理刘秀实（兼），副经理冯国俊。

察哈尔分公司——经理杨泽生（兼）。

平原分公司——经理薛际春（兼），副经理杨自卫（兼）。

山西分公司——李进军（兼），副经理巩文义。

全国市场结构及6大区公司业务比重：

人保成立一周年时，全国业务比重：国营占70%，私营占8%，外商占22%（《人民保险》第二期第3页）。

1949年10月至1950年6月，6大区公司业务比重如下：

保费：华东区54.45%；华北区11.45%；东北区11.36%；中南区10.83%；西南区8.68%；西北区3.19%（《人民保险》第1期第36页）。

赔款：华东区38.06%；华北区0.61%；东北区10.82%；中南区35.74%；西南区14.75%；西北区0（《人民保险》第1期第36页）。

开支：华东区65.36%；华北区10.94%；东北区9.59%；中南区6.67%；西南区6.0%；西北区2.44%（《人民保险》第1期第36页）。

# 人保总公司人员薪酬状况

人保总公司人事室 1950 年 3 月 4 日制作的《中国人民保险总公司三月份名册表》记载了当时人保全体员工的薪酬状况。

那时的工资以大米折实。副经理孙继武为最高一级，月薪 860 斤大米（总经理因由人民银行副行长胡景澐兼任，其工资在人民银行发放）。正主任一级月薪在 700 斤大米上下，如秘书室主任阎达寅 720 斤，检查室主任程人杰 640 斤，财险室主任薛志章 750 斤，人身险室主任陶声汉 750 斤，设计室主任郭雨东及设计委员蔡致通同为 750 斤，会计室主任李晴斋 640 斤（原主任为林正荣，750 斤），营业部主任郑揖庄 620 斤。副主任一级月薪为 500 多斤大米，如人事室副主任曲荷 540 斤，秘书赵济年 510 斤。科级干部月薪约 400 斤大米。普通干部一般月薪为 300 多斤。警卫、通讯员、锅炉工、厨师月薪 200 斤上下。实习生月薪 140 斤。

从上述情况看，当时总公司的薪酬水平比地方略高。据记载，同期湖南省政府厅级干部月薪 400~450 斤大米，处级 350~400 斤大米，办事员 200~250 斤大米。

# 附录四

高星·文

南北两条脉络构成中国人民保险公司的红色基因和精神族谱

2009 年，人保财险副总裁王和写给人保 60 年华诞的《红色宿命》一文中，讲到人保的品牌价值的历史印记和红色企业属性时，提到了人保的"红色基因"，是由诞生于"红色背景"；成长于"红色经历"；遵循于"红色道路"；奉行于"红色宗旨"这一系列概念，这是中国保险界第一次提出"红色基因"这一重大命名。

2015 年，由姚庆海、童伟明主持编纂的《保险史话》一书出版，这是中国保险历史研究的一部里程碑式的著作。该书专列一章，确认革命根据地颁布的《中华苏维埃共和国劳动法》，对社会保险制度进行了初步探索，以此开创了新中国保险的理论基础。该书首次提出了"红色保险"这一成体系、成规模的概念。

2016 年，我在此基础上，撰写了《南北两条血脉的汇合——记中国人保红色基因的初始形成》一文，首次提出了中国人民保险成立初期的创建者来自南北两条红色战线的理论构架。

过去我一直觉得，对于一个面对市场竞争的企业来说，过分渲染所谓的红色历史，是一个有些尴尬的话题。但我通过对中国人民保险历史的深入研究，对其品牌文化的层层剖析，发现平日广为流传的两句话：中国人民保险与共和国同生共长；中国人民保险与共产党血脉相连。其有着切实的历史渊源，也就是说中国人民保险根红苗正的传承，其负载着天然的红色基因，构成中国人民保险的精神族谱，这绝对是中国保险史独有的特色和地位。我通过梳理中国人民保险的根系脉络，发现其红色基因原来是来自南北两条脉络这一秘密，更加引起了我钻研的兴奋和兴趣。

## 一、南北两条红色血脉的线性

在中国人民保险成立初期，公司总部人员组成主要来自两条战线，是由南北两条红色血脉在北京的汇合。分别是来自北方延安等地革命根据地的金融干部及南方上海等地地下党的保险专家，他们共同架构着中国人保负载着红色基因的精神族谱，使其在族谱的开端永远闪烁着灿烂的光芒。

纵览那个时代的银行保险创始人的人生轨迹，就可以发现这些先驱者之间的交集和重合，并呈现线性的脉络。尤其是北方这条线更加清晰。

北方这条线。从人生经历上说：大多是商户的后代；投奔革命；投奔红色政权中心；筹建银行；接管金融体系；创建保险。从地理上说：山西（甘肃）；延安；太行山；邯郸；石家庄；天津；北京。从单位上说：商家；国民军；八路军；冀南银行；瑞华银行；中国人民银行；中国人民保险公司。从职务阶梯上说：行长；副行长；总经理；副总经理；办公室主任；秘书。从人物一线传递上说：南汉宸；胡景沄；孙继武；阎达寅。

当时的监察室主任程仁杰来自晋察冀银行，加上人事部曲荷来自的冀南银行、秦道夫来自的北海银行，这些共产党组建的红色银行，共同成为了在石家庄成立的中国人民银行的前身，也成了中国人民保险公司创建干部的来源之一。

南方这条线。从人生经历上说：大多是银行家的后代；传承耕读文化；参加银行；参加保险；声援抗日；投奔地下党；向往苏区；接管金融体系；创建保险。从地理上说：江浙、宁波；上海；昆明；重庆；北京。从单位上说：银行；中央信托局；产物保险；太平保险；华东区保险；中国人民保险公司。从职务上说：基本上是各业务处室的主任。从人物一线传递上说：胡咏骐；程恩树；谢寿天；林震峰；施哲明；吴越。

还有就是一大批拥护共产党的老保险专家及年轻学员：吴震修；周作民；金瑞麒；郭雨东；蔡致通；陶声汉；赵济年；俞彪文；林增余；李嘉华；王恩韶；叶奕德；王永明；楼茂庆、魏润泉、孟庆树等。

## 二、南北两条红色血脉的踪迹

所有的事是事在人为。由于清晚期出现于山西地区的一种介于钱庄与银行之间的旧式金融组织，号称"山西票号"。得以使晋商逐渐执中国金融界之牛耳，并逐步成为当时国内商业和金融界一支举足轻重的力量。

正是山西地区的这些商业和金融业的从业者，拥有一定的经济实力，有机会接触各种新思潮，才出现了一大批革命志士。就像中国所有早期的革命者一样，山西早期的共产党志士也是产生于有产阶层或富裕家庭的子弟。

这些人在枪林弹雨中出生入死，在根据地为巩固政权精打细算。薄一波就是当时山西地区最著名的革命者，在他的影响下，山西的南汉宸、胡景澐、阎达寅及其他地区的孙继武、吴波等一大批金融实业家走上了革命道路，先后奔赴延安等地。有趣的是，这些仁人志士在延安大多发生了婚变。

1948年12月1日，中国人民银行在河北省石家庄一幢俗称"小灰楼"的建筑里宣告成立，并发行了新中国第一套人民币，从而掀开了具有划时代意义的、中国货币史上的新篇章。同是山西人的南汉宸、胡景澐、关学文分别担任了中国人民银行总经理、副总经理。当时流行的一句话，"去人民银行办事，必过南胡关"，可见，一个重要的国家机构，完全由来自山西地区的人把持，也是当时的一大特色。这些人，后来都成为了中国人民保险的缔造者。

与北方红区的山西、延安等地银行家的轰轰烈烈的革命景象相对应的是：南方白区上海、重庆等地保险职员的惊心动魄的隐蔽阵线。

同样是来自书香门第和银行实业家的进步青年，在白区恐怖的血雨腥风中，毅然走上革命道路，成为中共地下党员。他们出于对保险公司业务的熟悉和保险公司的环境利于隐藏的安全原因，纷纷在民国政府的保险公司任职。白天在办公桌前拨打着算盘珠子，夜晚在昏暗的灯光下敲打着发报的按钮，传递着密电信息。就如电视剧、电影《潜伏》《悬崖》《色戒》描写的一样，也有着在街头被特务暗杀和被捕入狱的危险。

当时中共上海地下党组织考虑到保险公司与各行各业的联系相当广泛，通过保险公司的业务活动，又可与各行各业中的中上层人士保持经常联系，有利于开展党的抗日民族统一战线工作，还可利用保险公司这一组织，掩护地下党员和党组织的秘密活动。而且，保险公司的经济实力也为地下党开展活动提供了支持。

因此，程恩树、林震峰、施哲明、吴越先后成为上海保险业党支部的书记，他们筹建的上海市保险业业余联谊会成为开展地下斗争的阵地，谢寿天号称是上海红色保险掌门人，他的家成为了地下党碰头讨论工作的秘密地点。重庆保险业地下党的卢绪章，就是电影《与魔鬼打交道的人》中张公甫的原型之一。

正是因为有谢寿天、郭雨东、孙文敏、蒋学杰（谢寿天夫人）、林震峰、沈日昌、吴越一大批有着保险专家身份的地下党员的出现，才使中国人保的红色基因更加得卓著。

我在人保陈列室接待政府和企业一些参观者时，时常遇到大家的疑问：为什么中国人保在1949年新中国成立之前就成立了？因为在他们的感觉中，似乎保险是改革开放之后才出现的新事物；是随着市场经济的建立，通过与国际接轨后，把西方的商业保险引进到中国。大家不明白在新中国成立初期，工商、税务、海关等重要机构还没成立，怎么保险在银行成立的前后就成立了？而且，保险这一商品概念似乎和当时的社会主义革命的理论也不相符，为何保险在当时可以畅通无阻？

正是由于在人民政府内部有着懂得金融保险专业的银行家，认识到创建保险公司的必要；在中国金融保险业最发达的上海有着多年从事保险经验的地下党，顺理成章地把接收的保险公司及个人从事的保险事业带到新中国。因此，南北两条红色血脉的汇合，使得筹建一个全国性的保险公司的条件已然成熟。最终，中国人民保险公司伴着 1949 年 10 月 1 日的礼炮声，横空出世。

## 三、南北两条红色血脉的形态

1949 年 9 月 25 日至 10 月 6 日，为筹建中国人民保险公司，中国人民银行在北京主持召开了第一次全国保险工作会议。参加会议的有参与筹建的总部人员、人民银行总行各处代表、还有华东、华中、东北、西北、西南、京、津等保险分公司人员。

从会议合影照片中可以看出：一个个历史人物性格鲜明，气宇轩昂。他们似乎走出了时间的尘埃，凸显在色彩斑斓的历史画卷中。这些前辈或来自硝烟弥漫的战场，或来自云谲波诡的敌区；有人出于僻壤市井的寒门，有的是出身名门望族的大户，有人是传统的耕读文化的后代，有人则是负笈海外的博学之士……

那些身穿土布军装的人就是来自北方红色根据地的银行家及上海保险业地下党的军事接管大员，甚至，此时，他们都是持枪的人；那些身穿西装，打着领带的文质彬彬的人便是来自上海大都市的保险专家。

秦道夫曾回忆：那时，在西交民巷人保办公楼里，他看见从上海来的保险专家跳交谊舞，对于从北方老解放区来的他，还是很不习惯，还会脸红。

进了保险公司，最让秦道夫头疼的就是事事要写书面报告。不管什么事，经理们总是说，写个报告交上来。不像在战时，首长亲口交代事情，下属就去做了那样简单。

而保险专家出身的蔡致通，当时在北京依然保持着穿西装、打领带、戴礼帽的习惯，在公司出入时，经常受到站岗的解放军战士盘问和检查，他感觉自己是外人。蔡致通看到一些老抗大、老八路的领导，大衣不穿当斗篷披在肩上，开会时随地吐痰，一边做报告一边抽烟，他认为这是山沟里的作风，这哪里是金融职业人员的形象啊？他作诗道："可怜都市佬，竟尚学村郎"。确实，吃大蒜的和喝咖啡的在一起，也不容易。

来自北方的孙继武、阎达寅是打枪的好手，而来自上海的保险专业的财险处处长薛志章、副处长周志诚等都是很有书香门第的味道，善于古琴和书法。

在保险建章立业上，他们也有区别。来自北方的保险干部大多是崇尚苏联及捷克保险的理论，来自上海的保险干部，脑子里装的是伦敦和苏黎世保险的法规。

## 四、南北两条红色血脉的结局

中国人民保险公司成立后，由人民银行总行直接领导，而总行副行长胡景沄兼任人保公司的首任总经理，孙继武任副总经理。而谢寿天任中国人保华东区公司总经理，林震峰任太平保险公司总经理。

由此可见，来自白区的保险专业干部最终没有在中国人保总部掌握最高权力，甚至他们还不如所谓的红色资本家太平公司董事长周作民、中国保险公司总经理吴震修的待遇高，这也是中国政治当时的普遍现象。两条战线两种结局，这也说明毛主席还是比周总理强势。

其实，当时就有说法：红区来的人做行政领导，白区来的人做业务骨干。

人保公司最初计划室副主任蔡致通，当时觉得自己在民国时期是正职，而现在的主任是不懂业务的军人，不配做自己的上司。这其实是他的知识分子的清高与理想化的思维。

据传1949年毛泽东在有关如何处理南京地下党问题上有过"十六字方针"批示："降级安排，控制使用，就地消化，逐步淘汰。"可见，他们的处境也是必然，历史留给他们的只有一声深长而无奈的叹息。

但不管是南方的、还是北方的，这些中国人保开创者在"文革"中，都受到了不同程度的冲击和迫害，命运殊途同归。北方的南汉宸自杀；胡景沄去扫厕所；吴波受批斗；孙继武靠边站；阎达寅受处分。南方的谢寿天被戴高帽游街；金瑞麒、俞彪文被打成右派自杀；蔡致通甚至抱怨还不如真是国民党呢，也不至于被逼供；林震峰、施哲明等一直没当上正职，王永明、赵济年、魏润泉等人一直没有当上大官，甚至有的连党员都不是。

有北边的领导后代曾对我纠正：其实北边的领导也不是大老粗，也有多年从事经济工作的经历，也是银行、保险专家。另外南边的地下党毕竟是在大都市，吃得好，穿得好，平日还歌舞升平，生命安全及革命条件比北边要好得多。他们经历复杂，到底是否叛变过，还真不好说。

但历史终将尘埃落定，对于中国人民保险的先驱者来说，所有的功绩必将永恒，被记载在光荣的族谱上。

作为有幸成为中国人民保险大家庭成员中的一员，面对我们的先辈在开创中国人保的征途中，冒着抛头颅洒热血、出生入死、敢于牺牲的经历，面对他们的艰苦奋斗、无私奉献的精神而形成的一部可歌可泣的中国人保厚重的历史，应该报以内心的敬佩和感恩。

# 中国人民保险南北红色血脉构成地图

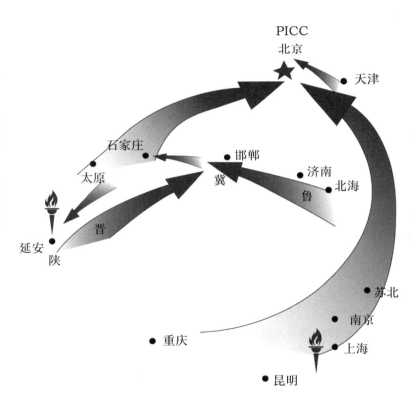

# 感谢

中国人民保险集团公司董事长缪建民作序；

中国人民保险公司原董事长、总经理秦道夫题词；

中国人民保险集团公司监事长林帆作序；

著名诗人北岛题写书名。

## 老保险家属：

南汉宸的孙子南昌明、南雁宾；

胡景澐的儿子胡晋光、女儿胡豫明；

孙继武的儿子孙冰川、孙冰峰，女儿孙冰海；

吴波的儿子吴威立；

林震峰的女儿吴成芬，儿子吴成光、吴成明、吴成坤；

谢寿天的女儿谢中中，女婿万绍鸿，儿媳朱长虹；

施哲明的儿子施强、女儿施红；

金瑞麒的女儿金德云、金德亚、金德安，儿子金德平；

郭雨东的儿子郭瑞、孙女郭玫；

蔡致通的儿子蔡大年、儿媳李雅珍；

阎达寅的儿子阎建平；

赵济年的夫人孙美丽、儿子赵振开（北岛）；

俞彪文的儿子俞梅荪；

李嘉华的女儿李琳、儿子李壮；

王恩韶的女儿王家莹；

感
谢

林增余的夫人谢雪琼、女儿林景群；

叶奕德的儿子叶琪、叶骅；

魏润泉的夫人吕雯华；

吴越的女儿吴前进；

王永明的女儿王丽萍、女婿陈达生；

秦道夫的夫人王淑梅、女儿秦小丽。


## 老保险及介绍人：

刘海潮、唐国钢、刘五一、蒋新伟、孟庆树、王承艳、秦世游、邹跃进、王真、杨佩。


## 保险历史研究专家：

姚庆海、童伟明、王安、徐晓、颜鹏飞、张姚俊、成继跃、林振荣、赵守兵、张天福、王珏麟、方磊、裘江、陈国庆、刘润和、荣志晓等。

左起：李嘉华、林震峰、俞彪文、叶奕德、金瑞麒、孙继武、阎达寅、谢寿天、郭雨东的子女与本书作者 2017 年 10 月 22 日在北京月坛北小街 5 号人保 20 世纪 50 年代的宿舍楼前合影。